权威·前沿·原创

皮书系列为
“十二五”“十三五”“十四五”国家重点图书出版规划项目

BLUE BOOK

智库成果出版与传播平台

中国社会科学院创新工程学术出版资助项目

金融监管蓝皮书
BLUE BOOK OF FINANCIAL REGULATION

中国金融监管报告（2022）

ANNUAL REPORT ON CHINA'S FINANCIAL SUPERVISION AND REGULATION (2022)

主 编／胡 滨
副主编／郑联盛 尹振涛

社会科学文献出版社
SOCIAL SCIENCES ACADEMIC PRESS (CHINA)

图书在版编目(CIP)数据

中国金融监管报告.2022 / 胡滨主编.—北京：社会科学文献出版社，2022.6
（金融监管蓝皮书）
ISBN 978-7-5228-0144-5

Ⅰ.①中… Ⅱ.①胡… Ⅲ.①金融监管-研究报告-中国-2022 Ⅳ.①F832.1

中国版本图书馆 CIP 数据核字（2022）第 083177 号

金融监管蓝皮书
中国金融监管报告（2022）

主　　编 / 胡　滨
副 主 编 / 郑联盛　尹振涛

出 版 人 / 王利民
组稿编辑 / 周　丽
责任编辑 / 张丽丽
文稿编辑 / 谷丹阳
责任印制 / 王京美

出　　版 / 社会科学文献出版社 · 城市和绿色发展分社（010）59367143
地址：北京市北三环中路甲 29 号院华龙大厦　邮编：100029
网址：www.ssap.com.cn
发　　行 / 社会科学文献出版社（010）59367028
印　　装 / 天津千鹤文化传播有限公司

规　　格 / 开 本：787mm×1092mm　1/16
印 张：19.75　字 数：295 千字
版　　次 / 2022 年 6 月第 1 版　2022 年 6 月第 1 次印刷
书　　号 / ISBN 978-7-5228-0144-5
定　　价 / 138.00 元

读者服务电话：4008918866

金融监管蓝皮书
编　委　会

主　编　胡　滨

副主编　郑联盛　尹振涛

撰稿人　（按姓氏拼音排序）

巴劲松　白啸威　陈冠华　陈曙涛　范令箭

范云朋　侯姝琦　胡　滨　李　放　李仕琦

李思明　李育峰　林　楠　刘　亮　刘雨诗

刘賨德　王　刚　星　焱　许鑫岳　杨　光

杨　楷　杨文宇　尹振涛　袁增霆　张　超

张　冲　郑联盛

主要编撰者简介

胡　滨　法学博士，金融学博士后，研究员，博士生导师。现任中国社会科学院金融研究所党委书记、副所长，国家金融与发展实验室副理事长。先后主持国家社会科学基金重点课题、中国社会科学院重大课题等40多项；撰写的多篇要报获得中央领导批示；主编《中国金融监管报告》（金融监管蓝皮书）11部；在《经济研究》《法学研究》《财贸经济》《数量经济技术经济研究》等刊物发表学术论文100余篇；出版英文专著2部、译著1部。先后获得中央国家机关青年“创新奖”，中国社会科学院优秀对策信息奖对策研究类一等奖、二等奖和三等奖，中国青年经济学者优秀论文提名奖，优秀皮书奖一等奖，金融研究所优秀科研成果奖，并获得中国社会科学院优秀青年等荣誉称号。2014年被授予有突出贡献中青年专家称号，享受国务院政府特殊津贴专家。主要研究领域为金融监管、金融风险、金融科技及普惠金融等。

郑联盛　经济学博士，研究员。现任中国社会科学院金融研究所金融风险与金融监管研究室主任，中国社会科学院金融法律与金融监管研究基地主任。曾任职于上海飞机研究所、财政部亚太财经与发展中心、中信建投证券研究部和广发基金。主持国家社会科学基金青年项目等课题十余项，曾参与国家社会科学基金、自然科学基金重大项目等各类课题40余项，出版专著5部，在《世界经济》《财贸经济》《经济学动态》《国际经济评论》等发表学术文章100余篇，在《人民日报》《经济日报》等发表评论150余篇。主要研究领域为宏观经济、宏观审慎、金融风险和金融监管等。

尹振涛 经济学博士，副研究员，硕士生导师。现任中国社会科学院金融研究所金融科技研究室主任，兼任中国社会科学院金融法律与金融监管研究基地秘书长。在《管理世界》、《经济学》（季刊）、《南开管理评论》及《政治学研究》等核心期刊发表学术论文50余篇。出版学术专著3部、译著1部，主编著作多部，主持和参与多项省部级及国家社会科学基金项目。2014年荣获“中国青年经济学人”荣誉称号，2016年荣获第九届中国社会科学院优秀科研成果三等奖，2018年荣获中国社会科学院优秀对策信息奖对策研究类一等奖等。主要研究领域为金融监管、金融风险和金融科技等。

摘　要

《中国金融监管报告（2022）》作为中国社会科学院金融法律与金融监管研究基地的系列年度报告，秉承“记载事实”、“客观评论”以及“金融和法律交叉研究”的理念，系统、全面、集中、持续地反映中国金融监管体系的现状、发展和改革历程，为金融机构经营决策提供参考，为金融理论工作者提供素材，为金融监管当局制定政策提供依据。

《中国金融监管报告（2022）》主要由“总报告”、“分报告”和“专题研究”三部分组成。首先，总报告在对金融稳定法律体系的基本内涵和域外构建模式进行总结的基础上，针对性地指出我国金融稳定法律体系现状及问题，并据此提出完善我国金融稳定法律体系的基本思路和政策建议，为《金融稳定法》等相关政策制定做了铺垫。其次，总报告对2021年中国金融监管领域发生的重大事件进行系统总结、分析和评论，并对2022年中国金融监管发展态势进行预测。再次，分报告具体剖析了2021年中国银行业、证券业、保险业、信托业以及外汇领域监管的年度进展，呈现给读者一幅中国金融监管全景路线图。最后，对当前中国金融监管领域的重大问题进行了深入分析，主要涉及金融风险攻坚战的经验启示、政府债务监管、宏观审慎政策的国际协调、国家审计对金融监管的监督、中小企业股权融资、雄安新区“监管沙盒”、资产管理公司监管等方面。

关键词： 金融监管　金融稳定法　监管体制改革

目 录

Ⅰ 总报告

Ⅱ 分报告

Ⅲ 专题研究

皮书数据库阅读使用指南

总报告

General Reports

B.1
中国金融稳定法律体系的构建*

胡 滨 陈冠华**

摘 要： 金融稳定法律体系是提升国家金融治理能力、保障金融安全、促进金融业健康可持续发展的重要制度基础。当前各国金融稳定法律体系的构建主要有两种模式：一种是对金融稳定进行专门立法，并由此统领相关的其他法律法规；另一种则纯粹由各类单行法律法规内的相关内容共同构成金融稳定法律体系。基于实际情况，我国应采取第一种模式，对金融稳定进行集中立法，以缓解分业监管体制下的法律协调问题，凝聚各界共识，为维护金融稳定创造良好的预期与社会氛围。基于上述思路，未来我国应以《金融稳定法》统筹金融稳定治理顶层设计，在完善现有金融法

* 感谢廖凡研究员、钟震研究员、程炼研究员、郑联盛研究员、尹振涛副研究员、范云朋助理研究员和潘拥军博士在本报告写作过程中做出的重要贡献。

** 胡滨，法学博士，金融学博士后，研究员，中国社会科学院金融研究所党委书记兼副所长、国家金融与发展实验室副理事长，主要研究方向为金融监管、金融风险、金融科技等；陈冠华，法学博士，中国社会科学院金融研究所博士后，主要研究方向为金融法律与金融监管。

律的同时，强化金融基础设施以及金融消费者保护的法律制定，以保障金融稳定和金融安全。

关键词： 金融稳定法　金融监管　系统性金融风险　金融消费者保护

金融稳定法律体系是保障金融安全、促进金融业健康可持续发展的重要制度基础。2021 年 8 月，习近平总书记在主持召开中央财经委员会第十次会议时强调，要遵循市场化、法治化原则，统筹做好重大金融风险防范化解工作。2022 年 4 月，中国人民银行发布《金融稳定法（草案）》，公开征求意见。遵循上述精神和立法实践，本文将对我国金融稳定相关法律法规的现状加以检视，指出其中存在的主要问题，进而基于国际经验，就完善我国金融稳定法律体系的思路和措施提出建议，并对当前《金融稳定法（草案）》的修改提出立法建议。

一　金融稳定的基本概念及核心内容

确保金融系统的稳定运行是金融稳定法律体系的最终目标。因此，构建金融稳定法律体系，首先需要对金融稳定的基本概念及外延做一个梳理。

（一）金融稳定的基本内涵

金融政策当局和学术界普遍将金融稳定定义为金融体系在内外部冲击下平稳运行并实现其核心功能的状态。例如，中国人民银行在《中国金融稳定报告（2005）》中提出，“金融稳定是指金融体系处于能够有效发挥其关键功能的状态。在这种状态下，宏观经济健康运行，货币和财政政策稳健有效，金融生态环境不断改善，金融机构、金融市场和金融基础设施能够发挥资源配置、风险管理、支付结算等关键功能，而且在受到内外部因素冲击时，金融体系整体上仍然能够平稳运行”[①]。类似地，欧洲中央银行认为金融稳定是这样一种状态，“由金融中介、市场和基础设施构成的金融体系能够承受冲击和化解金融不平衡的威胁，从而不会由此导致金融中介活动的失调并损害实体经济活动”[②]。可以看到，这两个代表性定义是高度一致的，都反映了 Garry Schinasi 所述的金融稳定的核心原则：金融稳定是超越单个机构或市场的系统性概念，意味着金融体系不仅能够在冲击下平稳运行，而且具备化解潜在风险的能力，最终着眼点是对于实体经济的影响[③]。

（二）金融稳定与系统性风险

金融稳定超越单个机构或市场的系统属性意味着其所面临的最重要的威胁是系统性金融风险。系统性金融风险是使金融体系遭遇全局性失能的极端不稳定状态并对金融体系及实体经济造成破坏的重大风险或威胁。它具有四个重要的特征。一是全局性。系统性金融风险往往表现为威胁金融体系以及宏观经济而非一两个金融机构稳定性的全局性冲击。二是传染性。金融风险从一个市场向多个市场传染和扩散，从而使得整个金融体系变得极为脆弱。三是内生性。系统性金融风险往往由持续的金融制度扭曲和杠杆率、期限错配、货币错配等内生风险累积造成。同时，制度性错配也可能引发系统性风险。四是或然性。系统性金融风险将导致金融体系丧失功能或者崩溃，但是，系统性金融风险的触发及传染具有或然性或偶然性。

金融稳定的基础是金融风险的有效管控及处置。为此，针对金融风险的管控成为保障金融稳定的最直接的政策，基于金融机构的各种风险管理和合规要求成为微观监管的核心，并逐步演进为微观监管体系。2008 年全球金融危机爆发之后，各界达成广泛共识，即微观监管体系难以保障金融稳定或

---

① 中国人民银行：《中国金融稳定报告（2005）》，2005。

② European Central Bank, “Progress towards a Framework for Financial Stability Assessment,” speech by José-Manuel González-Páramo, Member of the Executive Board of the ECB, OECD World Forum on “Statistics, Knowledge and Policy”, Istanbul, 28 June, 2007.

③ Garry Schinasi, “Defining Financial Stability,” IMF Working Paper, No. WP/04/187, 2004.

不发生系统性金融风险，需要引入宏观审慎管理政策体系。宏观审慎管理将金融系统作为一个有机整体，以防范化解系统性风险为根本目标。从时间维度来看，宏观审慎管理关注金融体系在跨经济周期中的稳健状况，通过逆周期调节来应对整个金融体系的系统性风险；从空间维度来看，宏观审慎管理重点防范金融体系内部相互关联可能导致的风险传递，从而确保整个金融体系的稳定和安全。宏观审慎管理政策是金融稳定在宏观层面和系统层面的保障机制，是金融安全政策体系或制度保障的重要组成部分。

（三）金融稳定与金融安全

与金融稳定密切相关的一个概念是金融安全。金融安全是主权维度上的金融稳定。在全球化的浪潮中，由于各个经济体资金融通关联日益紧密甚至一体化，金融风险或金融稳定威胁将呈现出极其明显的外溢性，使得金融风险和金融安全的概念开始与主权国家间或国际关系中的安全概念相互融合交织。为此，在全球化体系下，金融安全可以界定为一个国家金融体系相对处于没有危险和不受内外威胁的状态，以及保障持续金融稳定状态的能力。

在国家安全视角下，金融制裁风险对金融稳定构成重大威胁。国际金融制裁是对于一国的个人、金融机构、实体企业、政府部门所施加的限制性措施，其目的在于遏制被制裁对象获取金融资源的渠道和进行金融活动的能力。金融制裁的手段包括冻结甚至罚没被制裁对象的海外资产、禁止金融机构为被制裁对象提供服务、对被制裁对象在国际金融市场上的业务活动加以排斥、干扰被制裁国金融市场的运行等。对于与国际金融体系有着紧密关联的国家而言，金融制裁会对其金融体系和实体经济造成重大冲击。

如何确保金融信息安全是数字经济时代金融安全面临的重大挑战。在数字经济时代，金融数据成为经济运行的核心要素，收集、处理、运用金融信息的能力成为金融体系国际竞争力的重要组成部分。如果一个国家无法保证信息基础设施的独立性和稳定性，则不仅这个国家金融运行的稳定会受到威胁，而且这个国家还会在国际金融竞争中受制于人。更为严重的是，如果一个国家的金融信息发生泄露或被境外势力盗取，则相当于外界获取了攻击这个国家金融体系的“地图”和工具，使这个国家金融体系在外部冲击下的脆弱性极大地增加。

（四）金融稳定与金融消费者保护

金融消费者权益保障也是金融稳定的重要内容。金融部门关联着数量众多的金融消费者。在终极意义上，金融活动的目的是满足金融消费者的需求。金融消费者的权利得不到有效保障，不仅会破坏市场平衡从而不利于金融体系的长期发展，还可能导致社会不稳定，危及金融运行与发展的社会基础。广大储蓄者是银行负债端的主要的稳定资金来源，是金融风险防控化解的重要一端。为此，以存款保险制度为代表的储蓄者保护制度成为国际社会特别是金融体系发达国家最基础的保障政策之一。由于涉及数量众多的消费者以及规模巨大的资金，我国一般都是采用审批准入的方式对金融机构进行所谓的牌照管理，金融机构开办具体业务时还需要申领业务许可。这种制度安排的主要目标也是保护广大金融消费者权益，金融消费者保护相关的政策安排或制度法律成为金融稳定以及金融安全政策体系的重要组成部分。

二　域外金融稳定法律体系的框架与启示

2008 年全球金融危机爆发后，为了维护金融稳定，主要经济体普遍对金融监管框架进行了改革，其中极为关键的改革措施有三个：一是强化系统性风险防范，建立宏观审慎监管框架，并相应设置了监管主体；二是创设危机处置机制，及时对危机进行预警，并将处置程序加以规范化；三是改进金融消费者保护机制，设立专门机构，强调金融产品的透明度和简单化，加大对违规行为的处罚力度。上述监管改革措施都是通过立法或修订相关法律法规来实现的。在此过程中，全球各国的金融稳定法律体系不断发展完善，并逐渐形成了两种模式：一种是对金融稳定进行专门立法，或者在相关法律中设立专章，集中对相关监管机构的职责、法律地位以及风险处置机制等进行规范，并与其他相关法律法规共同构成金融稳定法律体系，如美国、德国等；另一种是在现有的法律框架下对已经生效的金融稳定相关法律法规进行修订，或者针对特殊领域制定相关的单行法律，而没有对金融监管进行专门立法，如英国、日本等。

（一）美国

为应对2008年金融危机，美国相继通过《住房与经济恢复法》《紧急经济稳定法》《美国复苏与再投资法》等，对监管机构进行授权，使其可以采取接管、提供流动性支持等方式对受危机影响较大的机构进行救助。除前述以危机处置为主要目标的立法之外，美国于2010年制定了《多德-弗兰克华尔街改革和消费者保护法》（下文简称《多德-弗兰克法》），对金融监管机构体系、日常监管制度、危机救助和金融消费者保护机制等进行了全面改革，逐步形成了以金融稳定为核心目标的金融监管体系。《多德-弗兰克法》是美国金融稳定法律体系的重要法律渊源，其功能主要体现在以下几个方面。

其一，《多德-弗兰克法》构建了确保金融稳定的监管机构框架。此前，美国通过《欧文-格拉斯法》《联邦银行法》《证券法》等制定法，在金融监管领域形成了以美联储为核心的“伞”形监管机构体系。《多德-弗兰克法》则设立了金融稳定监督委员会、金融研究办公室、消费者金融保护局，增强了混业监管机构之间的沟通协调能力。该法案还对美联储、货币监理署、联邦存款保险公司等监管机构的职能进行了调整，以防止出现监管空白、监管套利和监管不足等问题（见图1）。

其二，《多德-弗兰克法》填补了金融稳定相关监管的法律空白。一是扩大了被监管对象的范围，例如，授权美联储对受其监管的非银行金融公司包括其子公司涉及金融稳定风险的财务、运营、合规等情况进行检查。二是提高了对大型金融机构的审慎监管标准，例如，美联储有权将其监管的部分金融机构划入更高层级的监管类别之中。三是改革金融监管规则，封堵监管漏洞，例如，要求场外衍生品交易要集中清算，提高交易透明度。四是加强联邦监管权，提升监管的一致性，例如，强化保险业的联邦监管权。

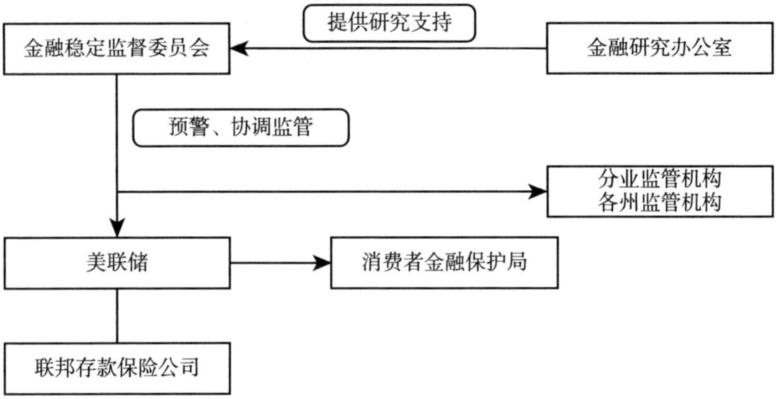

图 1　《多德-弗兰克法》建立的美国金融稳定监管机构框架

资料来源：笔者根据《多德-弗兰克法》相关内容整理。

其三，《多德-弗兰克法》对危机处置的法律制度进行了改革，建立了大型金融机构的有序清算机制，指定联邦存款保险公司为大型金融机构破产清算的接管人，赋予联邦存款保险公司采取多种方式进行清算的权力，构建“投资者买单”的损失承担机制，从而降低系统性重要机构倒闭对于金融稳定可能产生的影响。

其四，《多德-弗兰克法》第十章提出设立消费者金融保护局，第十四章对次级抵押贷款市场进行规制，上述内容与《贷款诚实法》《房屋所有权与房产净值保护法》《公平信贷报告法》等共同组成了金融消费者保护法律体系，是金融消费者保护机制的重要法律渊源。消费者金融保护局的主要职能包括维护金融机构公平的竞争秩序、保障金融产品和服务的透明度、接受金融消费者投诉、为金融消费者提供教育或咨询服务、金融消费者保护政策制定和立法等。其他立法主要解决信息披露及交易歧视等方面的问题。[①]

《多德-弗兰克法》紧密结合美国金融危机救助实践，对美国金融监管法律体系进行了系统修订，并具有鲜明的问题导向风格，在金融稳定领域发挥了纲领性作用。该法案对金融稳定相关监管机构进行了顶层设计，并针对

① 温树英：《美国金融消费者保护机制的改革及经验》，《美国研究》2015 年第 1 期。

金融危机所暴露的金融稳定问题进行了专门立法，从而填补了相应的法律空白。虽然该法案未能完全解决多头监管导致的监管机构权责不清、监管重叠等问题，并且其确立的监管规则在后续的立法中也发生了变化，但它在立法路径、宗旨和监管方法等方面对我国仍有重要的借鉴价值。

（二）英国

英国没有以“金融稳定”命名的成文法，与金融稳定相关的规定分散于各类单行法之中。2008 年金融危机后，英国通过一系列的法律来调整金融监管机构分工和职能以实现金融稳定，而其判例法传统也为这种立法路径提供了便利。例如，《2009 年银行法》提出设立金融稳定委员会，《2012 年金融服务法》提出金融稳定的监管目标。

英国通过一系列立法，重构了金融稳定监管的机构框架（见图 2）。2013 年 4 月 1 日正式生效的《2012 年金融服务法》撤销了曾经作为英国银行业、证券业和保险业单一监管者的金融服务局，代之以新设立的审慎监管局和金融行为监管局。同时，在英格兰银行内部设立金融政策委员会，负责宏观审慎监管，专注于识别、监测和管理系统性风险，以帮助英格兰银行实现保护和强化金融系统稳定性的目标。

金融消费者保护立法方面，英国除了《消费者保护法》《消费者信贷法》等单行法，还通过在监管机构职能立法中赋予监管机构金融消费者保护职责的方式，为金融消费者保护提供法律保障。2008 年金融危机爆发后，英国加强了对金融消费者的保护，以提升公众对金融市场和金融服务的信心，维护金融系统的稳定。《2012 年金融服务法》新设立金融行为监管局，金融行为监管局直接对英国财政部和议会负责，致力于金融消费者保护。

在危机处置立法方面，英国在危机发生时以授权立法为主，例如为应对 2007 年银行面临的挤兑等市场危机，英国议会通过了《银行特别条款法》，授权监管机构对面临破产风险的北岩银行等机构进行管理和处置。在危机之后，英国将立法重点转向银行机构处置的程序与制度。《2009 年银行法》及其配套细则建立了银行危机的系统处置方案，包括“特别应对机制”“银行接管程序”“银行破产程序”。

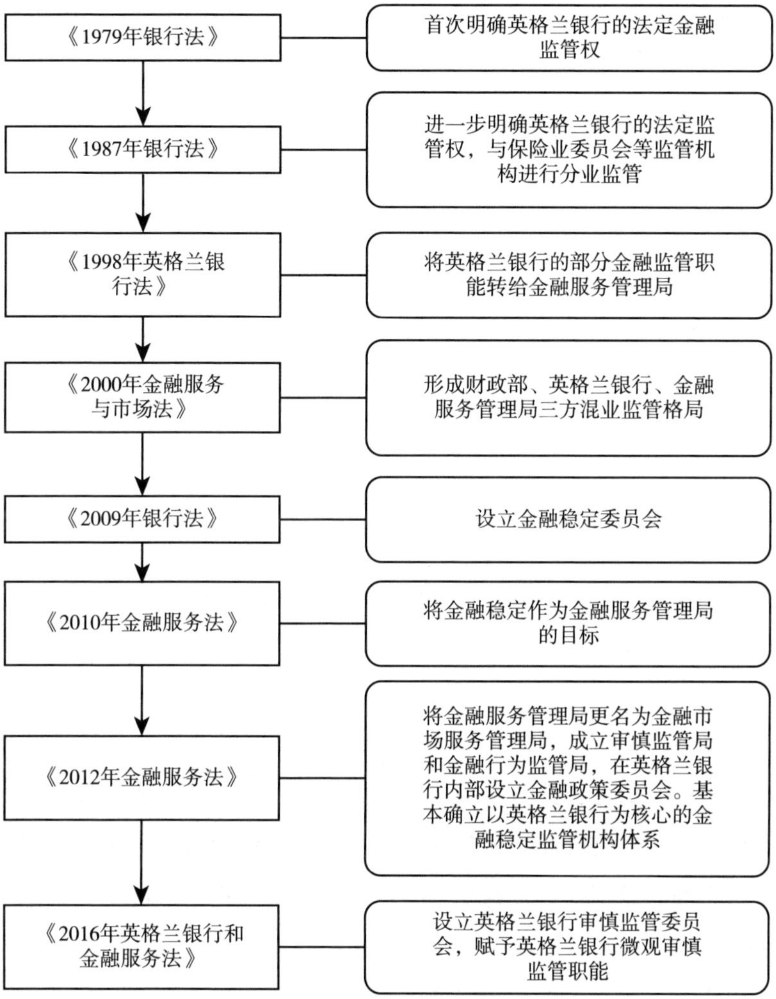

图 2　英格兰银行职权及英国金融稳定监管立法沿革

资料来源：笔者根据英国金融监管立法文本整理。

（三）德国

德国金融稳定法律体系具有法典化、体系化等鲜明的大陆法系特征，法律与法律之间形成了主体法与行为法，实体法与程序法，预警、监管法与救助法等严密的逻辑关系。德国以“金融稳定”冠名的立法有两项：一是

《金融稳定监督法》，起到金融稳定监管机构体系顶层设计的作用；二是《金融市场稳定基金法》，用于规范问题金融企业救助行为（见图3）。

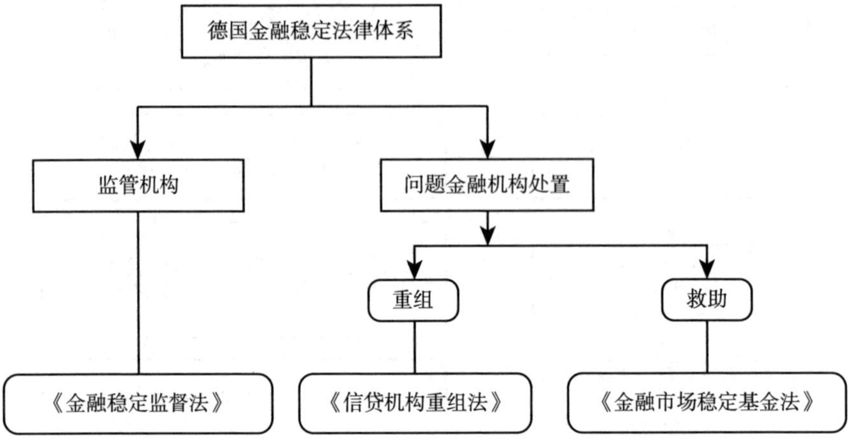

图3　2008年金融危机后德国金融稳定法律体系的主要立法

资料来源：笔者根据德国金融监管立法文本整理得到。

依据《金融稳定监督法》，德国成立了金融稳定委员会，主要负责宏观审慎监管。金融稳定委员会承接了央行的宏观审慎监管职能，其成员包括财政部、央行和金融监管局的主要领导，上述三个机构对于金融稳定委员会的决策具有同等的投票权。金融稳定委员会的主要职责是通过日常监管对可能的系统性风险进行预警，并采取警告等手段防范和缓释风险。《金融稳定监督法》以主体法为主，其内容还包括金融监管机构间的协调机制、国际合作机制等。

《金融市场稳定基金法》与《金融市场稳定基金法执行条例》《加速和简化在危机状态下通过金融稳定基金收购金融企业股份法》《重组基金法》《信贷机构重组法》等，共同构成了德国危机救助法律体系。《金融市场稳定基金法》为政府向问题金融机构提供流动性保障提供了法律依据。《重组基金法》设定的救助资金来源于对银行征收的特殊税费，对问题金融机构设置了收购资产、担保、贷款等多种救助方式。

除上述英美法系与大陆法系的典型国家外，还有部分国家和地区进行了金融稳定立法实践。例如，2010 年丹麦、芬兰等 8 个北欧国家签署了金融稳定协议，建立了跨国金融稳定机构：斯堪的纳维亚-波罗的海稳定组织。旨在加强该区域内国家间的沟通协调能力，共同应对金融风险。该协议对成员国不具有强制性法律约束力，但是仍然具有实际运行效果和对成员国国内立法的指导意义。欧盟在 2011 年提出《欧洲稳定机制条约》，主要目的是应对由 2008 年金融危机引发的欧盟成员国主权债务危机，其创设的欧盟金融监管机构协调机制、金融救助办法等对实现金融稳定具有现实意义。

（四）小结

如前所述，各国的金融稳定法律体系构建有两种模式：一种是对金融稳定进行专门立法，并由此统领相关的其他法律法规；另一种则没有金融稳定专门立法，纯粹由各类单行法律法规内的相关内容共同构成金融稳定法律体系。这两种模式各有利弊。

前一种模式的优点包括两个方面。第一，更具系统性和一致性。在金融稳定法中对于金融稳定监管架构进行顶层设计，可以较为系统地展现相关法律体系的结构，为之后的立法、执法和司法提供较为全面的引导。与此同时，基于金融稳定法的总体纲领进行单行法律法规的制定和修订，可以避免出现矛盾与协调方面的问题，或由于在不同领域解决共性问题而产生的立法资源浪费现象。第二，针对金融稳定进行专门立法具有宣示意义，能够彰显政府维护金融稳定的决心，有助于立法者、监管者、投资者等金融市场相关主体凝聚共识，促进相关法律法规更好实施。这一模式主要的缺点则在于立法成本较高：专门立法所需的资源远远大于相关法律法规修订所需的资源，并且可能存在较大的时间压力。

后一种模式的优点体现为立法成本较低，且具有更大的灵活性。这种模式未对现行法律框架进行大规模调整，主要是在原有法律文本基础上进行修订，并且不同领域的立法可以根据当前准备情况的成熟程度各自进行，因而更能够节约立法资源，与现行法律体系的衔接也更为顺畅。其缺点则在于缺乏金融稳定视角下的系统性，不同领域之间的立法协调程度低，可能产生法律适用的冲突。

三　我国金融稳定法律体系现状及存在的问题

基于金融稳定的内涵和外延，结合各国金融稳定的立法实践，一国的金融稳定法律体系应该覆盖以下领域：一是金融稳定相关监管机构的设立和权责划分；二是监管机构之间的协调机制；三是宏观审慎政策框架与系统重要性金融机构监管；四是金融基础设施的统筹监管；五是风险处置机制；六是金融消费者保护。与此同时，鉴于我国当前面临的金融安全形势，还应该将金融信息安全和反金融制裁纳入金融稳定法律体系的目标范畴。因此，本部分将从上述几个方面对于我国金融稳定法律体系的现状及存在的问题进行分析，从而为之后的政策建议提供实践基础。

（一）金融稳定相关监管机构的法定职责

2018 年国务院机构改革后，设立了国务院金融稳定发展委员会，形成了目前“一委一行两会一局+地方监管局”的新型金融稳定治理框架。国务院金融稳定发展委员会扮演综合监管协调者的角色；中国人民银行行使央行职能；银保监会与证监会，对银行业、保险业和证券业进行分业监管；国家外汇管理局履行外汇监管职责；地方金融监管局属于地方监管部门，负责监管本行政区域内的其他金融机构。“一行两会一局”履行金融稳定职责主要基于《中国人民银行法》《商业银行法》《银行业监督管理法》《证券法》《保险法》等法律。2021 年 12 月，中国人民银行发布了《地方金融监督管理条例（草案征求意见稿）》，对地方政府的金融监管职责、履职手段、央地监管协调机制等内容进行了较为细致的规定。

然而，虽然上述法律法规从各自部门、各自行业等不同角度对金融稳定制定了原则性条款，但缺乏跨部门跨行业、统领全局的金融稳定顶层设计和统筹安排，缺乏执行的具体措施和程序规定。作为金融稳定监管最高协调机构的国务院金融稳定发展委员会，其职责和工作内容却没有相关法律法规予以确定，使得金融稳定机构顶层设计的法律基础相对薄弱。虽然《中国人民银行法》确定了中国人民银行负责系统性金融风险防范化解、履行最后贷款人职责，但缺乏具体制度规定，没有明确维护金融稳定的政策工具和监管措施，不能适应中国人民银行履行金融稳定职责和开展金融风险处置实践的需要。与此同时，对于银保监会与证监会等行业监管机构的金融稳定职责，相关法律法规仅仅做了原则性的规定，而没有明确其具体职责分工、履职手段和问责机制，这些也需要在金融稳定法律体系中加以补充和完善。

（二）金融稳定监管机构之间的协调机制

虽然国务院金融稳定发展委员会成立后，我国金融监管协调质效明显提升，但是，由于缺乏实质性的改革，我国金融监管协调机制仍有待进一步完善，国务院金融稳定发展委员会的权责需通过较高位阶的立法进一步予以明确。在这当中，尤为突出的是对重大金融风险特别是系统性金融风险的监管协调不充分，缺乏相关的法律基础。我国金融体系存在的重大风险包括流动性风险、房地产泡沫风险、影子银行风险、地方债务问题以及内外风险共振问题等，其中相当一部分具有跨机构、跨部门和跨市场特征，而当前的法律框架仍主要基于分业监管体制，对于监管机构协调的支持不足。除此之外，央地监管机构在协调机制、信息共享、监管标准、救助程序等方面仍然存在较大问题，虽然《地方金融监督管理条例（草案征求意见稿）》第五条提出应加强国务院金融稳定发展委员会办公室地方协调机制和省级人民政府建立的地方政府金融工作议事协调机制二者之间的协调能力，但仍未给出具体的央地金融监管权责划分方式，特别是对在两个机制发生矛盾和冲突时，如何进行解决没有给出法律依据和保障。

（三）宏观审慎政策框架与系统重要性金融机构监管

目前我国的宏观审慎政策框架由中国人民银行牵头负责建立。2021 年 12 月，中国人民银行发布《宏观审慎政策指引（试行）》，对宏观审慎政策的目标、内容、相关监管部门、政策工具、治理机制等做了较为系统和全面的规定，对宏观审慎政策提供了部门规章层面上的法律基础。2020 年 10 月公布的《中国人民银行法（修订草案征求意见稿）》则明确将宏观审慎政策制定和执行纳入了中国人民银行的职责范围，如果该征求意见稿得以通过，则宏观审慎政策将具有较为扎实的法律地位。

系统重要性金融机构监管是宏观审慎政策框架下的重要内容，也是维护金融稳定的一个关键点。目前，我国在系统重要性金融机构的认定和监管方面制定了一系列部门规章，如 2020 年 12 月，中国人民银行、银保监会联合发布《系统重要性银行评估办法》，确立了我国系统重要性银行认定的基本规则。2021 年 10 月，中国人民银行、银保监会评估认定了 19 家国内系统重要性银行，正式发布《系统重要性银行附加监管规定（试行）》，对系统重要性银行提出更高的资本充足率和杠杆率要求，推动系统重要性银行提高损失吸收能力。2020 年 9 月，中国人民银行发布《金融控股公司监督管理试行办法》，在资产情况、股东资质和资金来源等方面制定了金融控股公司的准入条件和程序，规范了金融控股公司的运营。

当前，系统重要性金融机构监管的法律基础仍比较薄弱。一是对系统重要性非银金融机构的认定与监管，应当提上法律制定议程。二是对大型互联网平台，目前的法律法规主要从反垄断视角出发进行监管，而金融稳定维度上的内容不足，尤其是对其“太多关联而不倒”的特征未予以充分重视。三是金融控股公司监管方面，《金融控股公司监督管理试行办法》属于部门规章，立法层次较低，监管的权威性和监管效力不足，增大了监管部门间的协调难度；同时《金融控股公司监督管理试行办法》仅适用于实际控制人为境内非金融企业和自然人的金融控股公司，因此仍留下了金融控股公司监管的空白地带。

（四）金融基础设施的统筹监管

金融基础设施是金融市场稳健高效运行的基础性保障，是实施宏观审慎管理和强化金融风险防控的重要抓手。金融基础设施之间的互通性以及与其他金融机构的互连性，使其可能成为潜在风险的传播源头，影响到国家金融稳定。近年来，我国日益重视金融基础设施建设。习近平总书记在主持中共中央政治局第十三次集体学习时指出，要加快金融市场基础设施建设，稳步推进金融业关键信息基础设施国产化。2020 年 3 月，中国人民银行等六部门联合印发《统筹监管金融基础设施工作方案》，强调加强对重要金融基础设施的统筹监管，统一监管标准，健全准入管理，优化设施布局，健全治理结构，推动形成布局合理、治理有效、先进可靠、富有弹性的金融基础设施体系。

当前，我国金融基础设施建设仍然存在薄弱环节。一是在立法层面上，以行政规章为主，相关法律规定分散于各类监管规定中，缺乏具有统领性、基础性作用的专门法律。二是金融监管部门的协调配合水平还有待提高，对于金融基础设施的监管标准和监管层次尚不够明确，需要确定集中统一、安全有效、先进开放的指导方向。特别是对于跨境支付和资本监管，还缺少系统配套的监管框架。三是金融基础设施组织机构的供给数量和质量仍然存在不足，市场化程度有待进一步提高。

（五）风险处置机制

风险处置机制的作用在于，在风险事件发生后，通过对风险事件进行合理处置，有序恢复金融秩序，并在此过程中保护金融消费者合法权益和社会公共利益。风险处置机制是金融稳定法律体系的核心内容。2022 年《政府工作报告》提出，压实地方属地责任、部门监管责任和企业主体责任，加强风险预警、防控机制和能力建设，设立金融稳定保障基金，发挥存款保险制度和行业保障基金的作用，运用市场化、法治化方式化解风险隐患，有效应对外部冲击，牢牢守住不发生系统性风险的底线。随后发布的《国务院关于落实〈政府工作报告〉重点工作分工的意见》明确由中国人民银行牵头，国家发展改革委、司法部、财政部、银保监会、证监会、国家外汇局等部门按职责分工负责，9 月底前完成金融稳定保障基金筹集相关工作，年内持续推进。

然而，相较于风险处置机制的重要地位，风险处置的法治化程度有待进一步提高，目前存在的问题主要包括：相关法律的层级相对较低，金融机构及其股东、金融管理部门和地方政府等各方的处置职责划分不够明确，处置程序与措施规范和法治化程度有待加强，处置工具和措施相对单一，处置成本分担不够明确，处置资金缺乏法律层面的保障等。以商业银行为例，我国商业银行风险处置尚没有专门适用的法律法规，法律层面的规范主要依赖于《企业破产法》和《商业银行法》等；适用法律文件分散在多个规范性文件中，缺少有效的衔接和统筹，处置流程和救助资金的使用顺序也不够清晰；对于问题银行的早期纠正机制法律框架较为分散，缺乏硬约束。例如，2004年《银行业监督管理法》规定，监管部门可以通过暂停部分业务、限制分红、责令控股股东转让股权、责令调整董事及高级管理人员等措施，要求问题银行机构进行纠正。2012年《商业银行资本管理办法（试行）》进一步明确，监管部门可根据问题银行资本不达标的程度，采取逐步增强的风险纠正措施。2015年《存款保险条例》规定，投保机构因重大资产损失等原因导致资本充足率大幅下降，严重危及存款保险基金安全的，投保机构应当按照存款保险基金管理机构、中国人民银行、银监会的要求及时采取补充资本、控制资产增长、控制重大交易授信、降低杠杆率等改进措施。2021年9月出台的《商业银行监管评级办法》，明确要求监管部门对监管评级高、风险较大的机构采取强制性纠正措施。由此可见，在问题银行的识别、早期纠正、风险化解方面，我国相关法律法规正在逐步完善之中，但对于问题机构风险整改时限、强制执行等方面的硬约束仍然欠缺。在前期曝出的包商银行等案例中，相关风险提示得以落实，但仍有少数高风险机构通过“假出表”“带病改制”等方式掩盖风险，一些地方政府在风险化解过程中因诸多主客观因素影响，法治意识较为薄弱，“等、靠、要”思想较为严重。在处置当局的确定问题上，《企业破产法》《商业银行法》规定商业银行的破产清算由金融监督管理机构提起，人民法院宣告，但并未明确监管部门间的权责划分。2015年颁布的《存款保险条例》规定，存款保险基金管理机构在特殊情况下，可以担任问题投保银行的接管、清算组织，但对具体的接管清算处置细则，却并未给出明确指引。此外，我国商业银行风险处置工具的行政色彩较浓厚，多为政府救助和监管机构接管等方式，对问题银行的收购兼并也大多在政府主导下进行。欧美主要司法辖区中普遍运用的市场化处置工具在我国较为罕见或缺失，具有减记债权、债转股条款的自救工具在商业银行整体资金来源中占比较低。还有，我国尚未建立“过桥银行”机制，贷款债权出售仅限于具有相应牌照的金融机构之间，不良资产出售存在诸多限制，且流动性较低，这使得商业银行的风险处置缺乏可靠的资金保障。与此同时，对于问题机构，相关各方在风险处置方面的成本分担也存在法律空白。

（六）金融消费者保护

加强金融消费者权益保护工作，是防范和化解金融风险的重要内容，对提升金融消费者信心、维护金融安全与稳定、促进金融业持续健康发展具有重要意义，也是金融稳定工作的应有之义。目前，我国在金融消费者保护领域已经出台了一系列法律法规。2015 年 11 月，国务院办公厅发布了《关于加强金融消费者权益保护工作的指导意见》，对我国金融消费者权益保护问题进行了全面系统的规范，但该指导意见的法律层级相对较低。在银行和保险领域，《商业银行法》《银行业监督管理法》从整体上规定了银行业金融消费者保护工作，《保险法》是保险业消费者保护的基础法律，主要体现为知情权方面的保护。在证券领域，对消费者保护的有关规定主要从信息披露角度展开，其中《证券法》《公司法》对公司信息披露进行了明确规定。在证券投资基金的信息披露方面，《证券投资基金信息披露管理办法》、2013 年修订的《证券投资基金销售管理办法》和《证券投资基金法》中的相关规定构成了证券投资基金信息披露活动的规则体系。证监会于 2007 年颁布了《关于进一步加强投资者教育、强化市场监管有关工作的通知》，规定了证券市场中的金融消费者教育和风险揭示等内容。

但考虑到金融领域消费者保护的特殊性和复杂性，相关法律法规的系统性仍然不足，可实施性较弱。首先，目前我国尚未制定专门针对金融消费者权益保护的高层级法律，现行的《消费者权益保护法》对金融消费者的概念和范围未予明确，并未就金融消费者权益保护做出具体规定，在司法适用上仍存在一定的障碍，金融消费者财产安全权、知情权、自主选择权、公平交易权等基本权利保护亟待提升到基本法律高度。对金融市场主体的义务缺乏约束，对金融消费者权益保护内控制度建设、信息保护、金融营销宣传、格式合同和信息披露、投诉处理等的行为监管机制尚未健全，对金融机构依法合规开展经营缺少行为指引和制度遵循。其次，我国金融消费者整体金融素养还不高，再加上一些违法违规活动打着“金融创新”的旗号，并且手段更为复杂、隐秘，使得金融消费者合法权益易受侵害，而且侵害金融消费者合法权益的违法违规成本较低，金融消费者权益保护颇具挑战。再次，在司法实务中，由于金融消费权益的相关纠纷解决缺乏合适的法律依据，只能适用《民法典》等相关的公平交易、诚实信用等原则，影响了金融消费者权益的保障效果。对于金融消费者纠纷的解决途径，我国未设置专门的司法程序，而常规的司法救济途径普遍具有成本高、周期长、见效难等问题。最后，在分业监管的基本格局下，消费者保护协调与合作机制迄今仍未建立，使得金融消费者保护方面的监管协调与合作缺乏支撑。

（七）金融信息安全

我国在信息安全领域已出台大量法律法规、规章制度及规范性文件，构建了相对完整的信息安全保护体系。在信息安全的基本制度层面，《数据安全法》《网络安全法》《个人信息保护法》三位一体，成为网络空间治理和数据保护的“三驾马车”。《数据安全法》规范数据处理活动，保护数据安全，促进数据开发利用；《网络安全法》保障网络信息安全，包括信息跨境传输的安全性；《个人信息保护法》保护个人信息权益，规范个人信息处理活动，促进个人信息合理使用。在金融信息安全制度方面，监管部门先后出台了《个人金融信息保护技术规范》《中国人民银行金融消费者权益保护实施办法》《银行业金融机构数据治理指引》《金融数据安全　数据安全分级指南》《移动金融基于声纹识别的安全应用技术规范》等，从不同领域、不同角度对金融数据进行管理、保护和指导，形成了相对完整的金融数据安全保护体系。虽然金融科技的高速发展可能会带来新的信息安全问题，但目前来看，金融信息安全已经在现有法律体系中得到了较为全面的覆盖，并且考虑到金融信息或数据在实践中与其他类型数据之间的密切关系，单独为金融信息安全立法的必要性与可能性不大。

（八）反金融制裁

为了反对霸权主义和强权政治，阻断他国长臂管辖，维护国家主权与安全，保护中国公民、法人与其他组织的合法利益，我国不断探索与拓展反制措施，构建了反制裁法律体系。2020 年 10 月，全国人大常委会通过《出口管制法》，对特定物项包括金融服务的出口采取禁止或限制性措施，规定了该法的域外适用效力，明确了采取对等措施。商务部分别于 2020 年 9 月和 2021 年 1 月出台《不可靠实体清单规定》和《阻断外国法律与措施不当域外适用办法》，建立工作机制，从如实报告、评估确认、发布禁令、司法救济、反制措施、处罚制度等方面，应对外国法律与措施的不当域外用。2021 年 6 月，全国人大常委会通过《反外国制裁法》，针对他国对我国采取的歧视性限制措施，明确反制措施适用的情形、对象以及反制具体措施、工作协调机制、司法救济等内容，为我国依法反制外国歧视性措施提供了有力的法律工具与法治保障。但是，目前金融反制裁领域法律法规的实施细则与配套措施仍需进一步完善，如《反外国制裁法》和《阻断外国法律与措施不当域外适用办法》只是原则性规定了反制措施的工作机制与主管部门，并未明确各部门的职责、分工、权限等。另外，在建设反金融制裁法律体系的同时，也需要加快推进我国域外适用的金融法律体系建设，如完善人民币跨境支付系统（CIPS）配套监管措施，探索外债、证券等领域的法律域外适用，加强对在海外上市的中国企业的监管力度等。

四　中国金融稳定法律体系的构建

（一）完善我国金融稳定法律体系的基本思路

通过检视我国与金融稳定相关的法律法规可以看到，《中国人民银行法》具有核心地位，《商业银行法》《证券法》《保险法》等部门法的相关内容为金融稳定治理提供了法律基础，《宏观审慎政策指引（试行）》等部门规章则是金融稳定治理具体操作的依据。总体来看，这是一个相对松散的体系，虽然覆盖了金融稳定的大部分内容，但是也存在不少值得进一步“补缺”和相互统筹的领域。形成这一状况的原因除了问题导向的立法传统之外，根本原因在于我国的分业监管体制。由于系统性风险的高度关联性与复杂性，金融稳定治理框架与当前的分业监管体制构成了深刻的矛盾，如何在现行的分业监管体制下实现金融稳定治理所需的监管协调，是完善我国金融稳定法律体系所面对的核心问题。

在机构层面上，解决上述核心问题的关键措施是国务院金融稳定发展委员会的设立。但是由于缺乏相关立法，国务院金融稳定发展委员会在金融稳定治理中的协调作用主要通过行政操作来发挥，并因此受到很大限制。从这一角度来看，通过立法为国务院金融稳定发展委员会的职责定位和运行模式提供法律基础是当务之急。与此同时，这一立法也要为我国的金融稳定治理框架提供纲领性的法律指引，进而解决当前法律体系中存在的遗漏与协调问题。与对既有的各类单行法律分别进行修订相比，对金融稳定进行集中立法不仅更具系统性，可以部分解决分业监管体制下的法律协调问题，而且能够凸显党和政府对于金融问题的高度重视，凝聚各界共识，为维护金融稳定创造良好的预期与社会氛围。

基于上述思路，为完善我国金融稳定法律体系，首先要制定《金融稳定法》，并将其作为金融稳定治理的基本法，其内容包括金融稳定的含义、目标、内容、相关监管部门、权责划分、政策工具、协调机制等。其次，今后在对《中国人民银行法》《商业银行法》《证券法》《保险法》等部门法进行修订时，需要贯彻《金融稳定法》的立法精神，保持内容的一致性。再次，以《金融稳定法》为指导，针对金融稳定法律体系中的空白制定单行法，或对既有单行法进行修订以覆盖相关领域。最后，根据实际情况，由各监管部门动态调整和制定金融稳定领域具体的执行规章和配套制度，以落实《金融稳定法》的要求。

（二）政策建议

1. 以《金融稳定法》统筹金融稳定治理的顶层设计

当前发布的《金融稳定法（草案征求意见稿）》（以下简称草案）共六章四十八条，分为总则、金融风险防范、金融风险化解、金融风险处置、法律责任和附则。草案基于市场化、法治化原则，建立了一整套金融风险防范、化解及处置制度，压实了金融机构及其股东、地方政府和监管部门等各方主体的分工与职责，明确了处置资金的来源和使用次序，细化了处置的措施和工具，规定了处置部门与人民法院的司法衔接，强化了各类主体的法律责任。总体来看，《金融稳定法》的及时出台将为防范化解重大金融风险提供坚实的法律保障，对于我国金融稳定法律体系的构建具有奠基意义。

从草案的结构设计来看，它本质上是金融风险的处置法案，虽然有着很强的针对性与时效性，但与我们将其作为统筹金融稳定法律体系基本法的预期尚有一定距离。因此，我们建议在草案的后续修订过程中，对以下几个方面进行完善。

第一，草案虽然给出了金融稳定发展统筹协调机制的职责，但在其权限范围、成员单位权利义务、决策机制与执行程序等方面的规定较为笼统，建议对相关内容予以明确，以提高其透明度和法治化水平，使其更为充分地发挥统筹协调金融风险防范的职能。

第二，作为金融稳定的基本法，《金融稳定法》应对地方政府的具体金融稳定职责予以明确，为地方政府的金融监管职能提供上位法依据。目前虽然已经出台了《地方金融监督管理条例（草案征求意见稿）》，但考虑到地方金融监管职能的重要性，仍建议将《金融稳定法》作为上位法对相关内容予以明确，以增强其权威性和执行效率。

第三，金融安全与金融消费者保护是金融稳定的重要内容，作为金融稳定的基本法，《金融稳定法》应将其纳入，并对其做出原则性规定，使之与相关法律进行衔接。

2. 制定《金融基础设施法》，保障金融体系平稳运行

金融基础设施对于金融稳定有着特殊的重要性，而我国在此领域尚无专门的监管法律法规。借鉴瑞士《金融市场基础设施法》的立法经验，建议我国制定《金融基础设施法》，将支付清算系统、证券交易所、中央对手方、证券存托机构、大型互联网平台等金融基础设施纳入金融稳定的监管范围。《金融基础设施法》应包括金融基础设施的类型、监管部门、市场准入条件、实际控制人监管要求、内部控制标准、财务与对外担保规则、透明度与信息披露要求、数据安全标准、风险处置与流动性救助等内容，以保证金融基础设施的安全，支持金融体系的平稳运行。

3. 制定《金融消费者保护法》，着力增强消费者权益保护

2020 年 5 月发布的《中共中央　国务院关于新时代加快完善社会主义市场经济体制的意见》明确指出："建立健全金融消费者保护基本制度。"可以订立《金融消费者保护法》，并使其与《消费者权益保护法》《公司法》《证券法》等法律法规以及《中国人民银行金融消费者权益保护实施办法》等部门规章共同构成金融消费者保护法律体系。《金融消费者保护法》应包括金融消费者的定义、金融商品和服务的范围、金融消费者的权利、经营者的金融消费保护义务、金融监管机构的保护职责、相关主体的法律责任、消费者保护基金的设立等内容。通过该法的制定和实施，提高侵害金融消费者合法权益的违法违规成本，建立打击侵害金融消费者合法权益和破坏金融市场秩序的体制机制，强化法律威慑力。除上述立法外，还可以通过落实《公司法》《证券法》等法律法规中关于中小股东、债权人的保护制度，以及政府加强引导建立多元化的监督机制等方式，进一步增强对金融消费者的保护力度。参考域外经验，构建"投诉-调解-裁决"一站式的金融争议解决机制，设立全国统一的、独立的第三方金融投诉纠纷处理机构，提升投诉纠纷处理能力和解决效率。

4. 对其他相关法律规定进行联动修改

前文已述及，构建金融稳定法律体系除了上述新立法外，还涉及《中国人民银行法》《商业银行法》《银行业监督管理法》《保险法》《公司法》

《证券法》等诸多已有的法律规范及相关制度规则，在立新法的同时，应根据《金融稳定法》的立法精神，对旧法中与新规定不符的内容进行完善和修订，理顺金融稳定法律体系中不同法律规范的内部逻辑，提高金融稳定法律体系的科学性、适用性。如将《金融控股公司监督管理试行办法》等部门规章上升为行政法规，将实际控制人为金融机构的金融控股公司也统一纳入监管。再如，应基于《反外国制裁法》和《阻断外国法律与措施不当域外适用办法》，修改或制定部门规章，细化应对金融制裁的职责分工、程序与具体措施等。

B.2

中国金融监管：2021年重大事件评述

尹振涛　侯姝琦*

摘　要： 面对起伏反复的新冠肺炎疫情以及错综复杂的国际经济形势，中国金融监管部门在防范重大金融风险的同时，不断深入推进中国金融监管改革。纵观2021年，金融监管部门在支持绿色金融发展、深入推进高水平金融开放、规范地方政府融资行为、推进理财净值化转型、深化金融科技监管以及加强保险业监管等方面取得突出成绩。2021年金融监管的核心理念仍是“审慎监管”，监管机构在防范风险与规范市场的同时，持续引导金融机构更好地发挥服务实体经济的作用。2022年，有几个趋势值得关注：一是防范化解重要领域金融风险；二是继续完善金融科技监管规则；三是加强对资本的引导与规范；四是持续引导保险行业回归本源。

关键词： 金融监管　绿色金融　金融开放　系统性风险

2021年是“十四五”规划的开局之年，也是“两个百年”奋斗目标的历史交汇点。面对起伏反复的新冠肺炎疫情和复杂严峻的国际形势，我国统筹疫情防控和经济发展，国民经济持续恢复，2021年国内生产总值达到

* 尹振涛，经济学博士，副研究员，中国社会科学院金融研究所金融科技研究室主任，中国社会科学院金融法律与金融监管研究基地秘书长，主要研究方向为金融监管、金融风险和金融科技；侯姝琦，中共中央党校（国家行政学院）经济学教研部在读博士研究生，主要研究方向为农村经济与区域经济。

114.37万亿元，比上年增长8.1%，高质量发展取得新成效。[①] 中国金融业在回归服务实体经济本源的同时，深化供给侧结构性改革，金融监管部门在党中央和国务院的领导下持续推进监管体制改革，对各类违法违规行为保持高压态势，在统筹发展和安全中坚守不发生系统性金融风险的底线，保障了实体经济的健康稳定发展，走过了“稳字当头、稳中求进”的非凡的一年，实现了“十四五”的精彩开局。

一 绿色金融助力实现“双碳”目标

2020年9月22日，在第七十五届联合国大会一般性辩论上，国家主席习近平首次提出二氧化碳排放力争于2030年前达到峰值，努力争取2060年前实现碳中和的目标，旨在积极应对全球气候变化、实现可持续发展。中央经济工作会议将“做好碳达峰、碳中和工作”作为“十四五”开局之年的重点任务之一。2021年第十三届全国人民代表大会第四次会议和中国人民政治协商会议第十三届全国委员会第四次会议上，碳达峰、碳中和被首次写入政府工作报告。碳达峰、碳中和战略目标的提出是中国推进世界零碳排放进程，引领世界经济绿色复苏的核心部署，是我国履行大国责任、体现大国担当的重要战略。2021年2月22日，国务院发布《关于加快建立健全绿色低碳循环发展经济体系的指导意见》（国发〔2021〕4号，以下简称《指导意见》）[②]，在加强法律法规支撑，健全绿色低碳循环发展的生产、流通与消费体系，加快基础设施绿色升级，构建市场导向的绿色技术创新体系等方面做出重要部署。

作为现代经济的核心，金融业在“双碳”目标的实现过程中发挥了至关重要的作用。2021年3月，《中华人民共和国国民经济和社会发展第十四个五年规划和2035年远景目标纲要》（以下简称《“十四五”规划和2035

① 《2021年国民经济持续恢复 发展预期目标较好完成》，国家统计局网站，2022年1月17日。

② 《关于加快建立健全绿色低碳循环发展经济体系的指导意见》，中国政府网，2021年2月22日。

年远景目标纲要》)[①] 突出了绿色金融对实现碳减排目标的支持作用，明确了绿色金融在国家战略目标实现过程中的支撑地位。为助力实现碳中和愿景，监管机构针对金融领域出台多项政策措施，丰富绿色金融工具，推动绿色复苏和绿色低碳发展。

绿色债券市场是绿色金融体系的重要组成部分。绿色债券一方面能够通过市场化方式引导社会资本参与绿色发展，满足绿色低碳项目的融资需求；另一方面能够助推企业完成绿色转型。2021 年 4 月 21 日，中国人民银行、国家发展改革委、证监会三部门联合发布《绿色债券支持项目目录（2021 年版）》（银发〔2021〕96 号，以下简称《绿债目录》)[②]。作为我国绿色债券的统一指引，《绿债目录》首次统一了绿色项目的界定标准，有助于有效降低债券发行成本与交易管理成本，拓展绿色债券支持领域，大幅提升绿色债券市场的定价效率。在绿色保险方面，《指导意见》强调应发挥绿色保险的作用，进一步完善保险费率调节机制，标志着绿色保险进入新发展阶段。作为绿色生态环境体系建设的重要组成部分，绿色保险将在风险识别、风险管理、风险保障、风险投资方面发挥行业优势，为实现“双碳”目标提供风险保障。

在绿色信贷方面，我国出台政策持续坚定支持绿色信贷发展。2021 年 6 月 9 日，中国人民银行发布《银行业金融机构绿色金融评价方案》[③]，在绿色金融业务界定、绿色金融评价指标、绿色金融评价结果等方面做出规定，通过全方位、多层次的绿色金融激励约束机制，激励金融机构合规稳健地增加绿色资产配置，推动绿色债券市场扩容，提升金融业助力经济绿色转型的能力。

金融业在支持绿色低碳发展的过程中，主要从降低融资成本、提高融资可获得性与开拓交易市场三个方面发挥重要作用，绿色金融是满足庞大绿色投资需求的重要支撑。随着近年来我国绿色发展步伐加快，监管部门也在不

---

① 《中华人民共和国国民经济和社会发展第十四个五年规划和 2035 年远景目标纲要》，中国政府网，2021 年 3 月 13 日。

② 《绿色债券支持项目目录（2021 年版）》（银发〔2021〕96 号），中国人民银行网站，2021 年 4 月 2 日。

③ 《关于印发〈银行业金融机构绿色金融评价方案〉的通知》，中国人民银行网站，2021 年 6 月 9 日。

断完善绿色金融政策，推动金融机构积极创新绿色金融产品与服务，大力支持绿色金融发展。经过多年实践，目前我国绿色金融总体政策框架已相对完善，基础性制度保障逐步健全，绿色金融工具日趋丰富，绿色金融体系建设有规可循，为金融机构深度介入绿色金融领域提供了政策保障。

二　深入推进高水平金融开放

2021 年是中国加入世界贸易组织（WTO）20 周年，20 年间我国对外开放取得重大成就。金融改革开放不仅能够优化金融体系结构，更能提升金融系统发展质量，促进经济健康发展。“十四五”期间，持续深化金融市场改革，深入推进高水平金融改革开放，是加速国内国际双循环，增强经济发展内生动力，实现经济高质量发展的必然要求。

2021 年，中国人民银行稳步推动债券市场改革开放。在完善债券市场法治建设方面，中国人民银行会同相关部门于 2021 年 8 月 6 日发布《关于促进债券市场信用评级行业健康发展的通知》①，从评级方法、内控机制与信息披露等方面对信用评级机构做出明确要求，积极推动债券市场法治建设，完善债券市场基础设施，标志着信用评级行业进入新发展阶段。2021 年 8 月 18 日，中国人民银行等部门联合发布《关于推动公司信用类债券市场改革开放高质量发展的指导意见》②，从完善债券市场法制、提高信息披露有效性、强化投资者适当性管理等十个方面提出具体意见，同时明确指出要开放银行间债券市场与交易所债券市场，对境外机构投资者准入与资金跨境流动实现统一管理，推动公司信用类债券市场改革开放。在加快健全境内外债券市场双向互联互通机制方面，2021 年 9 月 15 日，中国人民银行发布《关

---

① 《关于促进债券市场信用评级行业健康发展的通知》，中国人民银行网站，2021 年 8 月6 日。

② 《关于推动公司信用类债券市场改革开放高质量发展的指导意见》，中国人民银行网站，2021 年 8 月 18 日。

于开展内地与香港债券市场互联互通南向合作的通知》[①]，为境内机构投资者有序配置全球债券提供了便利。开展内地与香港债券市场互联互通南向合作是加强内地与香港经贸合作的重要举措，有助于推进债券市场高水平双向开放，同时也有利于巩固香港国际金融中心的地位，维护香港长期繁荣稳定。

随着我国经济稳步发展，居民可投资资产逐年增加，跨境投资需求日益增长。与此同时，境外机构与居民对境内市场的投资热情依旧。在此背景下，2021 年 9 月，粤港澳大湾区“跨境理财通”业务试点正式落地，为境内居民投资“出海”、境外居民投资境内市场开拓了新渠道。截至 2021 年 12 月，跨境理财通北向通净流入 1.38 亿元，跨境理财通南向通净流出 8428 万元。跨境理财通业务进一步推进了粤港澳大湾区金融市场互联互通，不仅丰富了大湾区居民的投资选择，同时提升了跨境人民币使用率，进一步深化了人民币在资本项目下的可兑换，有助于提升人民币跨境循环的层次与宽度，加速推动人民币跨境支付体系的国际化进程。

监管部门从三个方面发力提升中国金融开放程度。一是完善相关政策安排，优化监管政策，健全境外主体境内发行制度，为外资发展提供良好的营商环境。二是提升开放条件下的金融管理能力，完善宏观审慎监管框架，构建系统性金融风险监测、评估与预警体系，加快补齐金融科技监管的短板。三是巩固金融安全屏障，加强对跨境资金流动的监测，强化数据安全治理，在深化国际金融合作的同时防范系统性金融风险跨市场传染。

三　有效防范化解金融风险

“十三五”时期我国的金融工作以风险防控为重点，防范化解金融风险攻坚战取得重要阶段性成果。然而，受国际上大国战略博弈、新冠肺炎疫情冲击，加之国内经济结构调整、潜在增速下行等因素影响，“十四五”期间我国仍然面

① 《关于开展内地与香港债券市场互联互通南向合作的通知》，中国人民银行网站，2021 年 9 月 15 日。

临较为严峻的金融风险形势，防范化解金融风险的任务依旧艰巨。《“十四五”规划和2035年远景目标纲要》第五十三章指出，要加强系统重要性金融机构和金融控股公司监管，强化不良资产认定和处置，防范化解影子银行风险，有序处置高风险金融机构，严厉打击非法金融活动，健全互联网金融监管长效机制。①

2021年，我国防范化解金融风险取得新成效，各类存量高风险金融机构得到有序处置。2021年2月7日，北京市第一中级人民法院裁定包商银行股份有限公司破产，为期三年的包商银行风险处置工作基本完成。中国人民银行与有关部门在处置包商银行风险时，最大限度地维护存款人与客户合法权益，坚决打破刚性兑付，有利于严肃市场纪律，保障金融市场健康发展。2021年2月10日，监管部门与地方政府对华信信托启动风险处置，开展清产核资、资产清收与引战重组等工作，依法保护信托受益人与公司债权人的合法权益，维护金融市场秩序。2021年9月3日，中国人民银行发布《中国金融稳定报告（2021）》②，披露了针对银行业金融机构的央行金融机构评级，评价结果显示，高风险金融机构数量已由2018年第四季度的587家持续下降至2021年第二季度的422家。存量高风险金融机构虽数量较多，但全部高风险金融机构资产占比仅为1.4%，金融风险整体呈收敛态势。同时，评级结果也成为中国人民银行开展宏观审慎评估，对金融机构实施差别化管理的重要依据。

监管部门在处置存量高风险金融机构的同时，不断完善高风险金融机构风险化解与处置的相关法律制度。为推动金融机构审慎经营，提升监管部门防范化解金融风险能力，2021年6月9日，银保监会发布《银行保险机构恢复和处置计划实施暂行办法》（银保监发〔2021〕16号，以下简称《暂行办法》）③，从制度上提前制定重大风险情形下的相关应对措施，补齐监管制度短板，提高监管统一性。《暂行办法》明确了恢复与处置计划的实施流程，强调职权法定、

① 《中华人民共和国国民经济和社会发展第十四个五年规划和2035年远景目标纲要》，中国政府网，2021年3月13日。

② 《中国金融稳定报告（2021）》，中国人民银行网站，2021年9月3日。

③ 《银行保险机构恢复和处置计划实施暂行办法》（银保监发〔2021〕16号），中国政府网，2021年6月9日。

自救为本、审慎有效、分工协作的原则，促进金融机构进一步强化危机意识，提升危机应对能力，将审慎经营理念贯穿于业务流程始终，真正做到未雨绸缪。《暂行办法》通过明晰银行保险机构风险应对的主体责任与股东责任，落实各类金融监管部门及地方政府在风险处置过程中的职责，推动实现快速有序处置金融风险，保护社会公共利益，维护金融安全稳定。此外，为应对商业银行在业务模式、风险特征以及外部环境等方面发生的显著变化，合理分配监管资源，促进商业银行可持续健康发展，2021 年 9 月 22 日，银保监会发布《商业银行监管评级办法》（银保监发〔2021〕39 号，以下简称《办法》）①，提出实现商业银行监管评级标准的大一统，强化监管评级规则与实际监管工作的适配性。《办法》充分借鉴国际“CAMELS+”评级体系②，在评级流程、管理机制、内容方法以及结果运用等方面进行更新完善，进一步精细化评级要素。商业银行评级结果也将作为监管部门合理制定监管规划、灵活采取监管措施的重要依据，助力监管部门实现对高风险金融机构的有效早期纠正。

为进一步强化金融体系稳定性，完善系统重要性金融机构监管框架，2021 年 10 月 15 日，中国人民银行与银保监会评估认定了 19 家国内系统重要性银行，并于同日发布《系统重要性银行附加监管规定（试行）》③，明确根据系统重要性银行附加监管指标要求、恢复和处置计划要求以及审慎监管要求，对系统重要性银行监管的实施给予指导，标志着我国系统重要性银行监管进入新阶段。作为巴塞尔委员会成员之一，我国适时出台国内系统重要性银行监管要求，一方面履行了成员应尽义务；另一方面，为我国防控系统性金融风险提供了制度保障，增强了防范化解系统性金融风险的能力。

四　加强规范地方政府融资行为

地方政府债务的重要根源始于 1994 年的分税制改革，原本归于地方政

① 《商业银行监管评级办法》（银保监发〔2021〕39 号），银保监会网站，2021 年 9 月 22 日。

② 传统的“CAMELS+”银行评级体系包括 7 项要素，分别为资本充足（C）、资产质量（A）、管理质量（M）、盈利状况（E）、流动性风险（L）、市场风险（S）和信息科技风险（I）。

③ 《系统重要性银行附加监管规定（试行）》，中国人民银行网站，2021 年 10 月 15 日。

府的消费税与增值税上收中央，但区域发展与建设的主要任务仍由地方政府承担，“财权上收、事权下沉”导致地方政府为推动地方经济建设，争先通过政府融资平台大量举债。2008 年金融危机爆发后，“四万亿”经济刺激计划使地方政府债务加速累积。伴随经济增速放缓，地方财政收入下降，地方政府债务压力持续增加，这将对我国金融体系稳定造成威胁。

化解地方政府债务、保障地方融资平台债务安全是近年来维护金融稳定的重点任务。2014 年起，中央政府陆续出台文件引导地方政府通过合法合规的方式进行举债，严格控制地方政府与平台债务扩张。当前地方政府的举债模式已逐步得到规范，但依旧面临存量债务集中到期、隐性债务有待化解等问题。2020 年 12 月，中央经济工作会议明确提出 2021 年应“抓实化解地方政府隐性债务风险工作”。《“十四五”规划和 2035 年远景目标纲要》强调应稳妥化解地方政府隐性债务风险隐患。

2020 年下半年以来，我国接连发生多起地方国有企业债务风险暴露事件，如永煤控股、冀中能源、华晨集团等企业的债券违约事件，引发了信用债市场的整体动荡。为维护金融市场稳定，2021 年 3 月 26 日，国资委发布《关于加强地方国有企业债务风险管控工作的指导意见》（国资发财评规〔2021〕18 号）①，将防范地方国有企业债务违约作为债务风险管控的重中之重，首次明确加强对地方国有企业隐性债务的管控，规范地方国有企业资金用途。这一方面可以降低地方国有企业的债券违约风险，稳定债券市场，重振投资者信心；另一方面有利于地方国有企业可持续健康发展。

2021 年 7 月 9 日，银保监会发布《银行保险机构进一步做好地方政府隐性债务风险防范化解工作的指导意见》（银保监发〔2021〕15 号，以下简称《意见》）②，旨在进一步落实中央防控债务风险的重要战略部署，坚决遏制新增地方政府隐性债务。《意见》延续银保监会对地方政府债务强监

---

① 《关于加强地方国有企业债务风险管控工作的指导意见》（国资发财评规〔2021〕18 号），国资委网站，2021 年 3 月 26 日。

② 《银行保险机构进一步做好地方政府隐性债务风险防范化解工作的指导意见》（银保监发〔2021〕15 号），银保监会网站，2021 年 7 月 9 日。

管的政策精神，以强化风险管理为核心，规范金融机构与地方政府的相关融资业务，防范地方政府债务风险向金融体系传导。2021 年 4 月 13 日，国务院发布《关于进一步深化预算管理制度改革的意见》（国发〔2021〕5 号）①，提出要清理规范地方融资平台公司，剥离其政府融资职能，对失去清偿能力的要依法实施破产重整或清算。地方融资平台公司破产重整或清算有利于市场出清，强化市场化约束机制，防止风险积累引发系统性风险。

未来一段时间，我国将延续“严控新增隐性债务，妥善化解存量隐性债务，守住不发生系统风险底线”的监管精神。一是提高地方政府的偿债能力，有效使用存量隐性债务形成的资产，督促新增债务资金与投资项目实现有效匹配，并加强债务审计与行政问责，从根本上防范控制地方政府债务风险。二是优化地方融资平台管理，分类管理融资平台，建立外部监督长效机制，进一步规范地方政府债务融资渠道。三是构建债务融资责任体系，强化地方政府的责任意识，积极推进地方政府债务的规范化与法治化，严控地方政府债务融资乱象，为地方政府债务发展创造良好环境。

五　理财净值化转型加速推进

自 2018 年 4 月 27 日资管新规正式实施以来，资管业务监管标准得到统一，各类银行理财产品开始转型整改，影子银行风险持续收敛。2020 年受新冠肺炎疫情影响，中国人民银行将资管新规过渡期延长至 2021 年底。作为理财产品转型过渡期收官之年，2021 年银行业加速推进理财净值化转型，净值型产品规模稳步上升。银行业理财登记托管中心发布的《2021 年三季度理财市场数据分析》报告显示，截至 2021 年 9 月底，银行理财市场存续规模达 27.95 万亿元，同比增长 9.27%，净值化比例超过 86%。② 与此同时，作为银行理财业务的全新载体，理财子公司迅速崛起，截至 2021 年末，共有 29 家理

① 《关于进一步深化预算管理制度改革的意见》（国发〔2021〕5 号），中国政府网，2021 年 4 月 13 日。

② 《2021 年三季度理财市场数据分析》，中国理财网，2021 年 11 月 1 日。

财公司获批筹建，23 家理财公司正式开业，理财公司市场份额达 48.97%。

在此背景下，相关配套监管措施相继出台，为理财业务的平稳转型与健康发展提供了政策支撑。在销售层面，2021 年 5 月 27 日，银保监会发布《理财公司理财产品销售管理暂行办法》①，对理财产品的销售与代销管理等进行明确与强化，以促进理财公司合规发展。在理财产品层面，2021 年 12 月 17 日，银保监会公布《理财公司理财产品流动性风险管理办法》②，对理财产品流动性风险和认购赎回做出细致规定，弥补了理财产品流动性监管空白。

经过四年的转型整改，金融脱实向虚、资金空转等现象得到明显改善，理财产品市场格局和观念氛围也出现了根本转变。银行理财净值化转型，从本质上实现了由发行人承担风险的“间接承担”模式向投资者自行承担风险的“直接承担”模式的转变。这一标志性的跨越，对完善我国融资市场结构，满足投资者多元投资需求，畅通金融对实体经济的支持通道和降低系统性金融风险有重大意义。

一是有利于促进提高我国直接融资比重。提高直接融资比重是“十四五”时期我国资本市场实现高质量发展的战略目标和重点任务。银行理财净值化的转型，让理财回归“受人之托，代客理财”的本源，使投资者能够借助理财产品投资二级市场上的金融产品，直接融资的特性更为突出，有利于在降低企业融资成本的同时提升融资效率，为提高直接融资比重，进而完善我国融资市场结构贡献一分力量。

二是满足我国投资者多元化的理财需求。随着我国经济的发展，人们对于多元的金融资产配置的需求日益增加。从发达国家的经验看，在我国坚持“房住不炒”的政策背景下，居民手中的资金将越来越多地投入资本市场。而银行理财净值化的转型，能够为不同风险偏好的投资者提供更为丰富的投资选择，同时，对引导广大投资者正确认识到投资的实质也会起到一定的积极作用。

---

① 《理财公司理财产品销售管理暂行办法》，银保监会网站，2021 年 5 月 27 日。
② 《理财公司理财产品流动性风险管理办法》，银保监会网站，2021 年 12 月 17 日。

三是有利于畅通金融对实体经济的支持通道。银行理财净值化的转型，赋予银行理财“直接融资”的属性，使得银行为实体经济融资的效率大大提高。直接融资的定价利率更加市场化和透明化也使得市场上实体经济的资金流入更为方便。银行理财产品净值化转型，使银行理财资金投资于股债上的比例有所提升，尤其是通过投资实体经济中的企业发行的债券，直接地满足了企业发展的资本需求，体现了金融行业对实体经济的支持。另外，转型之后丰富的理财产品也能够为特殊的企业提供融资方式，拓展小微企业、环保低碳企业和“三农”类企业等特殊行业企业的融资渠道，促进相关实体企业的发展，这些特殊的企业往往带有积极的外部性特征，对这些企业的融资支撑其实也是银行理财产品回馈社会、彰显社会价值的一种体现。

四是有利于降低系统性的金融风险。在银行理财净值化转型之前，银行理财产品存在着一种隐性的“保本保息”的刚性兑付特征。投资者把钱交给银行之后，便不再考虑风险问题，所有的责任和风险全部转嫁到银行系统，实际上形成了银行的负债。然而理财产品是不体现在银行的资产负债表当中的。银行系统有时为了保证能够按照合同利率进行兑付，可能会把资金投入高风险的金融标的中。而净值化转型，将可能存在于金融系统的风险及时披露及警示，有利于维护整个金融体系的稳定。

六　持续深化金融科技监管

在数字经济与科技发展的背景下，金融与科技实现深度融合，新兴金融业态与金融场景不断涌现，金融服务效率大幅提升，但随之而来的风险隐患也需要得到重视，构建支持与规范金融科技良性发展的监管机制，是促进金融科技可持续发展的重要保障。2021 年政府工作报告明确指出应强化金融控股公司与金融科技监管，为金融创新搭建审慎监管框架。同时，《“十四五”规划和 2035 年远景目标纲要》也提出关于“稳妥发展金融科技，加快金融机构数字化转型”的重要部署。可以看出，规范审慎、稳妥发展是今后金融科技的监管主基调。

近一年来，监管部门针对反垄断、数据安全以及持牌经营等出台了一系列重要政策，进一步强化审慎创新和风险防控的监管要求。2021 年 2 月 7 日，国务院反垄断委员会制定发布《国务院反垄断委员会关于平台经济领域的反垄断指南》（国反垄发〔2021〕1 号）①，明确界定不公平价格行为、限定交易、大数据杀熟与不合理搭售等情形，强化金融科技领域的反垄断监管，旨在预防和制止以数据为核心驱动力的平台经营者垄断行为，促进平台经济实现规范有序发展。针对金融科技细分领域，中国人民银行于 2021 年 1 月 20 日发布《非银行支付机构条例（征求意见稿）》②，规范非银行支付机构行为，强化支付领域反垄断，明确支付服务市场垄断地位认定标准，赋予央行认定支付服务市场垄断地位的权限，弥补现行《反垄断法》在支付市场领域的法律空白。

2021 年 3 月 15 日，中央财经委员会第九次会议强调所有金融活动应全部纳入金融监管范围，围绕这一政策基调，监管部门进一步细化各细分领域的监管要求。针对信贷领域，2021 年 2 月 20 日，银保监会发布《关于进一步规范商业银行互联网贷款业务的通知》（银保监办发〔2021〕24 号）③，加强规范互联网贷款业务行为，推动《商业银行互联网贷款管理暂行办法》④ 有效实施。针对资管领域，2021 年 1 月 15 日，银保监会和中国人民银行联合发布《关于规范商业银行通过互联网开展个人存款业务有关事项的通知》（银保监办发〔2021〕9 号）⑤，从依法合规、风控管理、销售行为以及发展定位四方面对商业银行通过互联网开展存款业务提出监管要求，规范商业银行的互联网渠道存款业务，禁止商业银行通过非自营网络平台开展定期存

① 《国务院反垄断委员会关于平台经济领域的反垄断指南》（国反垄发〔2021〕1 号），中国政府网，2021 年 2 月 7 日。

② 《非银行支付机构条例（征求意见稿）》，中国人民银行网站，2021 年 1 月 20 日。

③ 《关于进一步规范商业银行互联网贷款业务的通知》（银保监办发〔2021〕24 号），银保监会网站，2021 年 2 月 20 日。

④ 《商业银行互联网贷款管理暂行办法》，银保监会网站，2020 年 7 月 17 日。

⑤ 《关于规范商业银行通过互联网开展个人存款业务有关事项的通知》（银保监办发〔2021〕9 号），银保监会网站，2021 年 1 月 15 日。

款等业务，限制行业不良竞争，防范流动性风险。针对征信领域，中国人民银行于2021年9月30日发布《征信业务管理办法（征求意见稿）》[①]。此外，金融数据治理也是监管部门的关注重点。中国人民银行先后于2021年2月9日与4月8日发布《金融业数据能力建设指引》[②] 与《金融数据安全　数据生命周期安全规范》[③]，推动金融机构提升数据全生命周期应用与治理水平。

深化金融科技监管对保障现代金融体系安全稳定具有重要意义。一是明确金融科技发展目标，引领金融科技利用数字技术降低金融服务成本，提高金融服务效率，优化金融消费者体验感，提升金融服务实体经济水平。二是规范金融科技发展路径，在支持金融科技发展的同时，从科技研发、推广运用、基础设施建设以及人才培养等方面明确发展路径，在支持金融科技发展的同时形成有效监管，助力金融科技更好地服务金融消费者与实体经济。三是平衡金融稳定与金融创新，在防范系统性金融风险的同时，为金融科技机构的发展创造良好的市场环境，形成金融科技与金融监管的良性互动。

七　资本市场聚焦高质量发展

2021年9月2日，国家主席习近平在出席中国国际服务贸易交易会全球服务贸易峰会时指出，“将继续支持中小企业创新发展，深化新三板改革，设立北京证券交易所，打造服务创新型中小企业主阵地”。至此，北京证券交易所拉开了其在中国资本市场上的帷幕。9月3日，北京证券交易所有限责任公司注册成立。9月5日北京证券交易所发布“1号公告”，在上市规则、交易规则以及会员管理规则等方面公开征求意见[④]，构建起证券交易所的基本制度框架。

2021年10月30日，经证监会批准，北京证券交易所发布《北京证券

---

① 《征信业务管理办法（征求意见稿）》，中国人民银行网站，2021年9月30日。

② 《金融业数据能力建设指引》，中国人民银行网站，2021年2月9日。

③ 《金融数据安全　数据生命周期安全规范》，中国人民银行网站，2021年4月8日。

④ 《北京证券交易所关于上市规则、交易规则和会员管理规则公开征求意见的通知》，北交所网站，2021年9月5日。

交易所股票上市规则（试行）》（北证公告〔2021〕13号）[①]，平移新三板精选层进入条件作为上市条件，明确了北京证券交易所的上市要求。在新三板连续挂牌满12个月的创新层公司，符合预计市值、财务标准等条件，经证监会注册，完成向不特定合格投资者公开发行后，公众股东持股比例等达到相应要求的，可以在北京证券交易所上市。为规范证券交易活动，保障业务交易安全，维护消费者合法权益，2021年11月2日，北京证券交易所发布《北京证券交易所交易规则（试行）》（北证公告〔2021〕15号）[②]与《北京证券交易所会员管理规则（试行）》（北证公告〔2021〕22号）[③]。三大基本业务规则的发布，既遵循了其他证券交易所制度建设的普遍规律，又充分考虑了北京证券交易所服务创新型中小企业的职能。

作为我国第一家公司制证券交易所，北京证券交易所与早期主要为国企、央企和拥有技术硬实力的科技企业服务的上海证券交易所以及早期为具有一定规模的民营企业服务的深圳证券交易所不同。北京证券交易所从一开始就把服务对象定为“更早、更小、更新”的创新型中小企业。北京证券交易所的设立具有国家级的战略意义。一方面，作为国家重大战略部署，有利于我国资本市场更好地服务构建新发展格局、推动我国经济高质量发展；另一方面，作为金融供给侧改革的重要内容，有利于多层次资本市场体系的完善，更好发挥资本市场的功能作用。同时，北京证券交易所的定位决定了其将能更好地促进科技与资本的融合，支持中小企业创新发展。

八　基础设施公募REITs平稳开局

长期以来，我国基础设施投资一直保持较大规模的稳定增长。此前地方

① 《北京证券交易所股票上市规则（试行）》（北证公告〔2021〕13号），北京证券交易所网站，2021年10月30日。

② 《北京证券交易所交易规则（试行）》（北证公告〔2021〕15号），北京证券交易所网站，2021年11月2日。

③ 《北京证券交易所会员管理规则（试行）》（北证公告〔2021〕22号），北京证券交易所网站，2021年11月2日。

政府专项债、基础设施特许权模式（BOT）、政府和社会资本合作模式（PPP）等投融资模式在很大程度上缓解了财政压力，促进了我国基础设施建设。但伴随着应用范围与领域的不断扩大，地方隐性债务增加、社会资本参与意愿不强、基础建设投资需求难以满足等问题逐渐显现，为我国基础设施建设拓展新的融资渠道迫在眉睫。

基础设施公募 REITs 打破了此前投融资模式的瓶颈，为基础设施建设开拓了新的资金来源。2021 年 1 月 29 日，沪深证券交易所发布基础设施公募 REITs 相关配套业务规则，包括基础设施公募 REITs《业务办法》、《发售业务指引》和《审核关注事项》，规范基础设施公募 REITs 项目审核、持续监管、上市交易等行为，推动基础设施公募 REITs 平稳起步。2021 年 6 月 21 日，9 只基础设施公募 REITs 产品在沪深证券交易所正式上市交易，标志着我国 REITs 产品的正式落地。2021 年 6 月 29 日，国家发展改革委印发《关于进一步做好基础设施领域不动产投资信托基金（REITs）试点工作的通知》（发改投资〔2021〕958 号）①，再次明确我国基础设施 REITs 试点的目标导向。2021 年 12 月 31 日，国家发展改革委办公厅发布《关于加快推进基础设施领域不动产投资信托基金（REITs）有关工作的通知》（发改办投资〔2021〕1048 号）②，按照基础设施公募 REITs 的推进顺序，从宣传动员、项目摸底、服务工作、部门协调、项目申报、资金回收以及典型示范七个方面提出具体措施与要求，政策基调由“稳妥推进”转变为“加快推进”，旨在满足旺盛的市场需求，调动企业发行基础设施公募 REITs 的积极性，更好地促进 REITs 市场的健康发展。从短期来看，基础设施公募 REITs 创新了基础设施投融资机制，降低了地方政府债务压力。从长期来看，基础设施公募 REITs 可以有效盘活基础设施领域存量资产，提高资金使用效率，促进市场发挥资源配置的决定作用，推动经济高质量发展。

---

① 《关于进一步做好基础设施领域不动产投资信托基金（REITs）试点工作的通知》（发改投资〔2021〕958 号），国家发展改革委网站，2021 年 6 月 29 日。

② 《关于加快推进基础设施领域不动产投资信托基金（REITs）有关工作的通知》（发改办投资〔2021〕1048 号），国家发展改革委网站，2021 年 12 月 31 日。

由于我国基础设施公募 REITs 尚处于建设初期，仍面临监管制度不完善、税收优惠机制尚未建立、二级市场流动性不足、专业人才储备欠缺等挑战。为推动基础设施公募 REITs 平稳较快发展，应积极采取应对策略。一是健全基础制度，实行税收减免政策。税收优惠政策直接影响到基础设施公募 REITs 产品的收益水平，应在现行税法基础上，针对 REITs 产品健全税收优惠制度，同时在基础资产转移方面明确相关规定，促进基础设施公募 REITs 市场的健康发展。二是完善监管体系，强化宏观审慎监管机制。基础设施公募 REITs 产品具有业务链条较长、涉及主体较多、组织结构较复杂等特点，监管部门应深入了解市场发展状况，根据业务特点构建监管机制，为基础设施公募 REITs 良性发展保驾护航。三是加强人才建设，提升专业化水平。现阶段大多数券商与公募基金的人员配置无法满足基础设施公募 REITs 的发展需求。中介机构应及时调整人员结构，汇集具有投资管理经验的专业人才，提升基金管理人的投资运营水平。四是落实二级市场做市商制度，提高市场活跃度。完善的交易制度与活跃的交易市场是基础设施公募 REITs 产品发展的有力支撑，加快落实基础设施 REITs 二级市场做市商制度，能够吸引更多社会资本参与进来，活跃二级市场交易氛围。

九　保险行业监管不断深化

2021 年以来，美团互助、水滴互助、新浪互助等网络互助平台陆续关停。众多互助平台中规模最大、知名度最高的相互宝于 2021 年 12 月 28 日宣布 2022 年 1 月后将关停，标志着网络互助保险模式在经历了三年的快速发展之后，彻底退出舞台。在当前的社会保障体系之下，部分居民在突遇重大疾病时风险抵御能力较差，巨额的医疗费用会给普通家庭带来沉重负担。相较于常规保险产品，网络互助平台在条件限制、保险金额等方面具有明显优势。以相互宝为例，凡符合健康告知要求，年龄在出生满 30 天至 59 周岁之间，且芝麻信用分在 650 分以上的蚂蚁会员均能参加。较低的参与门槛与灵活的退出机制吸引了大量用户参与，满足了更多中低收入群体的保障需要，在一定程度上增强了普通群众的健康风险意识。

但网络互助项目并不属于保险产品，存在资金信息不透明、缺乏法律法规约束、不确定性较大等弊端，一旦发生赔付危机，参与用户将无法得到法律保障。因此，网络互助项目无法替代重疾险。2021 年 2 月 1 日，《重大疾病保险的疾病定义使用规范（2020 年修订版）》① （以下简称《重疾险新规》）正式执行。《重疾险新规》重新界定了重疾险，适度扩展了赔付病种范围，有助于为消费者提供更全面准确、更具针对性的保障。作为我国当前健康保险的重要险种之一，重疾险成为推动中国健康保险市场发展的重要产品和助力我国全民健康的重要保障。

2021 年互联网保险市场继续保持严监管基调，互联网人身保险市场重新洗牌。2020 年 12 月 14 日，银保监会发布《互联网保险业务监管办法》（以下简称《监管办法》）②，并于 2021 年 2 月 1 日起正式实施。《监管办法》全面强化了保险机构持牌经营的原则，进一步明确非持牌保险机构限制或禁止的行为，细化针对持牌机构和相关渠道类型的管理要求，提升了保险业服务实体经济和社会民生的水平。在《监管办法》相关规定的基础之上，为进一步加强与改进互联网人身保险业务监管，银保监会于 2021 年 10 月 22 日发布《关于进一步规范保险机构互联网人身保险业务有关事项的通知》（银保监办发〔2021〕108 号，以下简称《通知》）③。《通知》明确了互联网人身保险的经营门槛、产品设计、定价标准与服务标准，规范了互联网人身保险市场秩序，维护了保险消费者的合法权益。根据《通知》中的规范要求，保险机构面临产品结构调整，部分机构将退出互联网人身保险市场，我国互联网人身保险市场在有规可循的环境下将迎来更加规范健康的发展前景。

此外，随着意外险监管办法的出台，意外险市场将面临重塑。2021 年

---

① 《重大疾病保险的疾病定义使用规范（2020 年修订版）》，中国保险业协会网站，2020 年 11 月 5 日。

② 《互联网保险业务监管办法》，银保监会网站，2020 年 12 月 14 日。

③ 《关于进一步规范保险机构互联网人身保险业务有关事项的通知》（银保监办发〔2021〕108 号），银保监会网站，2021 年 10 月 22 日。

10 月 13 日，银保监会发布《意外伤害保险业务监管办法》（银保监办发〔2021〕106 号）①，明确意外伤害保险产品费用率及赔付率要求，规范意外伤害保险经营行为。总体来看，《意外伤害保险业务监管办法》的出台将带来更科学的产品费率、更合理的佣金费用率以及更规范的市场秩序，有助于进一步完善意外伤害保险费率市场化形成机制，促进市场长期健康发展。

十　2022年金融监管展望

2021 年，我国高质量发展取得新成效，实现了“十四五”的良好开局。金融监管的核心理念仍是“审慎监管”，监管机构在防范风险与规范市场的同时，持续引导金融机构更好地发挥服务实体经济的作用。2022 年即将召开党的二十大与第六次全国金融工作会议，“稳字当头，稳中求进”仍是未来经济金融发展的主基调。展望 2022 年的金融监管，以下几个趋势值得关注。

一是防范化解重要领域金融风险。未来防范化解系统性金融风险需关注以下三个重要领域：①防控地方政府隐性债务风险，进一步压实地方政府主体责任，防范控制地方政府债务风险蔓延到金融体系；②稳妥实施房地产金融审慎管理制度，化解个别负债过高的大型房地产企业的债务危机，在满足房地产企业合理融资需求的同时，更好地满足购房者的合理住房消费需求，实现房地产行业的良性循环与健康发展；③密切关注中小银行风险，受疫情影响与外部环境冲击，中小银行的风险溢出水平呈上升趋势，监管部门应加大对中小银行的支持，维护银行体系稳定性。

二是继续完善金融科技监管规则。在金融科技创新方面，坚持金融持牌经营原则，规范金融机构与科技企业之间的业务合作，通过穿透式监管防范金融与科技融合的潜在风险。在数据合规方面，针对数据出境安全、网络数据安全以及金融领域个人信息保护等做出进一步规范，同时监管部门应形成

① 《意外伤害保险业务监管办法》（银保监办发〔2021〕106 号），银保监会网站，2021 年 10 月 13 日。

高效的协调工作机制，对金融机构的数据保护予以更加细致的指导。除此之外，由于人工智能和机器学习已经广泛应用于金融机构中，监管部门也将对智能投顾、自动化交易等相关领域的监管规则进行完善。

三是加强对资本的引导与规范。2021 年中央经济工作会议指出要正确把握资本的特性与行为规律，加强对资本的有效监管，充分发挥资本要素的积极作用，抑制消极作用。作为重要生产要素，资本对于促进生产力发展具有重要作用，把握正确的资本运行方向有助于经济实现高质量发展。要鼓励资本进入有利于助推经济高质量发展的领域，及时制止容易产生负面效应的行为，既有鼓励促进，又有规范监管，合力促进各类资本有序健康发展。2022 年，中国资本市场有望迎来全面注册制，监管部门对资本的规范与引导将持续加强，中国资本市场将朝着更为市场化、法治化和国际化的方向发展。

四是持续引导保险行业回归本源。回归本源是保险行业未来发展的趋势，监管政策将持续推动保险风险管理体系进一步规范与完善，提升保险行业整体风险管理水平。人身保险方面，监管部门将强化人身保险产品的监管能力，完善产品精算制度，并继续推进商业健康险供给侧结构性改革，加强意外险标准化建设。财产保险方面，监管部门将进一步完善财产保险的顶层设计，鼓励创新新能源车险等新型车险产品，丰富保险产品体系。保险资金运用方面，监管部门将督促保险机构继续优化资产配置结构，提升风险管理能力，同时引导保险资金增强长期投资能力，持续深化金融供给侧结构性改革。

分 报 告

Sub-Reports

B.3
2021年银行业监管报告

白啸威　李育峰　巴劲松*

摘　要： 2021年，我国银行业监管工作紧紧围绕改革、化险、发展的方针，沉着应对各类困难挑战，采取有效措施，持续提升银行业服务实体经济质效，持之以恒防范化解金融风险，扎实推进银行业监管制度补短板，不断深化银行业改革开放，推动银行业的运行整体保持稳健态势。展望2022年，预计银行业监管在总体方向上将延续稳慎监管思路，注重持续提升金融对实体经济高质量发展的支持功能，全力支持稳定宏观经济大盘。同时，对金融监管进行前瞻性布局，对金融风险进行有效预判，防范银行部门重大风险并防止风险传染。不断推进银行业体制机制改革，加快金融业数字化转型，提升银行部门服务实体经济的质效。

关键词： 银行业　监管制度　金融风险

---

* 白啸威，中国社会科学院金融研究所金融法律与金融监管研究基地特约研究员，主要研究方向为金融监管、金融风险管理；李育峰，博士，副研究员，中国社会科学院金融法律与金融监管研究基地特约研究员，主要研究方向为金融监管、金融风险管理；巴劲松，博士，副研究员、高级经济师，中国社会科学院金融法律与金融监管研究基地特约研究员，主要研究方向为金融监管、金融风险管理、金融法律。

一　2021年银行业监管回顾与发展状况

（一）银行业发展的宏观经济金融环境

2021 年，我国发展的外部环境复杂严峻，国内疫情呈现散发多发状态，在党中央国务院政策战略谋划和精心部署下，在稳健的宏观经济政策保障下，我国经济整体呈现相对较好的增长态势。一是经济实力显著增强，完成了预期目标。2021 年，我国经济总量突破 110 万亿元，达到 114.4 万亿元，增长 8.1%，实现了 2020 年《政府工作报告》提出的全年 6%以上增速的预期目标；在全球主要经济体中名列前茅，按年平均汇率折算，经济总量达 17.7 万亿美元，居全球第二。二是创新驱动发展态势良好，经济结构不断优化。全社会研究发展投入强度持续提高，2021 年的 R&D 经费支出快速增长（比上年增长 14.2%），增速比上年高 4 个百分点；研发经费支出占 GDP 的比重达到了 2.44%，比 2020 年提高 0.03 个百分点。创新发展的动能强劲，高技术产业实现了快速发展，规模以上医药制造业增加值比 2020 年增长 24.7%，航空航天器及设备制造业增加值比 2020 年增长 17%，电子及通信设备制造业增加值比 2020 年增长 18.3%，计算机及办公设备制造业增加值比 2020 年增长 18%，信息传输、软件和信息技术服务业增加值比 2020 年增长 17.2%。产业结构持续优化，2021 年制造业增加值占 GDP 的比重为 27.4%，比上年提高了 1.1 个百分点；服务业增加值占 GDP 的比重为 53.3%，经济增长贡献率为 54.9%，比第二产业高出 16.5 个百分点。三是改革不断深化，对外开放不断扩大，发展活力持续增强。“放管服”成效凸显，2021 年末我国市场主体总量超过 1.5 亿户，市场发展活力不断增强；多种所有制经济共同发展，国有控股企业、股份制企业、私营企业、外商及港澳台商投资企业齐头并进；对外贸易保持快速增长，2021 年货物进出口总额达到 39.1 万亿元，同比增长 21.4%，两年平均增速为 11.3%。

2021 年，我国金融管理部门根据经济发展形势，继续实施稳健的货币政策，保持货币政策的灵活精准、合理适度。上半年，我国经济运行的积极因素较多，相关部门保持了市场流动性合理充裕，优化存款利率监管，引导货币信贷总量合理增长。面对下半年以来的经济下行压力，做好跨周期政策衔接，通过两次降准、引导 LPR 报价调整、降低支农支小再贷款利率、结构化货币政策工具优化等方式，强化跨周期调节。全年货币信贷保持稳定增长，有效支持实体经济发展。2021 年末，广义货币（M2）余额为 238.29 万亿元，同比增长 9%，增速较上年下降 1.1 个百分点；狭义货币（M1）余额为 64.74 万亿元，同比增长 3.5%，增速比上年低 5.1 个百分点；流通中货币（M0）余额为 9.08 万亿元，同比增长 7.7%，增速比上年低 1.5 个百分点。2021 年末，社会融资规模存量为 314.13 万亿元，同比增长 10.3%，增速较上年下降 3 个百分点。其中，全年新增人民币贷款 19.95 万亿元，在 2020 年同比多增 2.8 万亿元的基础上，继续较 2020 年多增 3150 亿元，保持了强劲的增长态势。与此同时，综合融资成本持续下降，2021 年企业贷款平均利率 4.61%，比 2020 年下降了 0.1 个百分点，比 2019 年下降了 0.69 个百分点，达到了近 40 年来的最低水平。

（二）2021年银行业监管回顾

2021 年，我国银行业监管工作紧紧围绕改革、化险、发展的方针，沉着应对各类困难挑战，采取有效措施，完善监管制度，引导银行业支持实体经济发展，稳妥有序化解重点领域风险，持续深化银行业改革与对外开放，银行业的运行整体保持稳健态势。

1. 持续提升银行业服务实体经济质效

引导银行业金融机构持续加大对重点领域和薄弱环节的支持力度，2021 年人民币贷款新增 19.95 万亿元，制造业贷款同比多增 6234 亿元。持续改善普惠金融服务，银保监会办公厅印发了《关于 2021 年进一步推动小微企业金融服务高质量发展的通知》等政策文件，普惠型小微企业贷款实现同比增长 24.9%，其中国有大型商业银行增速高达 41.4%。巩固拓展脱贫攻坚成果，助力全面推进乡村振兴，印发银行高质量服务乡村振兴、金融机构服务乡村振兴考核评估等多份文件，2021 年涉农贷款同比增长 11.2%。服务关键核心技术攻关，完善金融支持创新体系建设，进一步支持“专精特新”中小企业高质量发展。

2. 持之以恒防范化解金融风险

积极稳妥应对经济下行期不良反弹风险，2021 年全年共处置银行业不良资产 3.1 万亿元，不良资产核销金额已经连续四年超万亿元。持续压降加通道、加杠杆、加嵌套的高风险类信贷影子银行，影子银行规模较年初减少 4.2 万亿元，较历史峰值压降 20 余万亿元。有序推进高风险银行保险机构处置，组建山西银行、辽沈银行等，有效化解区域性金融风险。妥善应对大型企业违约风险，有效防范房地产市场、地方政府隐性债务等“灰犀牛”风险。

3. 扎实推进银行业监管制度补短板

强化系统重要性银行监管，出台全球系统重要性银行总损失吸收能力管理、国内系统重要性银行附加监管规定，进一步完善宏观审慎监管框架，发布 19 家国内系统重要性银行名单。规范商业银行通过互联网开展的个人存款以及互联网贷款业务，发布负债质量管理制度，从资产端、负债端“双管齐下”强化商业银行有关业务管理。出台理财产品销售管理、现金管理类理财产品管理、理财产品流动性风险管理等制度文件，银行理财业务制度体系日臻完善。发布消费者权益保护监管评价办法，进一步完善审慎监管与行为监管并重的监管体系，切实保护银行业消费者合法权益。

4. 不断深化银行业改革开放

加强公司治理领域监管制度补短板，印发银行保险机构公司治理准则、大股东行为监管办法、董事监事履职评价办法等多份文件，不断强化银行业、保险业公司治理制度体系改革，提升金融机构治理水平。扎实开展股东股权和关联交易专项整治，银行业金融机构公司治理整体稳中向好。推动中小银行通过多渠道补充资本，会同财政部门，全年累计批复了 2100 亿元的地方政府专项债用于补充中小银行资本，有效缓释中小银行资本不足压力，一定程度上提高了中小银行稳健经营水平。推动扩大银行业高水平双向开放政策的落地实施，批准外方独资金融机构筹建或开业，在粤港澳大湾区开展“跨境理财通”业务试点，召开推进自贸试验区建设专题会议。持续深化国际监管合作，成功举办2021年国际咨询委员会（IAC）两次会议。

（三）2021年银行业发展情况①

1. 资产负债平稳增长

2021年末，我国银行业金融机构本外币资产余额344.76万亿元，同比增长7.8%。其中，大型商业银行本外币资产余额138.4万亿元，占比40.1%，同比增长7.8%；股份制商业银行本外币资产余额62.2万亿元，占比18.0%，同比增长7.5%。2021年末，我国银行业金融机构本外币负债余额315.3万亿元，同比增长7.6%。其中，大型商业银行本外币负债余额126.6万亿元，占比40.2%，同比增长7.5%；股份制商业银行本外币负债余额57.1万亿元，占比18.1%，同比增长7.3%。2021年银行业金融机构各季度资产负债情况如图1所示。

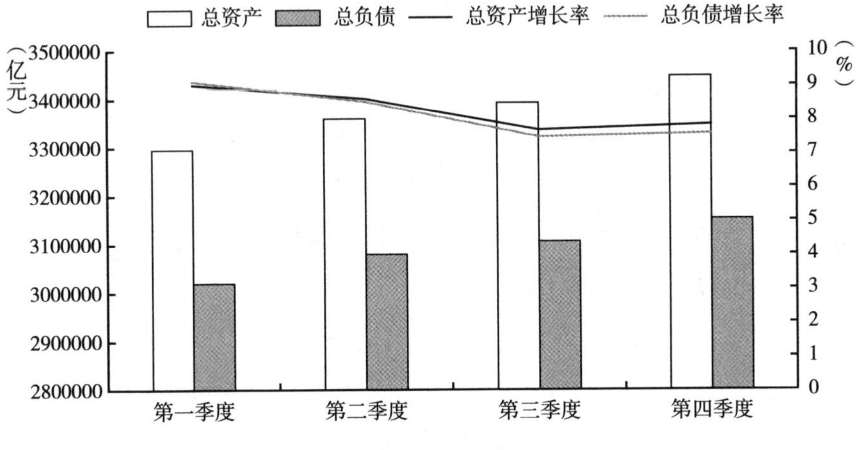

图1　2021年银行业金融机构资产负债情况

① 该部分数据均来源于银保监会官方网站。

2. 商业银行贷款质量保持稳定

2021年末，我国商业银行不良贷款余额2.85万亿元，较上年末增长1500亿元；商业银行不良贷款率1.73%，较上年末下降0.11个百分点。2021年末，商业银行正常贷款余额162.0万亿元，其中正常类贷款余额158.2万亿元，关注类贷款余额3.8万亿元。2021年商业银行各季度资产质量情况如图2所示。

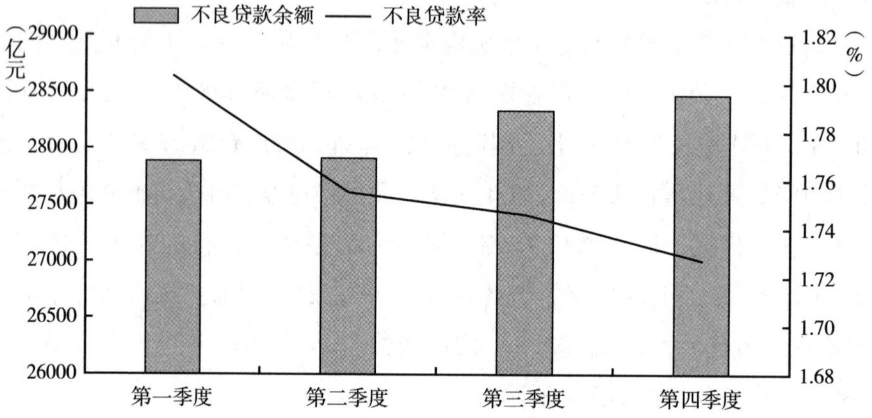

图2　2021年商业银行资产质量情况

3. 商业银行利润快速增长

2021年，我国商业银行累计实现净利润2.2万亿元，同比增长12.6%，比上年提高15.3个百分点；平均资本利润率为9.64%，较上年提高0.16个百分点；平均资产利润率为0.79%，较上年提高0.02个百分点。

4. 商业银行风险抵补能力有所加强

2021年末，商业银行贷款损失准备余额为5.6万亿元，较上年末增长6225亿元；拨备覆盖率为196.91%，较上年末提高12.4个百分点；贷款拨备率为3.4%，较上年末提高0.01个百分点。

2021年末，我国商业银行（不含外国银行分行）核心一级资本充足率为10.78%，较上年末上升0.06个百分点；一级资本充足率为12.35%，较上年末上升0.31个百分点；资本充足率为15.13%，较上年末上升0.43个百分点。

5. 商业银行流动性保持稳健

2021 年末，我国商业银行流动性覆盖率[①]为 145.30%，较上年末下降 1.17 个百分点；流动性比例为 60.32%，较上年末提高 1.91 个百分点；人民币超额备付金率为 2.05%，较上年末下降 0.24 个百分点；存贷款比例（人民币境内口径）为 79.69%，较上年末上升 2.88 个百分点。

二　2021年银行业主要监管举措

（一）加强小微企业和创新企业金融服务，持续提升银行业服务实体经济质效

1. 持续改善普惠金融服务，支持国民经济稳定恢复

为深入贯彻落实关于继续做好“六稳”“六保”工作、增强小微企业和个体工商户发展活力、进一步强化普惠金融服务的决策部署，2021 年 4 月银保监会印发了《关于 2021 年进一步推动小微企业金融服务高质量发展的通知》（银保监办发〔2021〕49 号，以下简称“49 号《通知》”）。

49 号《通知》围绕促进小微企业金融供给总量有效增长，以及质量、效率、效益明显提升的总体目标，明确提出了以下政策要求：一是着力提升金融供给水平，特别是保障增长服务供给的质效。其中，提出对小微企业的普惠型贷款在增速和户数方面要实现“两增”目标，其中，五家大型银行要努力实现普惠型小微企业贷款余额同比增长 30%以上。二是着力优化金融供给结构。着眼小微企业融资“痛点”“难点”“堵点”，继续加大小微企业首贷、续贷、信用贷款投放力度，重点增加对产业链供应链自主可控、战略性新兴产业和先进制造业的中长期信贷支持，补齐信贷业务短板。三是通过做优机制体制和提升专业能力，实现金融机构“敢贷愿贷、能贷会贷”。督促金融机构着力完善“敢贷愿贷”的内部机制，严格落实普惠金融类考核指标的权重在 10%以上的政策要求。在内部考核中，区分不良贷款

① 流动性覆盖率为资产规模在 2000 亿元以上的商业银行汇总数据。

容忍度与贷款质量管理目标，将不良贷款容忍度与授信尽职免责有机结合，免除客服人员的后顾之忧。加强信用信息资源和金融科技手段的综合运用，增强“能贷、会贷”服务能力。四是努力做活存量金融资源配置，提高金融供给的效率。做好贷款期限管理，确保惠企纾困政策平稳衔接。鼓励金融机构有效盘活信贷结构，采取多样化业务模式，着力保障小微企业信贷供给。进一步拓宽不良贷款处置渠道，提高不良资产的应对和处置能力。除此之外，49 号《通知》还从深化信用信息共享、规范融资服务收费、强化监管督导和外部环境建设等方面做出了具体安排和要求。

近年来，普惠型小微企业贷款在连续高速增长的同时，实现贷款利率持续下降。2021 年普惠型小微企业贷款增长 24. 9%，其中五家大型商业银行普惠型小微企业贷款增速均超过 30%，最高达到 53. 15%。49 号《通知》的印发，与普惠小微企业贷款延期还本付息支持工具以及普惠小微企业信用贷款支持计划两项货币政策直达工具相互配合、协同发力，有利于进一步强化银行业对小微企业的金融服务，支持国民经济稳定恢复。

2. 服务关键核心技术攻关，完善金融支持创新体系

十八大以来，党中央高度重视科技创新，强调“坚持创新在我国现代化建设全局中的核心地位，把科技自立自强作为国家发展的战略支撑”。为全面深入落实国家创新驱动发展战略，为科技创新提供有效金融支持，强化科研成果转换，搭建科技创新平台，着力培育市场创新主体，重点支持“专精特新”创新型企业实现高效发展，2021 年 11 月银保监会印发《关于银行业保险业支持高水平科技自立自强的指导意见》（银保监发〔2021〕46 号，以下简称《指导意见》）。

《指导意见》共 7 个方面 20 条，强调按照创新引领、市场导向、统筹协调、风险可控的基本原则，积极推动金融资源向科技创新领域倾斜，建立健全多层次、专业化、特色化的科技金融服务体系，为科技创新、科技攻关和科技自主等提供扎实的金融服务。在统筹各类银行保险机构服务科技创新方面，《指导意见》提出统筹推动不同融资方式、不同类型金融机构、不同金融产品和服务的融合，形成统一化的科技金融服务体系，以多样化产品和服务汇聚于科技创新的服务和保障。在支持科技金融业务产品创新和服务方面，《指导意见》鼓励银行保险机构在做优做细科技金融传统业务的基础上，结合科技企业发展阶段特点、金融需求和风险特征，积极探索科技信贷服务新模式，采取更加灵活的利率定价和利息还付方式，积极支持科技企业直接融资，加快科技金融产品服务创新。同时，鼓励银行保险机构拓展科技人才金融服务，满足科技创新的多样化金融需求。《指导意见》明确，银行保险机构要提升内部管理水平，完善专业机构体系，提高专业服务能力，健全专门风险管理制度，改进专门考核机制，培育专业人才队伍。此外，《指导意见》还提出要健全风险分担补偿机制，完善知识产权融资服务体系，建立科技企业信息共享机制，加强风险防范，为银行业保险业支持高水平科技自立自强营造良好外部环境等。

我国当前科技金融服务水平同高水平科技自立自强的金融需要相比，还存有不小的差距。《指导意见》突出强调了政策针对性、有效性、前瞻性，其发布与实施对转变经济发展模式，实施创新驱动发展战略，推动提升银行业科技企业金融服务质效具有重要意义。

（二）巩固拓展脱贫攻坚成果，以金融支持全面推进乡村振兴

1. 银保监会发布《关于2021年银行业保险业高质量服务乡村振兴的通知》

根据中央经济工作会议和中央农村工作会议“全面推进乡村振兴”的会议精神，按照 2021 年中央一号文件[①]的工作部署，银保监会于 2021 年 4 月印发《关于 2021 年银行业保险业高质量服务乡村振兴的通知》（银保监办发〔2021〕44 号，以下简称“44 号《通知》”）。

44 号《通知》共 5 大项 23 小项具体内容，从 8 个方面提出了银行业保险业高质量服务乡村振兴的工作要求[②]。一是优化金融服务机制和金融供给体系。44 号《通知》要求银行保险机构注重提升专业化和差异化竞争素质，

① 《中共中央国务院关于全面推进乡村振兴加快农业农村现代化的意见》。
② 曾刚：《强化监管引导 促进金融服务乡村振兴》，《中国农村金融》2021 年第 21 期。

基于乡村振兴专业化服务来形成层次分明的产品与服务，同时注重不同层次和类型金融产品与服务的相互补充与促进。在服务机制上，要设立助力乡村振兴的专业化机构，同时，不断提升乡村振兴金融服务专业化管理体制。二是强化特色化金融产品供给。44 号《通知》提出要抓住种子和耕地两大核心，优先支持国家粮食安全战略，围绕种子和耕地两大关键领域部署金融服务体系。在乡村金融支持方面，要注重补短板，特别要强化对农村基础设施建设的针对性金融支持。三是进一步提升县域金融服务质效。44 号《通知》提出要立足县域经济发展的现实情况和多样需求，着重提升县域信贷资金供求管理水平，通过多样化的金融服务和多渠道的资金来源，重点满足县域经济体系的资金需求。保持农村基础金融服务基本实现全覆盖。优化县域和社区金融服务，提升特殊群体获取金融服务的便利性，满足县域客户综合化、专业化金融需求。四是充分发挥保险保障作用。注重发挥保险保障的基础性功能，并通过保险机制来为乡村振兴提供相对长期的资金支持和服务供给。五是创新涉农金融产品和服务方式。44 号《通知》鼓励进一步拓宽涉农贷款的合格抵质押物范围，通过加强金融科技和数字化技术的应用，推动农村数字金融创新。六是强化巩固拓展脱贫攻坚成果同乡村振兴有效衔接的金融支持。赓续脱贫攻坚的金融服务与产品体系，着重提升产业能级，在有效发挥财政资金的引导和风险分摊功能的同时，着力构建推动乡村振兴产业发展的金融服务与产品体系，实现产业和金融相互促进的长效发展格局。七是推进农村信用信息平台建设。加强农村信用体系建设，开展农村信用建档评级工作，打破不同系统之间的“信息孤岛”，强化信用信息对金融产品与服务供给的保障功能。八是进一步加强差异化监管考核引领。既要认识到普惠性涉农金融服务的特殊性，又要认识到金融服务的普遍性，通过完善差异化考核体系和激励约束机制来优化金融服务乡村振兴的渠道与模式，实现政策制定、实施、绩效考核和评估的政策“闭环”。

44 号《通知》在金融服务乡村振兴具体工作的安排上具有任务明确、内容充实、方法妥当、措施得力、责任清晰等特点，充分体现了金融服务乡村振兴的重要性和紧迫性，对于指导银行业切实落实国家战略、为乡村振兴提供优质的金融服务具有重要意义。

2. 人民银行、银保监会联合印发《金融机构服务乡村振兴考核评估办法》

为全面贯彻落实党中央、国务院关于实施乡村振兴战略的决策部署，进一步强化和完善农村金融服务，更好地引导金融机构加大对农村经济社会发展重点领域和薄弱环节的金融支持力度，2021 年 5 月，人民银行、银保监会联合印发《金融机构服务乡村振兴考核评估办法》（中国人民银行　中国银行保险监督管理委员会公告〔2021〕第 7 号，以下简称“7 号《办法》”）。

7 号《办法》共 5 章 21 条。一是突出强调将更多的金融资源配置到乡村振兴重点领域和薄弱环节。7 号《办法》明确了金融机构服务乡村振兴考核的评估对象、评估指标和方法、评估程序、评估结果和运用等具体内容，强调了加大对新型农业经营主体、进城农民、小农户等的金融支持力度。7 号《办法》通过定性和定量共十项指标对金融机构服务乡村振兴质量进行了考核评估。其中，定性指标权重 25%，定量指标权重 75%。定性指标包括政策实施、制度建设、金融创新、金融环境、外部评价五类，另设加分项、扣分项；定量指标包括贷款总量、贷款结构、贷款比重、金融服务和资产质量五类。二是奖优惩劣，强化考核评估工作的激励约束作用，督促引导金融机构加大对乡村振兴的支持力度。7 号《办法》指出，金融管理部门将把评估结果作为自身履行货币政策工具运用、金融机构监管评级、金融机构审批设立、金融机构业务范围调整等宏观调控和金融监管职能时的重要参考依据，充分发挥考核的“指挥棒”作用。

7 号《办法》充分体现了金融服务乡村振兴的新实践新要求，对指标的考核标准更具体、更细化，突出了评估结果运用的激励约束机制，更有利于落地实施。7 号《办法》的发布与实施，有利于促进金融机构将更多的资源配置到服务乡村振兴领域，更好满足乡村振兴多样化金融需求。

（三）抓住关键，完善公司治理体系

1. 银保监会印发《银行保险机构公司治理准则》

为进一步促进银行保险机构健康平稳发展，推动银行保险机构提高公司

治理的有效性，根据《健全银行业保险业公司治理三年行动方案（2020-2022年）》的部署安排，银保监会在整合《关于规范保险公司治理结构的指导意见（试行）》（保监发〔2006〕2号）和《商业银行公司治理指引》（银监发〔2013〕34号）的基础上，充分借鉴援引《二十国集团/经合组织公司治理原则》的良好做法，于2021年6月印发《银行保险机构公司治理准则》（银保监发〔2021〕14号，以下简称《准则》）。

《准则》共11章117条，包括总则、党的领导、股东与股东大会、董事与董事会、监事与监事会、高级管理层、利益相关者与社会责任、激励约束机制、信息披露、风险管理与内部控制、附则，是我国银行保险机构公司治理的纲领性监管制度。与之前的监管规定相比，《准则》主要新增了以下几方面内容：一是完善党的领导。为充分发挥党组织的政治核心作用，《准则》在第二章设立专章，将"党的领导与公司治理有机融合"有关要求正式写入制度文件。二是加强独立董事履职的独立性和专业性。为突出强调独立董事的独立性、专业性要求，《准则》在第四章设置专章，规范独立董事的选任，明确独立董事的职责及履职保障。三是明确董事会临时会议的召开情形。之前银行保险机构董事会召开临时会议的情形由银行保险机构章程自行规定，并无具体监管要求，此次《准则》对董事会召开临时会议的几种详细情形进行了明确。四是加强对利益相关者合法权益的保护。《准则》第七章专章规定了对于银行保险机构利益相关者的权利保护，提出通过构建沟通交流机制等方式，保障利益相关者能够充分、及时、完整地获得有关信息。此外《准则》还明确了银行保险机构应当积极鼓励、支持员工参与公司治理等。五是对公司治理实施差异化监管。考虑到银行业保险业的行业差异性及单个银行保险金融机构之间的差异性，《准则》设专门条款规定监管机构可以对不同类型银行保险机构的公司治理开展差异化监管。此外，《准则》还对银行保险机构董事会职权、股东大会做出决议的规则、提升银行保险机构透明度、强化激励约束机制等方面做出了新的规定。

《准则》明确了各治理主体的职责，强化了治理机制运行的规范性。其发布实施，进一步完善了中国特色公司治理制度体系，对推动银行保险机构强化风险防控、实现高质量发展、更好地服务构建新发展格局具有重要意义。

2. 银保监会印发《银行保险机构大股东行为监管办法（试行）》

近年来，部分金融机构大股东违规干预公司经营、违规关联交易等行为导致风险频发。为进一步加强对银行保险机构公司治理的监管，规范大股东行为，防范金融风险，保护银行保险机构及利益相关者合法权益，银保监会于2021年10月印发《银行保险机构大股东行为监管办法（试行）》（银保监发〔2021〕43号，以下简称“43号《办法》”）。

43号《办法》共8章58条，主要内容包括以下几个方面：一是从对金融机构的影响、持股比例等方面明确“大股东”概念。其中，将提名董事数量和董事会意见作为对金融机构影响方面大股东的认定标准；将15%、10%作为持股比例方面大股东的认定标准；同时43号《办法》将实际持股最多的股东也认定为大股东。二是严格约束大股东行为，明确大股东的入股资金应为来源合法的自有资金，不得以委托资金、债务资金等非自有资金入股，对大股东入股资金提出更严格的要求，强调对股东资质的穿透式审查，禁止大股东与银行保险机构之间交叉持股。三是进一步强化大股东责任义务，进一步明确大股东在落实监管规定、配合风险处置、信息报送、舆情管控、资本补充、股东权利协商等方面的责任义务。四是规范大股东表决权委托，明确股权质押比例超过其持股50%的大股东不得行使表决权，明确大股东不得委托股东自身及其关联方、一致行动人、所提名董事和监事以外的人员或接受非关联方、一致行动人的委托参加股东大会。五是压实银行保险机构的主体责任，43号《办法》进一步细化股权管理要求和流程，明确由董事会承担股权管理的最终责任，要求银行保险机构加强股权管理和关联交易管理，并建立大股东权利义务清单、信息跟踪核实与定期评估通报等机制，对滥用股东权利、以违规方式干预公司经营给银行保险机构造成损失的大股东要依法追偿。

43号《办法》与银行保险机构有关公司治理、股权管理、关联交易等方面的现有监管规定充分衔接，侧重于从大股东角度明确责任义务。43号《办法》进一步细化了《银行保险机构公司治理准则》要求，在规范银行保险机构大股东行为、提高公司治理有效性等方面发挥了积极作用。

3. 银保监会印发《银行保险机构董事监事履职评价办法（试行）》

为进一步提升董事监事履职质效，规范银行保险机构董事监事履职行为，银保监会于2021年5月发布《银行保险机构董事监事履职评价办法（试行）》（中国银行保险监督管理委员会令〔2021〕5号，以下简称“5号《办法》”）。

5号《办法》共6章47条，分为总则，评价内容，评价制度、程序和方法，评价应用，监督管理和附则。主要内容包括以下几个方面：一是厘清责任主体。5号《办法》明确对董事监事履职评价工作承担最终责任的主体为监事会，董事会、高级管理层在职责范围内对履职评价工作进行支持和配合。二是明确评价维度。5号《办法》要求至少应将履行忠实义务、履职专业性、履职独立性与道德水准、履行勤勉义务、履职合规性等五个方面包括在董事监事履职评价范围内。三是明确履职评价的制度与程序、方法与标准。5号《办法》规定履职评价结果分为三个类别：称职、基本称职和不称职，并重点列举了“不得评为称职”“评为不称职”的相关情形。四是加强评价应用与监督管理。5号《办法》强调有关评价信息在公司治理评估、市场准入、非现场监管和现场检查等工作中的运用，要求根据履职评价结果对被评价董事监事提出工作建议或处理意见，对违法违规的董事监事要严格依法追究其责任。

5号《办法》的发布实施是完善中国特色公司治理制度体系、依法加强银行业保险业公司治理监管的又一重要举措，有助于约束银行保险机构董事监事行为，加强董事监事履职的有效性和规范性，提升董事会、监事会运行质效，促进银行保险机构平稳健康运行。

（四）强化系统重要性银行监管，完善宏观审慎监管框架

1. 印发《全球系统重要性银行总损失吸收能力管理办法》

2008年国际金融危机后，防范系统重要性金融机构“大而不能倒”问题成为反思危机教训、完善金融监管体制的重要内容。2011年以来，中国

银行、中国工商银行、中国农业银行、中国建设银行四家国有大型商业银行相继入选全球系统重要性银行（G-SIBs）名单，在中国和全球金融领域的影响力不断提升。为进一步增强我国金融体系的稳定性和健康性，进一步增强我国 G-SIBs 抵御风险的能力，人民银行会同银保监会、财政部充分借鉴国际金融监管改革成果，并结合我国实际情况于 2021 年 10 月出台了《全球系统重要性银行总损失吸收能力管理办法》（以下简称《管理办法》），构建了“中国版”总损失吸收能力监管框架。

《管理办法》共 7 章 41 条，主要内容包括以下几个方面：一是建立了全球系统重要性银行总损失吸收能力监管体系，强化全球系统重要性银行的监管水平。在现有商业银行资本监管框架基础上，《管理办法》设定了两项核心监管指标：外部总损失吸收能力风险加权比率和外部总损失吸收能力杠杆比率。其中，外部总损失吸收能力风险加权比率=（外部总损失吸收能力-扣除项）/风险加权资产×100%；外部总损失吸收能力杠杆比率=（外部总损失吸收能力-扣除项）/调整后的表内外资产余额×100%。二是明确了总损失吸收能力定义。参照国际统一规则，结合我国实际情况，《管理办法》明确了各类工具的合格标准，理顺了各类工具的损失吸收顺序，也规定了受保存款、活期存款和原始期限一年以内的短期存款、衍生品负债等七项负债不可计入外部总损失吸收能力。三是确定了监管主体和监管范围。人民银行、银保监会和财政部根据相关法律规范对中国全球系统重要性银行总损失吸收能力情况进行监督检查，并按照职责分工和法律法规规定对总损失吸收能力非资本债务工具使用进行有效监管①。此外，《管理办法》为两项核心监管指标的实施预留了一定的过渡期。其中，外部总损失吸收能力（TLAC）风险加权比率自 2025 年 1 月 1 日起不得低于 16%，自 2028 年 1 月 1 日起不得低于 18%；TLAC 杠杆比率自 2025 年 1 月 1 日起不得低于 6%，自 2028 年 1 月 1 日起不得低于 6.75%。

《管理办法》是我国对接国际金融监管标准的重要一环，对提升我国

① 周茂华：《系统重要性银行迎重磅监管》，《金融博览》2021 年第 11 期。

G-SIBs 的资本实力和信用评级，使我国 G-SIBs 更好地参与全球竞争将产生积极影响。《管理办法》的出台和实施，对健全大型金融机构风险处置机制、进一步完善我国金融监管体系、促进实体经济稳健发展也具有重要意义。同时，《管理办法》也有利于引导我国 G-SIBs 轻型化转型，更好地实现业务发展能力和风险抵御能力的平衡，有利于提高我国 G-SIBs 防范系统性金融风险的水平。

2. 印发《系统重要性银行附加监管规定（试行）》

2008 年国际金融危机以来，强化对系统重要性金融机构的监管、防范“大而不能倒”问题成为全球金融监管改革的重要内容之一。2018 年 11 月、2020 年 12 月和 2021 年 10 月监管部门三度出台重要政策来强化对系统重要性金融机构的监管要求。其中，2018 年人民银行、银保监会、证监会联合发布的《关于完善系统重要性金融机构监管的指导意见》基本建立了系统重要性金融机构的界定标准、附加要求以及恢复处置等的政策体系。2020 年 12 月人民银行会同银保监会联合发布《系统重要性银行评估办法》，对系统重要性银行的评估进行进一步优化和明确。为进一步明确系统重要性银行附加监管要求，完善我国系统重要性银行监管制度体系，在统筹考虑国际实践与我国银行业特点的基础上，2021 年 10 月人民银行、银保监会联合发布《系统重要性银行附加监管规定（试行）》（以下简称《规定》），自 2021 年 12 月 1 日起正式实施。

《规定》共 5 章 22 条，包括总则、附加监管要求、恢复与处置计划、审慎监管和附则。核心内容主要包括三个：一是明确附加资本、附加杠杆率等附加监管要求。为鼓励银行降低系统性风险，避免发生道德风险，规定第一到第五组的系统重要性银行适用的附加资本要求分别为：0.25%、0.5%、0.75%、1%和 1.5%；附加杠杆率为附加资本的 50%，分别为 0.125%、0.25%、0.375%、0.5%和 0.75%，由一级资本满足。二是明确恢复与处置计划要求。《规定》要求系统重要性银行在集团层面制定恢复计划和处置计划建议，即将系统重要性银行的恢复处置安排前移覆盖至股东层面，并提交危机管理小组进行审查。其中，恢复计划需详细说明如何从早期危机中恢复，确保能在满足事先设定的触发条件后及时启动和执行；处置计划需详细说明如何在无法持续经营时对危机进行安全快速有效的处置，确保关键业务和服务不中断，避免引发系统性风险。三是明确审慎监管要求。《规定》还明确了系统重要性银行的信息报送与披露、公司治理、风险数据加总和风险报告等方面的审慎监管要求。同时《规定》也明确人民银行可直接向系统重要性银行进行风险提示并开展监管谈话，必要时人民银行会对系统重要性银行提出整改要求，并可建议银保监会采取审慎监管措施。

《规定》对系统重要性银行的资本管理能力提出了更高要求，对促进其稳健经营和健康发展有重要意义。同时，《规定》有助于系统重要性银行建立资本内在约束机制，切实发挥资本对业务发展的指导和约束作用，也有助于系统重要性银行不断提升资本管理、公司治理、风险管理与数据治理水平，提高市场竞争力。

专栏：中国人民银行、中国银行保险监督管理委员会发布我国系统重要性银行名单

为加强系统重要性银行监管，完善宏观审慎政策框架，人民银行会同银保监会根据2020年印发的《系统重要性银行评估办法》所确定的标准，基于2020年数据，评估认定了19家国内系统重要性银行（D-SIBs），包括4家城商行、9家股份制银行和6家国有大行。从评估的指标看，此次19家银行在规模、关联度、可替代性和复杂性四个维度上的具体定量分析得分都在100分以上，在综合评价中也均排名靠前。根据“差异化监管”原则，在综合各银行的定性信息和定量打分后，按照最终评价和合计得分情况，D-SIBs根据不同的分值被划分为不同的组，分值最低的银行分在第一组，最高的分在第五组。其中，第一组8家，分别为平安银行、光大银行、华夏银行、广发银行、宁波银行、上海银行、江苏银行和北京银行。第二组4家，分别为浦发银行、中信银行、民生银行和中国邮政储蓄银行。第三组3家，分别为招商银行、兴业银行和交通银行。第四组4家，分别为中国工商银行、中国银行、中国建设银行、中国农业银行；第五组暂无银行进入。

（五）规范互联网业务，构建互联网金融监管框架

1. 银保监会会同人民银行印发《关于规范商业银行通过互联网开展个人存款业务有关事项的通知》

近年来，商业银行负债端竞争加剧，部分银行通过非自营网络平台开展的线上存款业务快速发展。线上存款业务在一定程度上提高了金融服务效率，但同时也暴露出涉嫌违反市场利率定价自律机制要求、突破地方法人银行经营区域限制、影响商业银行负债稳定性等风险隐患。为加强对有关业务的监管，有效防范金融风险，维护市场秩序，保护消费者合法权益，2021年1月银保监会、人民银行联合印发《关于规范商业银行通过互联网开展个人存款业务有关事项的通知》（银保监办发〔2021〕9号，以下简称“9号《通知》”）。

9号《通知》按照问题导向、防控风险、有序规范的思路，推动线上存款相关业务平稳健康发展。主要包括以下几方面内容：一是规范业务经营。禁止商业银行借助网络等手段违反或者规避监管规定，禁止商业银行通过非自营网络平台开展定活两便存款和定期存款业务，包括但不限于营销宣传、购买入口、产品展示、信息传输、利息补贴等服务。二是强化风险管理。要求商业银行切实加强相关业务风险评估与监测，合理控制负债成本，保持负债稳定性，强化资产负债匹配管理和流动性风险管理。三是加强消费者保护。要求商业银行通过互联网开展存款业务时强化销售管理和网络安全防护，不得侵害消费者的知情权、自主选择权等权利，切实保障金融消费者合法权益。

9号《通知》与2020年7月银保监会印发的《商业银行互联网贷款管理暂行办法》有关文件一脉相承，要求商业银行稳妥审慎开展相关业务。9号《通知》的印发实施有助于推动商业银行规范开展互联网渠道存款业务、合规稳健经营，有利于保障金融消费者合法权益。

2. 银保监会印发《关于进一步规范商业银行互联网贷款业务的通知》

银保监会于2020年7月印发《商业银行互联网贷款管理暂行办法》

（简称《暂行办法》），对互联网贷款的内涵及范围进行界定，并就贷款风险管理、集中度风险管理、消费者保护、合作机构管理等进行规范，初步搭建起商业银行互联网贷款业务制度。但在《暂行办法》的执行过程中，不同机构在合作机构管理、独立实施核心风控等方面存在差异。为进一步规范互联网贷款业务，针对《暂行办法》实施过程中遇到的实际问题，银保监会于2021年2月出台《关于进一步规范商业银行互联网贷款业务的通知》（银保监办发〔2021〕24号，以下简称“24号《通知》”），对互联网贷款在执行过程中遇到的具体问题进行了细化和明确。

24号《通知》主要包括以下几方面内容：一是确立商业银行风险控制的主体责任，明确要求商业银行独立开展互联网贷款风险管理，强调商业银行应当自主完成贷款风险评估、对风险控制具有重要影响的风控环节，明确严禁将关键风控环节外包。二是明确出资比例、限额指标、集中度指标等三项定量指标要求。出资比例的要求是合作发放贷款的单笔贷款中合作方的出资比例不得低于30%，控制单笔贷款比例；限额指标的要求是商业银行互联网贷款余额不得超过全部贷款余额的50%，控制互联网贷款总量；集中度指标的具体要求是商业银行与单一合作方发放的贷款余额不得超过其一级资本净额的25%。三是明确规定地方法人银行不得跨注册地辖区开展互联网贷款业务，限制跨区域经营。此外，信托公司要参照执行《暂行办法》和24号《通知》的规定。

（六）从资产质量监管到负债质量监管，构建全面的监管架构

近年来，商业银行负债业务日趋复杂、管理难度加大。部分商业银行通过线上违规吸储、线下高息揽储等行为盲目扩张、粗放经营，过于追求效益性，淡化了安全性和流动性等商业银行经营的基本原则。据此，银保监会于2021年3月发布《商业银行负债质量管理办法》（银保监办发〔2021〕35号，以下简称“35号《办法》”）。

35号《办法》共5章33条，包括总则、负债质量管理体系、负债质量管理要素、负债质量管理监督和附则。35号《办法》主要内容包括：一是

确定商业银行负债质量管理内涵和业务范围。35 号《办法》规定商业银行就负债来源、结构、成本等方面开展管理活动时，要以与其经营战略、风险偏好和总体业务特征相适应为原则，以确保经营的安全性、流动性和效益性为目的。二是确立负债质量管理体系。35 号《办法》明确了负债质量管理体系与本行负债规模和业务复杂程度相适应的原则，并从组织架构、公司治理、内部控制、业务创新管理等多个方面进行规范，督促银行构建全面、系统的负债业务管理和风险控制体系。三是设定了负债质量管理的“六性”要素。“六性”包括负债来源稳定性、负债与资产匹配合理性、负债结构多样性、负债成本适当性、负债获取的主动性、负债项目真实性，“六性”涵盖了负债管理的各个维度，搭建了全面的负债管理架构。四是加强披露要求，允许差异化管理。35 号《办法》强化了商业银行对其负债质量管理的信息披露义务，同时允许银行根据本行业务特征与风险偏好差异化设置负债管理指标和内部限额，通过差异化管理措施为整改预留了空间，保障了商业银行业务的灵活性，引导中小银行实现平稳转型。

35 号《办法》第一次搭建了我国商业银行负债管理体系和监管架构，将负债管理与资产管理、资本管理并驾齐驱，有利于推动商业银行负债业务高质量发展，有利于防范商业银行流动性风险，提升金融服务质效。35 号《办法》的出台在短期内可能会导致部分业务激进的中小银行在负债端面临一定调整压力，但对大型商业银行影响较小；从长期来看，商业银行负债质量将稳步提升，有利于促进银行业健康稳健发展，提升金融服务实体经济的质效。

（七）完善监管评级制度

银保监会对 2014 年出台的《商业银行监管评级内部指引》（银监发〔2014〕32 号）进行了修订，于 2021 年 9 月发布《商业银行监管评级办法》（以下简称《评级办法》）。

《评级办法》主要从以下方面进行修订：一是完善评级内容和方法。以“风险为本”为原则，在传统“CAMELS+”评级体系基础上，优化了监管评级要素体系，新增数据治理和机构差异化两项内容，着重强化监管的着力点，强调不同类型金融机构的风险秉性，将“管理质量”调整为“公司治理与管理质量”，突出公司治理的作用；在监管评级结果方面，新增“S级”评级结果，对正处于重组、被接管、实施市场退出等情况的商业银行经监管机构认定后直接将评级确定为S级。二是提高评级灵活度和适应性。《评级办法》建立了评级结果动态调整和级别限制机制，及时动态反映突发重大事项、外部冲击因素等对银行的风险影响，提高了监管评级的敏感性、全面性和合理性。三是加强评级结果运用。将评级结果作为监管部门综合衡量银行机构稳健经营、有效管理和风险管控水平的重要指标，作为监管部门科学制定监管规划、合理配置监管资源的主要依据。为实现风险处置的“早发现、早介入”，监管当局也可将监管评级结果作为自身的监管行为支撑，可以根据评级状况对存在潜在重大风险的银行机构进行前瞻性风险防范、化解和处置，防止风险苗头和隐患演变为严重问题。

《评级办法》的发布，完善了监管评级制度，确立了监管评级的基础性作用和导向作用，有利于健全金融风险预警和处置机制，维护金融稳定。

（八）资管新规过渡期收官，银行理财业务制度体系日臻完善

1. 银保监会印发《理财公司理财产品销售管理暂行办法》

为进一步完善理财公司制度规则体系，规范理财公司理财产品销售业务活动，保护投资者合法权益，促进理财业务健康发展，银保监会于2021年5月发布《理财公司理财产品销售管理暂行办法》（中国银行保险监督管理委员会令〔2021〕4号，以下简称“4号《办法》”）。

4号《办法》共8章69条。主要内容包括以下几个方面：一是在理财产品销售机构及其销售业务活动方面，界定了理财产品销售活动概念范畴，明确了理财公司和代理销售机构两类理财产品销售机构，并提出理财产品销售机构从事销售业务活动应当具备财务状况良好、运作规范稳定等条件。二是在理财公司和代理销售机构的销售责任方面，坚持理财公司和

代理销售机构应当共同承担销售责任，并对其分别提出机构和产品尽职调查要求。其中，理财公司主要责任是确定“是什么产品”“由谁来卖”“如何管理卖方”；代理销售机构主要责任是确定“卖什么产品”“卖给谁”“该怎么卖”。三是在销售方面，确立了明确的禁止性行为，如虚假宣传、误导销售、不当展示业绩比较基准、强制捆绑和搭售其他服务或产品、与存款或其他产品进行混同、强化产品刚兑、违规代客操作、私售“飞单”产品等，设定了“红线”。四是在理财产品销售机构通过营业网点和电子渠道销售理财产品方面，规定可以通过营业网点理财产品销售专区向非机构投资者销售理财产品，但要全程录音录像；也可以通过自有的电子渠道（官方网站、手机银行 App 等）销售，但要确保能够满足回溯检查和核查取证的需要。五是销售理财公司理财产品方面，明确也可以通过官方网站、移动金融客户端应用软件（手机银行 App）等销售理财产品。六是在理财产品宣传销售文本方面，与理财新规保持一致，将理财产品宣传销售文本分为宣传推介材料和销售文件。注重对相关文本的集中统一管理，并厘清各方的权利义务和责任。七是在理财产品销售人员管理方面，从机构和员工两个层面分别提出对理财产品销售人员的管理要求。在机构层面压实责任，要求理财产品销售机构建立并严格执行上岗资格、持续培训、信息公示与查询核实等制度；在员工层面强化约束，防止假冒身份和虚假宣传。八是在投资者合法权益保护方面，坚持“卖者尽责”与“买者自负”并重，厘清压实各方责任，强化销售行为记录，强化信息全面登记，推进有序打破刚性兑付。

4 号《办法》的发布与实施，是落实资管新规、理财新规以及理财子公司管理办法等制度要求的具体举措，有利于规范理财公司理财产品销售业务活动，保护金融投资者合法权益，促进银行理财市场健康发展。

2. 银保监会出台《关于规范现金管理类理财产品管理有关事项的通知》

2021 年 6 月银保监会发布《关于规范现金管理类理财产品管理有关事项的通知》（银保监发〔2021〕20 号，以下简称“20 号《通知》”）。

20 号《通知》的内容主要包括以下几个方面：一是在投资管理方面，

规定了现金管理类产品的可投资范围[①]和禁止投资范围[②]，并明确了每只现金管理类产品和全部现金管理类产品投资相关标的的投资集中度要求。二是在流动性和杠杆管控方面，设定了现金管理类产品持有高流动性资产比例下限，以及流动性受限资产比例上限，从下限与上限两个角度进行比例控制；同时规定现金管理类产品的杠杆水平不得超过 120%，现金管理类产品投资组合的平均剩余期限不得超过 120 天、平均剩余存续期限不得超过 240 天等，从投资组合的流动性、杠杆率、久期以及投资者分散程度、融资交易等方面设定管理比例。三是在估值核算方面，明确了现金管理类产品“摊余成本+影子定价”的估值核算要求。要求按照公允价值进行影子定价的同时，也要对通过摊余成本法计算的资产净值公允性进行评估，并根据摊余成本法和影子定价确定的资产净值之间的偏离程度，采取相应调整措施。还设定了使用摊余成本法核算的现金管理类产品规模上限。四是在认购赎回和销售管理方面，要求审慎确认大额认购申请、加强对巨额赎回的管控，同时将投资者适当性管理、向投资者充分披露信息和揭示风险作为重点，进一步重申不得宣传或者承诺保本保收益，禁止“刚兑”。五是在支持银行补充资本方面，允许现金管理类产品依法合规投资银行资本补充债券，进一步完善了银行资本补充债券市场化机制建设。20 号《通知》是资管新规、理财新规和理财子公司管理办法等基本制度在现金管理类理财业务上的具体体现和实施举措，旨在着眼于业务规范发展和可持续发展。

3. 银保监会印发《理财公司理财产品流动性风险管理办法》

银保监会于 2021 年 12 月印发《理财公司理财产品流动性风险管理办法》（中国银行保险监督管理委员会令〔2021〕14 号，以下简称“14 号《办法》”）。

---

① 现金管理类产品应当投资于现金，期限在 1 年以内（含 1 年）的银行存款、债券回购、中央银行票据、同业存单，剩余期限在 397 天以内（含 397 天）的债券（包括非金融企业债务融资工具）、在银行间市场和证券交易所市场发行的资产支持证券等金融工具。

② 现金管理类产品不得投资于股票；可转换债券、可交换债券；以定期存款利率为基准利率的浮动利率债券，已进入最后一个利率调整期的除外；信用等级在 AA+以下的债券、资产支持证券等金融工具。

14号《办法》分为总则、治理架构与管理措施、投资交易管理、认购与赎回管理、合作机构管理、监督管理以及附则等七个章节。主要内容包括以下几个方面：一是理财公司管理责任方面，要求理财公司建立健全理财产品流动性风险管理制度与治理结构，将理财产品的流动性风险管理主要责任明确到人、部门，即由理财公司中承担理财产品投资运作管理职责的部门负责人承担主要责任，并需要指定部门负责理财产品流动性风险压力测试。二是将流动风险管理与理财产品投资交易管理相结合，推行全程、全覆盖式的管理，并将流动性风险管理贯穿于理财业务运行的全流程，覆盖低流动性资产、流动性受限资产和高流动性资产，并持续监测理财产品流动性风险。三是理财公司运用理财产品流动性管理措施方面，要在产品认购、赎回环节加强管理，强化事先约定和信息披露要求。14号《办法》将理财业务的流动性管理作为重要的监管内容，搭建了理财业务流动性管理的体系架构，有助于理财公司完善流动性管理机制和措施，推动理财产品净值化转型；防范由理财业务导致的风险跨市场、跨机构、跨产品传染，维护金融体系稳定。

（九）践行为民监管理念，持续加强金融消费者权益保护

近年来，银保监会持续加强金融消费者权益保护工作，从金融消费者教育、投诉管理、现场检查、风险提示、案例通报、行政处罚、推动金融纠纷多元化解机制等多维度、多方面建立了金融消费者权益保护的框架，搭建了我国行为监管的体系。2021年3月，针对老年人在银行保险服务领域运用智能技术方面遇到的困难，银保监会出台《关于银行保险机构切实解决老年人运用智能技术困难的通知》（银保监办发〔2021〕40号，以下简称“40号《通知》”），推动解决老年人面临的“数字鸿沟”问题，让老年人在信息化发展中有更多获得感、幸福感。40号《通知》要求银行保险机构积极融入老年友好型社会建设，优化网点布局，保留和改进人工服务，完善柜面服务，尊重老年人使用习惯。要求银行保险机构根据老年人的使用习惯，优化注册、支付等环节，丰富适老产品和服务，提升网络消费便利化水平。要求银行保险机构开展金融互联网网站、移动互联网应用适老化改造，推广使用便携式智能服务终端。40号《通知》

同时要求加强教育宣传和培训，保障信息安全。2021 年 7 月，银保监会印发《银行保险机构消费者权益保护监管评价办法》（银保监发〔2021〕24 号，以下简称“24 号《办法》”），构建了消费者权益保护监管评价体系，完善了行为监管工具箱，为做好金融消费者权益保护工作提供了强有力的抓手，为完善我国行为监管体系提供了重要举措。24 号《办法》将定性指标和定量指标有机结合起来，从“体制建设”“机制与运行”“操作与服务”“教育宣传”“纠纷化解”5 项基本要素和“监督检查”1 项调减要素方面，建立了评价指标。注重对评价结果的应用，明确将消费者权益保护监管评价结果作为监管部门配置监管资源和采取监管措施的重要依据。制定消费者权益保护监管政策，该监管政策是实施消费者权益保护分类监管的重要基础。

2021 年，银保监会发布了 6 期风险提示。其中，第 1 期《关于防范短信钓鱼诈骗的风险提示》，提醒消费者注意保护个人账户信息安全，从官方渠道办理手机银行或网上银行业务，谨防短信钓鱼诈骗侵害资金安全。第 2 期《关于警惕明星代言金融产品风险的提示》，提醒金融消费者要理性看待明星代言，做到“三看一防止”（看机构是否取得相应资质、看产品是否符合自身需求和风险承受能力、看收益是否合理、防止过度借贷），切实防范金融陷阱。第 3 期《关于警惕“投资养老”“以房养老”金融诈骗的风险提示》，对当前市场上出现的以投资养老、以房养老等现象及时进行提示，提醒金融消费者提高风险防范意识。第 4 期《关于防范银行卡盗刷的风险提示》，提醒持卡人妥善保管银行卡和个人信息，提高安全防范意识，养成安全用卡习惯，有效防范盗刷侵害。第 5 期《关于防范保险诱导销售的风险提示》，对“免费”进行及时提醒，提示“免费”暗藏陷阱和风险的可能性。第 6 期《关于防范“代理退保”等风险的提示》，提醒消费者依法理性维护自身权益，远离“代理退保”“代理维权”等不法行为侵害。

此外，2021 年银保监会还对华夏银行、兴业银行等机构在互联网贷款、客户信息保护、信用卡分期业务、代销保险业务等领域的侵害消费者权益问题进行公开通报，对银行业消费投诉情况进行定期通报，在强化市场监督和约束的同时，提高金融监管透明度，切实维护金融消费者合法权益。

三 总结与展望

（一）2022年银行业发展的宏观环境分析

回顾2021年，四个季度的经济增速呈现逐季回落态势，经济发展同时面临着需求收缩、供给冲击和预期转弱的三重压力，下行压力持续加大。2022年，全球经济复苏的基础并不稳固，经济增速预计将回归常态，我国外贸出口额大概率回落，制约消费增长的疫情因素预计有所减缓，但收入增长乏力和避险情绪短期内难以得到明显改善，内需增长依然乏力；在供给受阻和货币宽松外溢效应下，大宗商品涨价带来的输入性通胀压力加大，核心产品“卡脖子”和“断供”风险不容忽视；预期转弱带来的投资、消费行为的谨慎化，是影响经济运行的更深层次的原因，需求收缩、供给冲击和预期转弱带来的经济下行压力持续存在。2022年，“稳字当头、稳中求进”将是银行业工作的主基调。从宏观层面来看，财政政策和货币政策是稳增长的主要手段。预计2022年的财政政策将更加积极，在保证财政支出强度的同时，将会加快支出进度，政府类债券的发行时间预计将明显前置，新发债资金和上年结余资金的使用速度将加快；强调提升财政政策效能，支持适度超前开展基建投资进而托底经济，预计还将加大财政政策对国民经济薄弱环节的支持、增强经济发展内生动能等。2022年将坚持稳健的货币政策，保持灵活适度、流动性合理充裕，但总体呈现相对宽松的态势。货币政策将通过多样化的货币政策工具，强化跨周期调节和逆周期调节，稳定市场预期，满足市场流动性需要，加大对绿色经济、新基建、中小企业、科技创新的支持力度。

（二）2022年银行业监管展望

2022年是第六次全国金融工作会议、党的二十大召开之年，也是开启全面建设社会主义现代化国家新征程的关键一年，确保经济金融大局稳定，意义重大。预计银行业监管在总体方向上将继续坚持“稳中求进”总基调：

其一，注重产品和服务供给的针对性和有效性，更加有效地服务实体经济；其二，注重提高监管的前瞻性与有效性，继续妥善处置中小银行资本金补充问题，注重防范化解房地产部门、地方政府隐性债务以及外溢冲击等对银行业的重大冲击；其三，继续推进银行业改革开放和体制机制变革，将金融业数字化转型作为工作重点，着力提升银行部门数字化水平。

（1）促进国民经济良性循环，全力支持稳定宏观经济大盘。2021 年 12 月中央经济工作会议定调 2022 年经济工作“稳字当头、稳中求进”。预计 2022 年银行业将合理增加融资供给，做好重点领域和重大项目融资保障工作，在减污、降碳、新能源、新技术、新产业等领域支持适度超前开展基础设施投资。更好服务关键核心技术攻关企业和“专精特新”企业，为科技自立自强，尤其是解决产业链供应链卡点堵点问题提供金融支持。同时，注重提升金融服务乡村振兴能力，继续加强小微企业普惠金融服务、创新绿色产品服务。

（2）坚守不发生系统性金融风险底线，防范化解金融风险。防范风险是金融工作的永恒主题，2022 年，预计金融监管将按照“稳定大局、统筹协调、分类施策、精准拆弹”的方针，推进对高风险中小金融机构的处置，应对不良资产反弹回潮，严防房地产、地方政府隐性债务、影子银行等重点领域的风险。

（3）持续深化银行业改革，纵深推进银行业对外开放。2022 年，预计银保监会将持续把银行业改革与风险化解深入结合，多措并举支持加快不良资产处置，推进中小金融机构兼并重组，“一省一策”加快推进农信社改革。推动中小银行保险机构依法合规多渠道补充资本金。资管新规将正式实施，资管行业将进入新阶段。银行业数字化转型将成为重点，在个人金融服务数字化转型的同时，产业数字金融也会受到重视，适应现代经济发展的数字金融新格局将形成。

（4）坚持金融业务持牌经营规则，将所有的金融机构、金融业务、金融产品都纳入监管，同时完善有效制衡的公司治理机制，加强对股东的穿透式监管。强化金融反垄断和反不正当竞争，筑牢产业资本与金融资本的“防火墙”。

附　录

2021 年银行业相关监管规章及规范性文件目录

序号	发布时间	文件名称	文号
1	1 月 13 日	《关于规范商业银行通过互联网开展个人存款业务有关事项的通知》	银保监办发〔2021〕9 号
2	1 月 6 日	《关于印发金融机构债权人委员会工作规程的通知》	银保监发〔2020〕57 号
3	1 月 26 日	《防范和处置非法集资条例》	中华人民共和国国务院令第 737 号
4	1 月 28 日	《关于简化提取已故存款人小额存款相关事宜的通知》	银保监办发〔2021〕18 号
5	2 月 8 日	《银行保险机构声誉风险管理办法(试行)》	银保监发〔2021〕4 号
6	2 月 19 日	《关于进一步规范商业银行互联网贷款业务的通知》	银保监办发〔2021〕24 号
7	2 月 24 日	《关于进一步规范大学生互联网消费贷款监督管理工作的通知》	银保监办发〔2021〕28 号
8	3 月 23 日	《商业银行负债质量管理办法》	银保监办发〔2021〕35 号
9	3 月 26 日	《关于防止经营用途贷款违规流入房地产领域的通知》	银保监办发〔2021〕39 号
10	4 月 2 日	《关于 2021 年银行业保险业高质量服务乡村振兴的通知》	银保监办发〔2021〕44 号
11	4 月 2 日	《关于明确外资法人银行对母行集团大额风险暴露有关监管要求的通知》	银保监办发〔2021〕46 号
12	4 月 9 日	《关于 2021 年进一步推动小微企业金融服务高质量发展的通知》	银保监办发〔2021〕49 号
13	5 月 7 日	《银行保险机构许可证管理办法》	中国银行保险监督管理委员会令〔2021〕3 号
14	5 月 27 日	《理财公司理财产品销售管理暂行办法》	中国银行保险监督管理委员会令〔2021〕4 号
15	5 月 28 日	《关于做好云南青海地震抗震救灾和灾后恢复重建金融支持工作的通知》	银保监办便函〔2021〕724 号
16	5 月 31 日	《银行保险机构董事监事履职评价办法(试行)》	中国银行保险监督管理委员会令〔2021〕5 号
17	5 月 31 日	《金融机构服务乡村振兴考核评估办法》	中国人民银行　中国银行保险监督管理委员会公告〔2021〕第 7 号

续表

序号	发布时间	文件名称	文号
18	6月2日	《银行保险机构公司治理准则》	银保监发〔2021〕14号
19	6月7日	《关于开展银行业保险业"内控合规管理建设年"活动的通知》	银保监发〔2021〕17号
20	6月9日	《银行保险机构恢复和处置计划实施暂行办法》	银保监发〔2021〕16号
21	6月11日	《关于规范现金管理类理财产品管理有关事项的通知》	银保监发〔2021〕20号
22	7月5日	《银行保险机构消费者权益保护监管评价办法》	银保监发〔2021〕24号
23	7月16日	《关于印发深化"证照分离"改革进一步激发市场主体发展活力实施方案的通知》	银保监发〔2021〕25号
24	7月21日	《关于清理规范信托公司非金融子公司业务的通知》	银保监办发〔2021〕85号
25	8月9日	《中国银行保险监督管理委员会派出机构监管职责规定》	中国银行保险监督管理委员会令〔2021〕9号
26	8月31日	《关于开展养老理财产品试点的通知》	银保监办发〔2021〕95号
27	9月7日	《支持国家乡村振兴重点帮扶县工作方案》	银保监办发〔2021〕97号
28	9月10日	《商业银行监管评级办法》	银保监发〔2021〕39号
29	9月26日	《中国银保监会派出机构规范性文件备案审查办法》	银保监发〔2021〕40号
30	9月30日	《系统重要性银行附加监管规定(试行)》	中国人民银行　中国银行保险监督管理委员会令〔2021〕第5号
31	10月4日	《关于服务煤电行业正常生产和商品市场有序流通保障经济平稳运行有关事项的通知》	银保监发〔2021〕42号
32	10月14日	《银行保险机构大股东行为监管办法(试行)》	银保监发〔2021〕43号
33	10月29日	《全球系统重要性银行总损失吸收能力管理办法》	中国人民银行 中国银行保险监督管理委员会 财政部令〔2021〕第6号
34	11月23日	《关于衍生工具交易对手违约风险资产计量规则有关问题的通知》	银保监办发〔2021〕124号
35	11月26日	《关于银行业保险业支持高水平科技自立自强的指导意见》	银保监发〔2021〕46号
36	12月10日	《理财公司理财产品流动性风险管理办法》	中国银行保险监督管理委员会令〔2021〕14号
37	12月30日	《金融租赁公司项目公司管理办法》	银保监办发〔2021〕143号
38	12月30日	《银行保险机构信息科技外包风险监管办法》	银保监办发〔2021〕141号

B.4

2021年证券业监管报告

星焱　杨光　李思明*

摘　要：　2021年是“十四五”开局之年，资本市场在服务国内国际双循环和构建新发展格局方面取得新成效，证券业供给侧改革全面深化推进，行业监管持续加强。多层次股权和债券、期货市场的市场功能和服务功能得到强化，股票和债券等直接融资规模创历史新高，要素资源加速向科技创新领域集聚，服务实体经济的效果进一步提升。资本市场改革向纵深推进，股票发行全面实行注册制基础进一步夯实，北京证券交易所成功设立，服务创新型中小企业能力有所增强。上市公司质量监管持续强化，高风险上市公司有所压降，常态化退市机制逐步形成。专业机构投资者数量增多、占比增加，市场资金结构、投资者结构持续改善。债券违约、私募基金等重点领域风险继续收敛，违约规模较2020年同期有所下降。资本市场双向开放和国际监管合作进程稳步推进。证券执法司法体制机制进一步健全，一些对市场影响较为恶劣的案件得到查处，集团诉讼第一枪“康美案”判决落地，市场生态不断改善。

关键词：　证券业　监管　注册制　直接融资

---

* 星焱，博士，副研究员，中国社会科学院金融法律与金融监管研究基地特约研究员，主研方向为资本市场、宏观金融、普惠金融；杨光，博士，副研究员，中国社会科学院金融法律与金融监管研究基地特约研究员，主研方向为金融法律、金融监管；李思明，博士，副研究员，中国社会科学院金融法律与金融监管研究基地特约研究员，主研方向为资本市场、金融科技。

一　2021年证券业监管回顾与发展状况

（一）2021年证券业监管回顾

2021 年是“十四五”开局之年，是中国资本市场深化改革的关键一年。经过多年酝酿，北京证券交易所正式成立，国内的股权市场层次更为丰富。全年新股首发上市数量明显增多，有 500 多家企业在 A 股上市，IPO（首次公开募股）募资规模超过 5400 亿元。证券监管部门累计发布 321 份行政处罚决定书，“零容忍”监管进一步强化。

1. 进一步完善多层次资本市场体系，设立北京证券交易所和广州期货交易所

2021 年资本市场方面我国成立了北京证券交易所和广州期货交易所两个交易所。设立北京证券交易所是深化新三板改革的关键之举，北京证券交易所是在新三板精选层基础上组建的，其核心目标是打造成为服务创新型中小企业的主阵地。2019 年来监管部门加快推进了新三板市场的深层次改革，推出了精选层、基础层、创新层，建立了类似主板市场的 IPO 公开发行制度，并在交易制度和转板制度的设定上有所突破创新，为北京证券交易所的建立打造了坚实基础。精选层设立一年多来，总体运行平稳，帮助一批优质中小企业挂牌交易和融资壮大。在发行上市、交易转让、信息披露等重要的基础制度上，北京证券交易所与原来的精选层保持一致。2021 年下半年，为进一步明确转板相关安排，证监会发布《关于北京证券交易所上市公司转板的指导意见》，并组织上海证券交易所、深圳证券交易所、北京证券交易所、中国证券登记结算有限责任公司等做好各项准备工作，为北京证券交易所与沪深证券交易所的转板做好铺垫。2021 年 1 月证监会正式批准设立广州期货交易所，其定位是创新型期货交易所，将为国内外相关市场主体提供丰富多元的套期保值和价格发现等风险管理工具，有利于更好地加强金融服务实体经济的能力和效率。与现有的上海期货交易所、郑州商品交易所、大连商品交易所、中国金融期货交易所等交易所不同，广州期货交易所系我国首家混合所有制交易所，股东包括多家期货交易所和相关金融控股企业。其在未来两年将着力推进与碳排放权、电力、工业硅、多晶硅等相关的近20个期货品种的研发和上市交易。

2. 资本市场供给侧改革稳中求进，服务实体经济水平有所提升

坚持稳中求进，坚持“不干预、建制度、零容忍”是2021年资本市场供给侧改革的总基调。在制度改革上，以全面实行股票发行注册制为核心，积极推动提高上市公司质量，完善多层次资本市场体系，有序优化市场生态，提高金融要素的市场化配置水平，不断激发市场主体的经营活力。在双向开放上逐步推进，稳妥推动资本市场的制度型双向开放，不断提升境内外市场的整体互联互通水平，加快境内企业到境外发行上市融资的有关制度设定，加强与国际证券监管机构的监管协同与协作，统筹改革开放与稳定发展的重要关系，帮助境内企业更多通过境外市场融资发展、成长。在服务实体经济高质量发展方面，保持IPO、再融资常态化，直接融资规模明显增长。坚持科创板、创业板服务科技创新型企业的核心定位，全力办好北京证券交易所，稳妥处置私募股权基金有关风险和严厉打击“伪私募”，鼓励资金加大对科技创新、绿色经济、制造业、乡村振兴、中小企业等重点领域的服务水平。进一步发挥资本市场在并购重组中的主渠道作用，持续发挥好商品期货市场风险对冲和价格发现功能。

3. 股票市场全面实行注册制改革基础进一步夯实

2019~2021年，科创板、创业板注册制试点改革取得了显著成绩，初步探索出了符合中国国情的股票发行注册制实施模式，引入了一系列制度化安排。同时，市场服务科技能力显著提升，市场生态持续改善，市场交投也更加活跃。注册制试点改革起到了牵一发而动全身的作用，市场再融资、交易、退市、并购重组、信息披露、投资者保护、中介机构监管等相关制度都同步有所改进。总的看，目前加快推进全面注册制的基础条件已经成熟，资本市场持续深化供给侧改革的制度氛围也较为浓郁。试点注册制改革的成效得到了市场的整体认可，无论是存量改革还是增量改革，都使得市场运行更

加平稳和活跃。与以往相比，各类市场参与主体能够更好参与、各司其职，各方责任得到进一步压实。从另一个角度看，全面注册制改革的主要内容是主板市场改革，而主板市场改革在较大程度上是存量改革。目前主板市场IPO企业的数量远小于科创板、创业板。因此，2022年市场总体运行平稳，全面注册制便将顺利落地实施。

4. 资本市场高水平对外开放取得新成效

2021年以来，国内证券基金期货市场的双向开放程度逐步加深，也取得了预期中的成效，行业准入标准大幅降低，可投资的品种范围逐步扩大，境外投资者对境内股票和债券市场的参与度和认可度明显提高。2021年，经监管机构许可，国内新增设立摩根大通、高盛（中国）两家外资全资的证券公司，富达、路博迈两家外资全资的基金管理公司。截至2021年底，国内已有8家外商控股的证券公司和3家外商独资基金管理公司、1家外商独资期货公司获准设立，其中部分机构已经开始正式运作运营。2021年5月，有关主管部门和监管部门批准上海国际能源交易中心、大连商品交易所分别开展原油、棕榈油期权交易，并对境外投资者开放。与此同时，国内市场上的商品期货、期权国际化品种逐步丰富，满足了境内外投资者的投资管理和风险对冲需求。2021年10月，香港交易所正式推出MSCI中国A50互联互通指数期货，股指期货金融产品的数量增多和开放度提升，进一步助推了资本市场高水平双向开放。

（二）2021年证券市场发展概况

根据Wind数据，截至2021年末，我国上市公司（含A股、B股）总数4697家，较2020年增加502家。总市值99.1万亿元，较2020年增加12.2万亿元。上市股票共计4775只，其中A股上市股票4685只，B股上市股票90只，A股流通市值75万亿元，B股流通市值1302亿元。债券市场总存量规模达到130.4万亿元，其中，国债23万亿元，地方政府债30.3万亿元，同业存单13.9万亿元，金融债30.5万亿元，企业债2.2万亿元，公司债9.8万亿元，中期票据8万亿元，短期融资券2.4万亿元，定向工具2.3万元，政府支持机构债1.9万亿元，资产支持证券5.1万亿元。

1. 股票一级市场运行情况

2021 年，我国沪深证券交易所一级市场募集资金企业共计 1212 家，募资金额 1.8 万亿元，分别同比增长 11.5%和 8.3%（见表 1、表 2）。其中，首次公开募股（IPO）企业 524 家，募资 5426.8 亿元，分别同比增加 19.9%和 12.9%。募资金额创新高，科创板、创业板注册制试点工作运行平稳，为更好服务实体企业股权融资发挥了重要作用。同时，增发企业 520 家，募资金额 9082.6 亿元，分别同比增长 37.9%和 8.8%；配股企业 7 家，募资金额 493.4 亿元，分别同比增长-61.1%和-3.8%；优先股企业 0 家，募资 0 亿元；可转债企业 127 家，募资金额 2743.9 亿元，分别同比增长-38.3%和 10.9%；可交换债企业 34 家，募资金额 431.5 亿元，分别同比增长-17.1%和-6.2%。总体来看，IPO、可转债和增发企业的募资金额较 2020 年明显增加，配股、优先股和可交换债企业的募资金额有下降。

表 1　股权融资募集企业数量

单位：家

年份	合计	IPO	增发	配股	优先股	可转债	可交换债
2014	618	122	464	12	5	12	3
2015	1078	222	824	6	12	3	11
2016	1156	227	837	11	13	12	56
2017	1143	438	583	7	1	24	90
2018	530	105	289	15	7	78	36
2019	655	203	268	9	7	106	62
2020	1087	437	377	18	8	206	41
2021	1212	524	520	7	0	127	34

资料来源：Wind 数据库。

表 2　股权融资企业募资金额

单位：亿元

年份	合计	IPO	增发	配股	优先股	可转债	可交换债
2014	8515.2	657.4	6336.3	124.7	1030.0	311.2	55.6
2015	15840.7	1574.3	11988.7	42.3	2007.5	93.8	134.1

续表

年份	合计	IPO	增发	配股	优先股	可转债	可交换债
2016	20701.7	1496.1	16471.0	298.5	1643.0	226.5	566.6
2017	17167.9	2301.1	12679.3	163.0	200.0	602.8	1221.8
2018	12105.7	1378.2	7534.9	228.3	1349.8	1073.1	541.5
2019	15422.8	2532.5	6897.0	133.9	2550.3	2477.8	831.4
2020	16786.2	4805.5	8345.1	513.0	187.4	2475.3	460.0
2021	18178.2	5426.8	9082.6	493.4	0.0	2743.9	431.5

资料来源：Wind 数据库。

2. 股票二级市场运行情况

2021 年，受国内外新冠肺炎疫情反复、大宗商品价格持续上涨、全球通胀高企等多方因素影响，A 股主要指数整体呈现震荡走平态势。其中，上证综指由 2020 年末的 3473 点左右上涨至 2021 年末的 3640 点，年内涨幅约 5%。全年成交额 257.2 万亿元较 2020 年增长 51 万亿元，区间换手率 676.8%，较 2020 年的 714%略有下降。“沪港通”“深港通”北向资金全年净买入 1.6 万亿元，较 2020 年的 1.2 万亿元大幅增长。

从申万一级行业来看，2021 年各行业指数运行分化较大。全年电力设备、有色金属、煤炭、基础化工、钢铁、公用事业等行业涨幅居前，分别为 47.9%、40.5%、39.6%、37.2%、34.1%、31.4%。而 2020 年，涨幅靠前的行业主要是休闲服务、电气设备、食品饮料、国防军工、医药生物。2021 年，跌幅居前的行业主要有家用电器、非银金融、房地产、社会服务、食品饮料、医药生物，跌幅分别为 -19.5%、-17.5%、-11.9%、-10.3%、-6%、-5.7%，而 2020 年跌幅居前的主要行业有房地产、通信、建筑装饰、纺织服装、银行等。

3. 北京证券交易所运行情况

截至 2021 年末，北京证券交易所上市公司 82 家，总股本 122.7 亿股，总市值 2722.8 亿元。在股票发行方面，共计发行 41 次，发行股数 8.22 亿股，融资金额 75.2 亿元。在股票交易方面，成交金额 1609.8 亿元，成交数量 95.9

亿股，换手率206.5%，市盈率46.7倍。上市公司分布方面，数量最多的是江苏13家，占比15.9%，其次是北京12家、广东10家、山东7家、安徽5家。市值超过100亿元的有4家，市值在10亿元以下的有14家。

4. 债券市场运行情况

2021年，国内债券市场收益率整体上呈现震荡下行趋势，运行状况大体上可以划分成四个阶段。一是1~2月，受流动性扰动和货币政策收紧的预期影响，债券市场收益率整体上行；二是3~6月，外部需求强劲，大宗商品价格明显上涨，市场再次担忧货币供给收紧，但实际上货币供给一直处于偏宽松状态，债券市场收益率走势大体呈现震荡下行态势；三是7月，国务院常务会议提出要"降准"，在政策预期刺激下，债券市场收益率明显下行，10年期国债到期收益率由3.1%下降至2.8%左右；四是8月到年底，房地产流动性风险有所发酵，大宗商品通胀水平冲高回落，货币政策保持不变，债券市场收益率保持低位震荡运行。

从存量规模来看（见表3），截至2021年末，债券市场各类债券存量64548只，存量规模130.4万亿元，同比增长14.1%。其中，国债和地方政府债等利率债品种存量规模出现了较为明显的增长，截至2021年末，国债和地方政府债余额分别为23.0万亿元和30.3万亿元，分别同比增长11.3%和18.9%。银行同业存单存量规模为13.9万元，同比增长25%。在信用债品种中，公司债、可转债、中期票据、短期融资券等存量规模都出现了不同程度的增长。

表3　2010~2021年不同债券品种存量规模变化

类别	2021年				2020年			
	债券数量（只）	债券数量所占比重（%）	债券余额（亿元）	余额所占比重（%）	债券数量（只）	债券数量所占比重（%）	债券余额（亿元）	余额所占比重（%）
国债	262	0.4	230254.6	17.7	271	0.5	206858.7	18.1
地方政府债	7729	12.0	302995.8	23.2	6230	10.9	254864.1	22.3
央行票据	3	0.005	150.0	0.01	3	0.005	150.0	0.01
银行同业存单	16522	25.6	138978.3	10.7	15434	27.1	111168.1	9.7

续表

类别	2021年				2020年			
	债券数量（只）	债券数量所占比重（%）	债券余额（亿元）	余额所占比重（%）	债券数量（只）	债券数量所占比重（%）	债券余额（亿元）	余额所占比重（%）
金融债	2509	3.9	305288.4	23.4	2204	3.9	270637.9	23.7
企业债	2642	4.1	22356.9	1.7	2603	4.6	22703.9	2.0
公司债	10691	16.6	98184.3	7.5	8976	15.7	89266.0	7.8
中期票据	7270	11.3	80205.2	6.2	6262	11.0	74775.5	6.5
短期融资券	2630	4.1	23559.3	1.8	2292	4.0	20929.3	1.8
定向工具	3539	5.5	23338.9	1.8	2981	5.2	21483.4	1.9
国际机构债	21	0.03	410.0	0.03	16	0.03	319.6	0.03
政府支持机构债	182	0.3	18595.0	1.4	166	0.3	17225.0	1.5
资产支持证券	10005	15.5	51165.9	3.9	9094	15.9	45613.6	4.0
可转债	425	0.7	7011.6	0.5	397	0.7	5330.3	0.5
可交换债	88	0.1	1504.9	0.1	96	0.2	1730.3	0.2
标准化票据	30	0.05	153.1	0.01	26	0.05	29.0	0.003
合计	64548	100.0	1304152.0	100.0	57051	100.0	1143084.9	100.0

资料来源：Wind 数据库。

5. 资产证券化市场运行情况

2021 年，我国资产支持证券（ABS）市场余额达到 51165.9 亿元（见表 4），较 2020 年的 45613.6 亿元增长 12.2%，低于 2019 年的增速 27.4%，为 2014 年来的最低增速水平。企业资产证券化（企业 ABS）、信贷资产证券化（CLO）、资产支持票据（ABN）余额分别为 24225.8 亿元、17497.8 亿元、9442.3 亿元，占比分别为 47.3%、34.2%、18.5%。与 2020 年相比，企业 ABS 的余额占比略有下降，CLO 余额占比几乎不变，ABN 余额占比继续增大。从不同类别产品的存量规模变化情况来看，企业 ABS 的余额增速为 7%，明显低于 2020 年的 57.2%；CLO 的余额增速为 9.9%，明显高于 2020 年的-10.1%；ABN 的余额增速为 33.7%，明显低于 2020 年的 89.8%。

表 4　2020~2021 年资产支持证券市场存量规模

类别	2021 年				2020 年			
	债券数量（只）	数量所占比重（%）	债券余额（亿元）	余额所占比重（%）	债券数量（只）	数量所占比重（%）	债券余额（亿元）	余额所占比重（%）
资产支持证券	10005	100.0	51165.9	100	9094	100.0	45613.6	100.0
资产支持票据(ABN)	2075	20.7	9442.3	18.5	1563	17.2	7061.0	15.5
企业资产证券化(企业 ABS)	6585	65.8	24225.8	47.3	6377	70.1	22634.4	49.6
信贷资产证券化(CLO)	1345	13.4	17497.8	34.2	1154	12.7	15918.2	34.9

资料来源：Wind 数据库。

二　2021年证券业的主要监管措施和监管行动

（一）夯实全面注册制改革制度基础

2021 年以来，监管部门全面总结评估科创板、创业板试点注册制经验。在此基础上，设立北京证券交易所，并同步开展注册制试点。2019 年来，试点注册制整体达到了当初的预期目标，A 股市场全面实行注册制的条件已初步具备。从市场层次看，目前也是只有沪深主板市场没有实行注册制。对此，证券监管部门和沪深证券交易所正在制定全市场注册制改革方案，预计将于近期公开征求意见，继续推进相关准备工作，确保全面注册制改革平稳落地。

2021 年 10 月，证监会就《关于注册制下提高招股说明书信息披露质量的指导意见（征求意见稿）》公开征求意见。提高信息披露质量是注册制的核心要求，而招股说明书是股票发行的信息披露重要载体，是 IPO 上市中最核心、最重要的法律文件。从 2019 年科创板、创业板试点注册制改革至今，招股说明书普遍存在篇幅过长、重点不突出、差异性不够、辅助投资者决策效果不明显、语言表达不通俗等现象。提高招股说明书信息披露质量，是稳步推进全面注册制改革的关键举措。

与此同时，全面注册制改革不仅是对股票发行的改革，也是对资本市场要素配置、相关流程的总体改革。监管机构需要统筹加强对上市公司的质量监管、健全常态化市场化退市机制、进一步完善多层次股权市场建设、压实中介监管和企业主体责任、加大机构投资和价值投资者比重、完善证券执法司法体制机制、加大中小投资者合法权益保护力度等，推进关键领域创新，探索一套具有中国特色的现代资本市场制度体系。

（二）上市公司信息披露监管持续加强，严惩相关违法违规行为

2021 年 2 月，证监会颁布《关于上市公司内幕信息知情人登记管理制度的规定》，推动完善上市公司内幕信息管理制度，做好内幕信息保密工作，有效防范和打击内幕交易等证券违法违规行为。3 月，证监会修订《上市公司信息披露管理办法》，主要内容是：在完善信息披露基本要求方面，新增简明清晰、通俗易懂的原则要求，完善自愿披露制度；在完善定期报告制度方面，明确定期报告的范围，对上市公司董事、监事、高级管理人员的异议声明制度进行完善；在细化临时报告要求方面，补充完善重大事件的情形、完善上市公司重大事件披露时点；在完善信息披露事务管理制度方面，强化内幕信息知情人登记管理要求，规范董事、监事、高级管理人员对外发布信息行为，强化中介机构“看门人”责任；在提升监管执法效能方面，完善监督管理措施类型，不再对股东/实际控制人未配合履行信息披露义务单独设置法律责任，针对上市公司董事、监事先投赞成票又有异议的行为专门设置法律明确其责任。

2021 年 2 月，证监会制定《监管规则适用指引——关于申请首发上市企业股东信息披露》，重申发行人股东适格性的原则要求、加强临近上市前对入股行为的监管、加强对入股交易价格明显异常的自然人股东和多层嵌套机构股东的信息穿透核查、进一步压实中介机构责任、注重形成监管合力。

（三）北京证券交易所设立及新三板改革全面推进

2021 年 9 月，习近平总书记在 2021 年中国国际服务贸易交易会全球服

务贸易峰会上的致辞中宣布，将继续支持中小企业创新发展，深化新三板改革，设立北京证券交易所，打造服务创新型中小企业主阵地。随后，证监会指导全国股转公司持续推进北京证券交易所设立工作。

2021 年 10 月，证监会颁布《北京证券交易所向不特定合格投资者公开发行股票注册管理办法（试行）》，明确发行注册的总体要求、依法设置发行条件、构建公开透明可预期的审核注册程序、强化信息披露要求、严格落实保荐和承销责任及夯实各方法律责任；颁布《北京证券交易所上市公司证券发行注册管理办法（试行）》，明确再融资制度总体要求、依法分类设置发行条件、构建清晰明确的发行程序、强化信息披露要求、强化各方责任追究；颁布《北京证券交易所上市公司持续监管办法（试行）》，分别规定北京证券交易所上市公司的公司治理、信息披露、股份减持、股权激励、重大资产重组等事项。同月，证监会修改《非上市公众公司监督管理办法》，根据深化新三板改革、将精选层变更设立为北京证券交易所并试点注册制的总体要求，删除与“向不特定合格投资者公开发行”相关的条文内容，同时根据新《证券法》要求增加了监事会应当对证券发行文件进行审核并提出书面审核意见的要求；修改《非上市公众公司信息披露管理办法》，主要是根据市场结构变化情况进行适应性调整，将与“精选层”相关的条款相应删除，其余制度安排保持不变。

同月，证监会制定《公开发行证券的公司信息披露内容与格式准则第 46 号——北京证券交易所公司招股说明书》《公开发行证券的公司信息披露内容与格式准则第 47 号——向不特定合格投资者公开发行股票并在北京证券交易所上市申请文件》《公开发行证券的公司信息披露内容与格式准则第 48 号——北京证券交易所上市公司向不特定合格投资者公开发行股票募集说明书》《公开发行证券的公司信息披露内容与格式准则第 49 号——北京证券交易所上市公司向特定对象发行股票募集说明书和发行情况报告书》《公开发行证券的公司信息披露内容与格式准则第 50 号——北京证券交易所上市公司向特定对象发行可转换公司债券募集说明书和发行情况报告书》《公开发行证券的公司信息披露内容与格式准则第 51 号——北京证券交易所上市公司向特定对象发行优先股募集说明书和发行情况报告书》《公开发行证券的公司信息披露内容与格式准则第 52 号——北京证券交易所上市公司发行证券申请文件》《公开发行证券的公司信息披露内容与格式准则第 53 号——北京证券交易所上市公司年度报告》《公开发行证券的公司信息披露内容与格式准则第 54 号——北京证券交易所上市公司中期报告》《公开发行证券的公司信息披露内容与格式准则第 55 号——北京证券交易所上市公司权益变动报告书、上市公司收购报告书、要约收购报告书、被收购公司董事会报告书》《公开发行证券的公司信息披露内容与格式准则第 56 号——北京证券交易所上市公司重大资产重组》《非上市公众公司信息披露内容与格式准则第 18 号——定向发行可转换公司债券说明书和发行情况报告书》《非上市公众公司信息披露内容与格式准则第 19 号——定向发行可转换公司债券发行申请文件》。

此外，2021 年 5 月，证监会还颁布了《关于完善全国中小企业股份转让系统终止挂牌制度的指导意见》，健全主动终止挂牌制度、完善强制终止挂牌制度、明确终止挂牌公司后续监管安排、落实终止挂牌工作责任。

（四）场外私募市场规范发展

2021 年 1 月，证监会颁布《关于加强私募投资基金监管的若干规定》，从私募基金管理人名称、经营范围和业务范围、投资者适当性、集团化私募基金管理人、投资约束、私募基金管理人及从业人员行为规范、法律责任和过渡期等方面做出规定，总体上进一步重申和强化了私募基金行业执业的底线行为规范。

（五）债券市场监管制度持续改革

2021 年 2 月，证监会根据新《证券法》及国务院办公厅印发的《关于贯彻实施修订后的证券法有关工作的通知》，修订了《公司债券发行与交易管理办法》。主要内容是：在落实公开发行公司债券注册制方面，明确公开发行公司债券的发行条件、公开发行公司债券的注册程序、对证券交易场所审核工作的监督机制；在涉及《证券法》的适应性修订方面，明确关于证券服务机构的备案要求、完善受托管理人的相关规定、调整关于区域性股权市场的表述、优化公司债券募集资金的用途；在加强事中事后监管、压实发行人和中介机构责任方面，强化发行人及其控股股东和实际控制人义务、加强对承销机构和证券服务机构执业的监管、根据监管实践增加限制结构化发债的条款；在结合债券市场监管实践做出的相关修订方面，调整公司债券交易场所、取消公开发行公司债券信用评级的强制性规定、进一步明确非公开发行公司债券的监管机制、明确中国证券登记结算有限责任公司为证券自律组织、对公司债券登记结算业务实施自律管理及强调发行公司债券时，应当符合地方政府性债务管理的相关规定，不得新增政府债务。随后，证监会修订《证券市场资信评级业务管理办法》，明确评级机构备案要求、鼓励优质机构开展证券评级业务、完善评级业务规则、增加独立性要求、明确信息披露要求、强化自律管理职能、增加破坏市场秩序行为的禁止性规定及提高违法违规成本。

（六）证券基金期货经营机构发展壮大

1. 证券公司

2021 年 1 月，证监会根据新《证券法》的规定，修改《证券公司和证券投资基金管理公司境外设立、收购、参股经营机构管理办法》，取消相关审批规定，管理方式由行政许可改为备案管理；修改《证券基金经营机构信息技术管理办法》，对从事信息技术系统服务的证券服务机构实行备案管理。3 月，证监会修改《证券公司股权管理规定》，修改证券公司主要股东定义、适当降低证券公司主要股东资质要求、调整证券公司变更注册资本及变更 5%以上股权的实际控制人相关审批事项、对“对赌协议”等新问题予以规制，为新情况留出空间。4 月，证监会修改《关于实施〈证券公司股权管理规定〉有关问题的规定》，结合新《证券法》取消的审批事项修改相关表述，落实简政放权，进一步精简申报材料，删除现在已不适用的程序性过渡条款。7 月，证监会颁布《关于注册制下督促证券公司从事投行业务归位尽责的指导意见》，建立健全工作机制，提升监管合力；完善制度规则，提升监管和执业的规范化水平；全面强化立体追责，净化市场生态；做实“三道防线”，强化机构内部控制；完善激励约束机制，促进证券公司主动归位尽责。

2021 年 3 月，证监会对海通证券、海通资管在开展投资顾问、私募资产管理业务过程中未审慎经营、未有效控制和防范风险、合规风控管理缺失等违规行为下发行政监管措施事先告知书。5 月，为贯彻落实国务院深化“放管服”改革工作要求，压实证券公司内控合规主体责任，集中使用有限的监管资源，提高机构监管有效性，推动行业高质量发展，证监会公布首批证券公司“白名单”。7 月，证监会在前期对新时代证券股份有限公司、国盛证券有限责任公司和国盛期货有限责任公司实行接管的基础上，根据《证券公司风险处置条例》第十一条、第六十二条的规定，依法将对三家公司的接管期限延长至 2022 年 7 月 16 日。同月，网信证券为化解公司风险，向沈阳市中级人民法院提出破产重整的申请。沈阳市中级人民法院依法裁定受理了网信证券的破产重整申请。8 月，证监会开展健全证券期货基金经营机构专项治理工作。9 月，为进一步加强从业人员管理，完善从业人员管理体系，健全证券基金经营机构内部管理和外部约束机制，证监会针对证券基金经营机构从业人员，开展加强管理专项工作。12 月，优化证券公司账户管理功能，提升服务能力，推动行业高质量发展。

2. 基金管理公司

2021 年 1 月，证监会颁布《公开募集证券投资基金运作指引第 3 号——指数基金指引》，提升管理人专业能力、提高指数质量；确保产品规范运作，加强投资者保护与风险防控；持续推进行政监管与自律管理协同。

3. 期货公司

2021 年 1 月，证监会根据新《期货交易管理条例》的规定，修改《期货公司董事、监事和高级管理人员任职资格管理办法》，将对期货公司董事、监事、高级管理人员任职资格的管理调整为任职备案管理，明确备案流程，简化备案材料，删去与备案管理要求不适应的条款；修改《期货交易所管理办法》，针对以有价证券作为保证金的情形，完善相关规则，补充规定期货交易所中央对手方地位、净额结算制度等相关内容。同月，证监会对《期货经纪公司保证金封闭管理暂行办法》进行调整完善，进一步明晰证监会及其派出机构、期货市场监控中心、存管银行、交易所及证券结算机构在保证金封闭运行过程中的职责，并增加与对外开放相衔接的条款。7月，证监会就《期货公司子公司管理暂行办法（征求意见稿）》公开征求意见，主要内容是对境外子公司进行全面、系统规范，明确子公司监管职责，明确子公司的设立条件和业务范围，规范子公司层级和数量，压实期货公司对子公司的管控责任，明晰子公司行为规范，强化母子公司业务协同。

（七）强化投资者合法权益保护和投资者教育

一是与全面注册制改革相匹配的投资者保护基础制度体系正在建立。新《证券法》中增设了“投资者保护”专章，2021年正式出台了《刑法修正案（十一）》和《关于依法从严打击证券违法活动的意见》等。2021年11月12日，由投资者保护机构参加的证券纠纷特别代表人诉讼制度创新，在康美药业案中首次得到实现，企业及相关责任人赔偿5.2万名投资者24.59亿元，相关独立董事也被追罚数亿元。该案件的判决标志着我国资本市场集团诉讼制度成功落地实施，资本市场法治建设取得积极进展。

专栏：康美药业案的影响

康美药业案，是落实新《证券法》和党中央国务院《关于依法从严打击证券违法活动的意见》的第一案，是我国资本市场发展历史上的里程碑事件，具有较为深远的影响。一是严厉处罚了虚假陈述、欺诈发行违法违规行为。此前相关行为处罚力度弱，康美药业案则大幅提高了违法成本，大幅提升了司法保障的震慑力。二是切实压实了企业主体责任和中介机构责任。上市公司、拟上市公司及其责任人从中汲取了重要教训，必须规范经营、提升财务质量，必须给投资者一个真实、透明、合规的标的企业。券商、会所、律所等中介机构及其从业人员必须全力保护好投资者利益，切实发挥

“看门人”角色职能，增强资本市场公信力。三是站稳人民立场，维护好投资者合法权益。康美药业案中，公益机构代表、专业力量支持以及诉讼费用减免等制度优势，解除了中小投资者诉难无门、维权成本高的问题，也大幅提高了群体性纠纷的处置时效性。四是独立董事制度及其法律责任认定弊端也得以暴露。康美药业案中独立董事被判决承担5%或10%的连带赔偿责任，在一定程度上对净化独立董事执业环境、完善上市公司治理的作用明显。独立董事必须勤勉尽责，在自己的专业范围内尽职尽责，并且在市场范围内实现优胜劣汰。当然，从收入与责任不匹配、独立董事“不独不懂”等视角看，独立董事对相关问题承担连带责任的法律规定仍需进一步明确优化，需要监管部门和司法部门完善相关制度安排。上市公司设独立董事是成熟市场的国际惯例，也是我国《公司法》规定的企业治理重要要求。自2001年证监会发布《关于在上市公司建立独立董事制度的指导意见》之后，独立董事便成为上市公司完善治理结构、促进规范运作、保护中小投资者权益的重要角色。对市场各方提出的完善独立董事制度的意见建议，监管部门也表示会积极采纳，近来开始组织专门力量进行研究，与相关部门和市场主体积极沟通，明晰独立董事权责边界的新一轮改革也正在开启。

二是证券期货当事人承诺制度（行政和解）取得重要突破。2015年中国证监会开始在证券期货领域开展行政和解试点，并印发了《行政和解试点实施办法》。2019年修订的《证券法》第171条对证券领域行政执法当事人承诺制度做出了原则规定，并要求国务院制定具体办法。2021年中共中央办公厅、国务院办公厅印发的《关于依法从严打击证券违法活动的意见》明确要求加快制定行政和解制度的实施办法。证券期货行政执法当事人承诺制度在提高执法效率、及时赔偿投资者损失、尽快恢复市场秩序等方面具有积极作用。行政和解有利于及时赔偿投资者损失，增强其获得感和满意度。通常情况下在证券期货行政处罚案件中，合法权益受到侵害的投资者在进行民事诉讼求偿时普遍面临举证难、成本高、时间长等困境。如果采用行政和解制度，则当事人交纳的承诺金可用于赔偿投资者损失，提高受损投资者获得偿付的及时性，进一步保护投资者尤其是中小投资者的合法权益。

三是与北京证券交易所相匹配的投资者保护制度基本建立。设立北京证券交易所，建立健全相关投资者教育保护工作，切实维护广大投资者合法权益，是深化新三板改革的核心内容之一。2021 年下半年，证券监管部门以“牵手北交所，共迎新起点”为主题，组织开展投资者教育专项活动，向投资者宣传设立北京证券交易所的重要意义和有利之处，明确了北京证券交易所带给市场投资者的机遇和风险，倡导投资者理性投资、价值投资。一是明确了设立北京证券交易所的相关基础制度、运行流程。二是引导投资者要理性投资。三是提醒投资者防控风险。引导投资者客观分析北京证券交易所市场的相关风险，让投资者正确了解机会和风险。

（八）加大资本市场对外开放

2021 年，在新冠肺炎疫情持续发酵和国际环境日趋复杂的背景下，境内外资本市场的合作不断加深。

一是在产品创新和市场监管等领域，境内外合作持续加强，并在某些领域取得了新突破。在市场与产品互联互通方面，采用不同投票权架构的公司、尚未盈利的生物科技公司和科创板股票，开始被纳入沪深港通标的，推动了交易型开放式指数基金（ETF）互通产品创新。证监会支持并协助在香港推出 A 股指数期货，为国际投资者提供了相对便利的投资 A 股市场的风险对冲手段和渠道，增强了香港市场对国际资本的服务能力和吸引力。

二是在中资企业境外上市方面，证监会持续支持符合条件的内地企业赴港、赴美上市融资，截至 2021 年底，在港上市的内地企业已达到 1222 家，占港股上市公司总数的 47%。这为内地企业在全球配置资源，利用好境内境外两个市场，实现高质量发展提供了重要通道，也为全球投资者分享中国企业成长壮大红利创造了优越的窗口机遇。2021 年证监会就境内企业赴境外上市相关制度规则公开征求意见，预计相关政策规则将会有序推出，进一步增加内地企业境外上市监管制度的稳定性和可预期性，有力支持内地企业依法合规赴港、赴美上市融资发展，并着力保护全球投资者的合法权益。

三是在证券基金期货经营机构“请进来、走出去”方面，已有 9 家港资合资证券公司、2 家港资合资基金管理公司和 1 家港资全资期货公司在内地展业；与此同时，有 34 家内地证券公司、25 家内地基金公司和 17 家内地期货公司在香港展业。

四是在跨境监管合作方面，内地和香港的相关监管部门定期召开高层和工作层面会议，健全完善了跨境风险防范、跨境衍生品监管等合作机制。内地和香港在日常监管、执法和信息交换、人员交流培训等领域的交流合作不断加强，为国际资本市场健康平稳运行做出了贡献。

三　2022年证券业监管重点展望

2022 年将召开党的二十大，保持资本市场稳定运行，对于稳经济、稳预期、稳信心具有十分重要的意义。2021 年 12 月，证监会主席易会满接受新华社采访时指出，2022 年证券业监管工作将围绕“稳字当头”和“改革攻坚”展开，努力实现“三稳”，即市场稳、政策稳、预期稳，并在“三稳”的基础上实现“三进”，即在深化改革、扩大开放、服务实体经济上突出进，为稳定宏观经济大盘、服务实体经济高质量发展积极贡献力量。具体监管工作主要从以下六个方面展开。

（一）突出“稳增长”，不断提升服务经济高质量发展能力

一方面，持续完善多层次资本市场体系，优化市场功能，更好服务实体经济高质量发展。继续科学合理保持 IPO、再融资常态化，主板坚持大盘蓝筹定位，科创板坚守服务“硬科技”企业定位，创业板坚持服务“三创四新”企业定位，建立健全错位发展、各有特色、适度竞争的多层次股权市场体系。办好北京证券交易所，持续深化新三板改革，打造服务创新型中小企业的主阵地。引导私募股权和创投基金“投早、投小、投科技”，持续推

动拓宽基础设施公募 REITs 试点范围，推动优质资源流入科技创新、制造业、中小企业等重点领域。同时，发挥好资本市场并购重组主渠道作用，助力推动上市公司做优做强，并充分发挥上市公司引领示范效应，带动产业链中小企业、上下游企业协同发展。支持更多产业企业更好利用期货市场功能，对冲大宗商品和能源价格剧烈波动，助力保供稳价。

另一方面，积极主动融入国家重大发展战略，找准资本市场定位和发力点，强化直达力和精准性。立足资本市场自身特点，加大对创新驱动发展、国企改革、绿色低碳发展、实现共同富裕、区域发展战略等的支持力度。加快债券产品创新，稳步发展创新创业债券、绿色债券。加大对绿色低碳产业的融资支持力度，引导市场主体树立绿色投资理念，继续支持绿色主题基金产品的发行，加快推进碳排放权期货市场建设，研究完善上市公司环境信息披露制度，积极拓展绿色金融国际合作空间。

（二）稳步推进全面实行股票发行注册制改革，并以此为牵引带动资本市场改革向纵深发展

2019 年，证监会推出资本市场全面深化改革 12 条举措，注册制改革是其中的“牛鼻子”工程。继 2019 年设立科创板并试点注册制、2020 年创业板改革并试点注册制之后，2021 年设立北京证券交易所并同步试点注册制等重大改革平稳落地，相关制度安排也不断调整优化，改革试点取得了预期效果，全面实行注册制的条件正在逐步具备。下一步，要不断评估总结改革的经验，坚持尊重注册制基本内涵、借鉴国际最佳实践、体现中国特色和发展阶段“三个原则”，优化相关制度安排，做实做细思想、业务、廉政各项准备，稳步推进全面实行股票发行注册制改革落实落地。这不是简单的复制粘贴，而是要不断完善相关制度安排，坚持以信息披露为核心，加快推进监管转型，进一步压实中介机构责任，持续从严从重打击违法违规行为，增强各方合力，推动形成有利于全面实行注册制的良好市场生态，确保改革平稳落地。

同时，要以注册制改革为牵引，同步推进加强资本市场各项基础制度建

设。注册制改革不仅仅是发行环节的改革，其在资本市场改革中同样具有“牵一发而动全身”的重要作用，需要各个环节同步配套改革，比如要统筹推进提高上市公司质量、压实中介机构“看门人”责任、健全多元化退市机制、加快推动投资端改革、健全证券执法司法体制机制和加强投资者保护体系建设等。下一步要坚持稳字当头、稳中求进的工作总基调，坚持系统观念，坚持走市场化法治化国际化路线，牢牢抓好注册制改革这个“牛鼻子”工程，带动资本市场全面深化改革，以改革促发展，推动资本市场实现高质量发展。

（三）促进资本市场规范健康发展，平稳推进重点领域风险防范化解

中央经济工作会议提出，2022 年经济工作要坚持“稳字当头、稳中求进”，突出强调稳的重要性。资本市场具有重要的信号功能，会快速反映市场信息，体现各类主体的预期和信心，并具有一定的风向标作用，对于稳经济、稳市场、稳预期意义重大。2022 年以来，受俄乌冲突、疫情反复、美国将个别中概股公司纳入退市关注名单等事件影响，在美中概股、港股与 A 股市场均出现了大幅震荡，风险跨市场传染效应明显增大，对市场预期形成了较大冲击。2022 年，面对更趋严峻复杂的国内外形势，要切实维护资本市场稳定运行，为党的二十大顺利召开营造良好的市场环境。要扎实做好“三稳”工作，一是“稳”市场，要加强宏观研判，密切跟踪境外市场最新变化，强化风险跨境跨市场传染路径分析，提升风险防范的主动性和预见性，做好极端情形的应对准备。持续健全风险监测预警处置问责机制，重点加强对杠杆资金和外资的监测监控，坚决防范资金大进大出风险。加强与相关部门的政策协同，推动形成合力，多措并举促进市场平稳运行。二是“稳”政策，加强与行业部门的信息共享与政策协同，审慎评估相关重大政策措施出台的条件和时机，防止合成谬误。多推出有利于稳增长、稳预期的政策措施，慎重出台有收缩效应的政策。主动加强与市场的沟通，政策出台前要积极征求各方意见，加强预期管理。三是“稳”预期，健全资本市场舆论引导机制，更加主动地进行正面舆论引导，做好负面舆情对冲，及时回

应市场和投资者关切，加强与国际媒体的沟通合作，努力为市场平稳运行营造良好的舆论环境。

同时，要坚持底线思维，继续按照“稳定大局、统筹协调、分类施策、精准拆弹”的方针，切实防范化解资本市场重点领域风险。在防范资本无序扩张方面，要贯彻落实好中央经济工作会议关于“正确认识和把握资本的特性和行为规律”的要求，一方面促进资本作为生产要素的积极作用更好地发挥，继续强化资本市场在促进科技创新、规范公司治理等方面的重要功能；另一方面要与相关主体共同建立健全加强资本规范引导的制度机制，坚持关口前移，加强监管联动，在严监管特定敏感领域融资并购活动方面，为资本设置“红绿灯”。在防范债券违约风险方面，加强对债券违约风险的预研研判，实施分类监管，做好应对预案。同时坚持标本兼治、重在治本，完善市场化法治化债券违约处置机制，进一步压实发行人、中介机构责任，更好地发挥债券持有人会议作用，加强对债权人合法权益的保护。配合相关方面，继续抓好重点领域、个案的风险处置，尽可能消除外溢影响。此外，要持续跟踪金融创新领域新动向，紧盯新的风险苗头和金融乱象的新表现，深入开展对“伪私募”“伪金交所”、伪财富管理等的专项整治，消除监管真空。

（四）统筹开放和安全，坚定不移推进制度型高水平开放

近年来，在疫情反复冲击，逆全球化、民粹主义抬头的大背景下，我国资本市场改革开放的步伐不但没有放缓，反而在进一步加快。证券基金期货行业外资股比全面放开，业务范围国民待遇全面落实，沪深港通、沪伦通、ETF 互通等互联互通机制持续拓展深化，A 股已成为国际投资者重要的资产配置工具。下一步，资本市场要按照国家统一部署，稳步扩大市场、机构和产品高水平双向开放水平。跨境投融资方面，持续拓展优化境外机构和投资者投资境内资本市场的渠道和方式，完善深化内地与香港的互联互通机制，拓展和优化沪伦通制度，推动企业境外上市监管新规尽快落地，支持企业利用两个市场、两种资源发展。优化交易所债券市场熊猫债管理办法，进一步

便利境外机构通过发行熊猫债融资。继续推动提高 A 股纳入国际知名指数的比例。市场和产品开放方面，扩大国际化期货品种供给，加大国债期货、外汇期货对外开放力度。拓宽境外投资者参与境内债券市场的渠道，并优化相关制度安排。机构开放方面，支持更多优质的外资证券基金期货机构以独资控股或合资方式在境内展业，优化境外从业人员资质认证机制，为外资机构境内展业提供更加公平、高效和便利的服务。

同时，要持续加强开放条件下的监管能力和风险防范能力建设，努力做到“放得开、看得清、管得住”。健全跨境资本流动和风险监测防范机制，加强与外资投资者的交流和预期引导，切实防范外资大进大出风险。坚持相互尊重、有效沟通、互利共赢的原则，在中概股监管、跨境审计监管与执法合作等领域，同相关方开展务实合作，争取更大的进展和积极成果。深化跨境监管合作，强化联合监管、跨市场监管和穿透式监管，推动形成有效合力。

（五）深化“放管”结合，加快推进监管转型

资本市场属性极强，规范要求极高。在中国特色社会主义市场经济条件下发展资本市场，要特别注意处理好市场和政府的关系，市场能够有效发挥作用的领域要坚决放开，让市场在配置资源中发挥决定性作用。同时要更好发挥政府的作用，科学把握“放”与“管”的平衡，加强事中事后监管，推动全方位监管转型。要主动适应注册制等重大改革，坚持问题导向，在上市公司、行业机构监管与稽查处罚等方面，全方位加快职能转变。持续深入推进上市公司治理专项行动，切实提升上市公司规范化水平。持续优化证券基金经营机构行政许可及备案工作，按照“能减则减、能简则简”的原则，进一步取消行业机构行政事项证明文件，实行告知承诺制，按照“最小、必要”原则，取消、简化申请材料，减轻市场主体负担。对由行政许可改为备案管理的行业机构事项，制定办事指南，以方便办事。不断优化稽查执法体制机制，严厉打击欺诈、造假等行为，从严从快查办大案要案。

同时，不断加强监管能力建设，提升监管的数字化和智能化水平。适应金融业态综合化、平台化、集团化、线上线下一体化等新变化，加强制度建设，发挥监管合力，提升监管效能。加快科技监管能力建设，坚持问题导向，强化科技对发行、上市、机构、稽查等重点监管业务的有效支撑。强化行业信息化公共基础设施建设，扩大资本市场金融科技创新试点，推动提升行业科技水平。

（六）持续加强资本市场法制供给，保护投资者合法权益

近年来，随着新《证券法》与《刑法修正案（十一）》、《关于依法从严打击证券违法活动的若干意见》的出台，资本市场法治建设取得了突破进展。下一步要会同有关方面继续完善资本市场法制供给，推动制定期货和衍生品法、私募基金条例、上市公司监管条例等基础法律法规。对已出台的监管法规进行系统梳理，化繁为简，提升体系化水平和透明度，不断完善新《证券法》配套政策。发挥好打击资本市场违法活动协调工作小组等机制作用，强化行刑衔接，加大对欺诈发行、财务造假、操纵市场等违法违规行为的查处力度，进一步加大执法震慑力。加大对典型案例的宣传力度，明确惩恶扬善的鲜明导向。

不断健全投资者权益保护体系。2021 年 11 月 12 日，广州中院一审判决，康美药业及相关责任人赔偿 5.2 万名投资者 24.59 亿元，标志着我国资本市场特别代表人诉讼制度成功落地实施。下一步要充分总结“康美案例”的经验，积极推进代表人诉讼制度常态化。推动证券违法罚没款优先用于民事赔偿机制落地，丰富纠纷调解、先行赔付等机制实践，不断畅通投资者维权追偿渠道。不断研究优化投资者适当性管理、公开征集股东权利、纠纷在线诉调对接等各项投资者保护制度，切实增强投资者的获得感和安全感。

附　录

2021 年证券业相关监管规章及规范性文件目录

序号	发布时间	文件名称	文号
1	1 月 15 日	《关于修改、废止部分证券期货制度文件的决定》	证监会公告〔2021〕1 号
2	1 月 22 日	《公开募集证券投资基金运作指引第 3 号——指数基金指引》	证监会公告〔2021〕2 号
3	2 月 3 日	《关于上市公司内幕信息知情人登记管理制度的规定》	证监会公告〔2021〕5 号
4	3 月 18 日	《关于修改〈关于实施《证券公司股权管理规定》有关问题的规定〉的决定》	证监会公告〔2021〕7 号
5	4 月 16 日	《关于修改〈科创属性评价指引（试行）〉的决定》	证监会公告〔2021〕8 号
6	5 月 28 日	《关于完善全国中小企业股份转让系统终止挂牌制度的指导意见》	证监会公告〔2021〕11 号
7	6 月 4 日	《证券期货业网络安全事件报告与调查处理办法》	证监会公告〔2021〕12 号
8	6 月 4 日	《资产管理产品介绍要素 第 2 部分：证券期货资产管理计划及相关产品》	证监会公告〔2021〕10 号
9	6 月 11 日	《关于修改、废止部分证券期货制度文件的决定》	证监会公告〔2021〕13 号
10	6 月 15 日	《〈证券期货业结算参与机构编码〉等五项金融行业标准》	证监会公告〔2021〕14 号
11	6 月 28 日	《公开发行证券的公司信息披露内容与格式准则第 2 号——年度报告的内容与格式（2021 年修订）》	证监会公告〔2021〕15 号
12	6 月 28 日	《公开发行证券的公司信息披露内容与格式准则第 3 号——半年度报告的内容与格式（2021 年修订）》	证监会公告〔2021〕16 号
13	7 月 9 日	《关于注册制下督促证券公司从事投行业务归位尽责的指导意见》	证监会公告〔2021〕17 号
14	8 月 30 日	《〈证券期货业网络安全等级保护基本要求〉等 2 项金融行业标准》	证监会公告〔2021〕19 号
15	9 月 17 日	《关于扩大红筹企业在境内上市试点范围的公告》	证监会公告〔2021〕20 号
16	9 月 18 日	《关于修改〈创业板首次公开发行证券发行与承销特别规定〉的决定》	证监会公告〔2021〕21 号
17	9 月 22 日	《关于第四批全国证券期货投资者教育基地命名的公告》	证监会公告〔2021〕22 号
18	9 月 30 日	《首次公开发行股票并上市辅导监管规定》	证监会公告〔2021〕23 号
19	10 月 13 日	《关于合格境外机构投资者和人民币合格境外机构投资者参与金融衍生品交易的公告》	证监会公告〔2021〕24 号
20	10 月 15 日	《关于依法开展证券期货行业仲裁试点的意见》	证监会公告〔2021〕25 号

续表

序号	发布时间	文件名称	文号
21	10月30日	《公开发行证券的公司信息披露内容与格式准则第46号——北京证券交易所公司招股说明书》	证监会公告〔2021〕26号
22	10月30日	《公开发行证券的公司信息披露内容与格式准则第47号——向不特定合格投资者公开发行股票并在北京证券交易所上市申请文件》	证监会公告〔2021〕27号
23	10月30日	《公开发行证券的公司信息披露内容与格式准则第56号——北京证券交易所上市公司重大资产重组》	证监会公告〔2021〕36号
24	11月12日	《关于修改〈中国证券监督管理委员会上市公司并购重组审核委员会工作规程〉的决定》	证监会公告〔2021〕42号
25	11月19日	《公开征集上市公司股东权利管理暂行规定》	证监会公告〔2021〕44号
26	12月24日	《公开发行证券的公司信息披露内容与格式准则第24号——公开发行公司债券申请文件(2021年修订)》	证监会公告〔2021〕47号

B.5

2021年保险业监管报告

范令箭*

摘　要： 2021年，我国原保险保费收入规模轻微缩减。我国在过去一年继续深化保险业供给侧结构性改革，强调保险回归保障本源，重视保险业规范经营。保险业监管高度关注保险机构公司治理机制的完善，优化偿付能力监管规则，督促保险机构加强风险管控，完善保险集团公司监督管理制度，推进保险资金市场化运用，引导保险资金服务社会经济发展，同时进一步规范保险市场准入管理，在制度层面落实对外开放政策，促进保险业高质量发展。

关键词： 保险监管　供给侧结构性改革　公司治理　偿付能力

一　2021年保险业监管回顾和发展状况

（一）2021年保险业监管回顾

1.深化保险业供给侧结构性改革

2021年，中国银行保险监督管理委员会（以下简称“银保监会”）积极贯彻落实保险业高质量发展战略，深化保险业供给侧结构性改革，强调保险业服务民生保障功能，同时加强规范保险机构经营管理，重视消费者权益保护。一是在人身险方面，进一步规范意外伤害保险、城乡居民大病保险、互联网人身

* 范令箭，现任职于中国再保险（集团）股份有限公司，主要研究方向为金融监管、经济制裁。

保险、短期健康保险、城市定制型商业医疗保险以及长期护理保险的产品开发和经营管理，要求保险机构压实主体责任、加强内部管理和风险防控、提升服务水平。二是在财产险方面，进一步规范财产险公司条款开发和费率厘定行为，加强财产险业务管理。三是在再保险方面，强调再保险作为“保险的保险”的核心定位，规范再保险业务的开展，严禁保险机构利用再保险规避监管、违规经营。四是完善消费者权益保护监管评价机制，加大消费者权益保护力度。

2. 强化保险机构公司治理监管

银保监会高度重视良好的公司治理对保险机构健康稳定运营的重要作用，因此在 2021 年颁布多项政策，全方位强化对保险机构的公司治理监管。银保监会要求保险机构进一步优化其公司治理机制，提出国有、国有控股银行保险机构应实现党的领导与公司治理的有机融合，规范大股东行为，完善董事、监事履职评价机制和对董事、监事、高级管理人员的任职资格管理，建立绩效薪酬追索扣回机制，确保保险机构公司治理的独立性和规范性，防范大股东不当干预保险机构经营、损害其他利益相关者权益，并加强对保险机构公司治理层的行为约束，激励保险机构董事、监事、高级管理人员尽责履职。

3. 加强保险公司风险管理

银保监会于 2021 年底正式颁布《保险公司偿付能力监管规则（Ⅱ）》，标志着偿二代二期工程顺利完成，新规则的落地极大地优化完善了保险机构偿付能力监管机制。除偿付能力风险外，银保监会同时加强对保险机构声誉风险、信息科技风险的关注，更新非寿险业务准备金管理制度，允许境内保险公司在香港市场发行巨灾债券分散巨灾风险，并吸收国际先进经验，要求保险机构制定恢复和处置计划，增强危机应对能力，维护保险市场的稳定。

4. 推进保险资金市场化运用

银保监会进一步放开保险资金运用范围，允许保险资金投资公开募集基础设施证券投资基金、参与证券出借业务，调整保险资金投资债券的信用评级要求，并修改保险资金运用领域的部分规范性文件，减少对保险资金投资的限制，增强保险机构投资自主权，引导保险资金更好地支持社会经济发展，盘活存量资金。同时，银保监会也强调保险机构应加强对保险资金运用风险的监测、评估和防控，提升自身资产管理和风险管理能力，关注交易对手的信用风险和交易的集中度风险。

5. 进一步规范保险市场准入管理

银保监会进一步规范保险市场准入管理，在源头上控制保险市场的不当经营风险，包括整合保险机构许可证管理制度，完善保险中介市场和保险公司分支机构准入管理，并在制度层面进一步落实关于放松境外主体投资外资保险公司、保险中介机构的资格限制政策。

6. 完善保险集团公司监督管理规范

银保监会于2021年整合与保险集团公司及保险集团监管相关的多项规章制度，借鉴国际经验，修订发布《保险集团公司监督管理办法》，强调按照实质重于形式原则，对保险集团公司实行全面、持续和穿透的监督管理，聚焦近年来保险集团经营管理中出现的新情况、新问题，全面规范了保险集团公司的设立和许可、经营规则、公司治理、风险管理、资本管理、非保子公司管理、信息披露以及监督管理。

（二）2021年保险业发展状况

根据银保监会统计数据，2021年我国原保险保费收入44900亿元，同比下降0.79%，增长率同比降低6.91个百分点；保险业提供保险金额12146.20万亿元，同比增长39.45%，增长率同比降低4.83个百分点。保险业总资产248874亿元，同比增长6.82%，增长率同比降低6.47个百分点；净资产29306亿元，同比增长6.47%，增长率同比降低4.48个百分点。①

1. 财产险业务总体小幅缩减

2021年，财产险业务原保险保费收入11671亿元，同比下降2.16%，增长率同比降低4.56个百分点（见图1）。

---

① 本段引用数据根据银保监会网站公开统计信息整理获得。银保监会公开统计信息网站，http：//www.cbirc.gov.cn/cn/view/pages/ItemList.html? itemPId=953&itemId=954&itemUrl=ItemListRightList.html&itemName=%E7%BB%9F%E8%AE%A1%E4%BF%A1%E6%81%AF，访问时间：2022年3月1日。

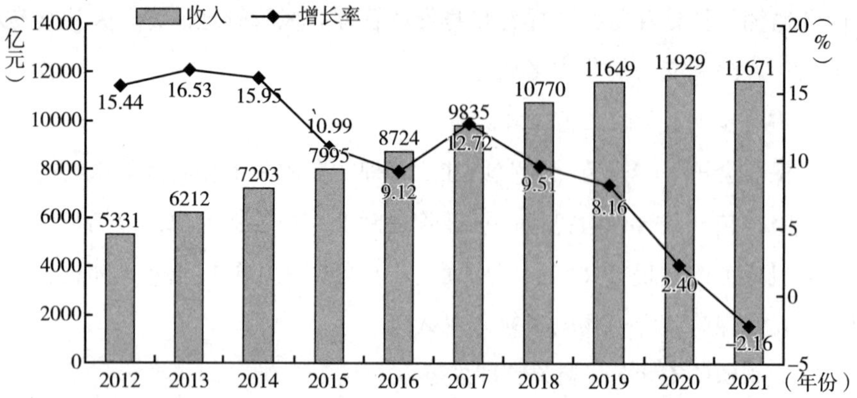

图 1　2012~2021 年财产险业务原保险保费收入和增长率对比

注：本段引用数据根据银保监会网站公开统计信息整理获得。银保监会公开统计信息网站，http：//www. cbirc. gov. cn/cn/view/pages/ItemList. html？ itemPId = 953&itemId = 954&itemUrl = ItemListRightList. html&itemName = %E7%BB%9F%E8%AE%A1%E4%BF%A1%E6%81%AF，访问时间：2022 年 3 月 1 日。

2. 人身险业务总体轻微缩减

2021 年，人身险业务原保险保费收入 33229 亿元，同比下降 0.3%，增长率同比降低 7.8 个百分点（见图 2）。

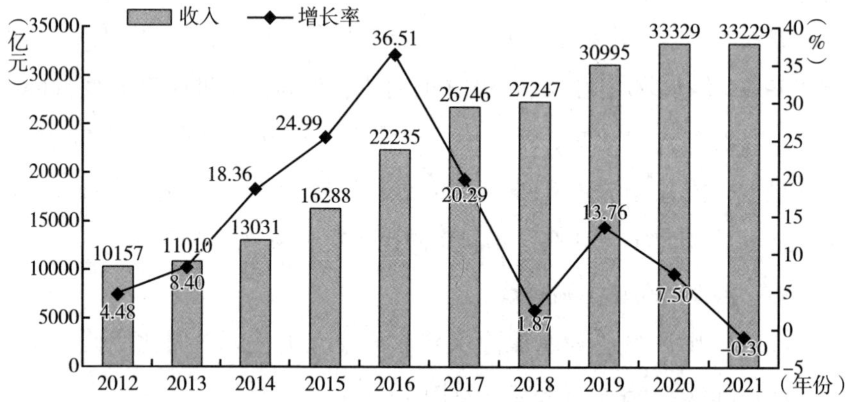

图 2　2012~2020 年人身险业务原保险保费收入和增长率对比

注：本段引用数据根据银保监会网站公开统计信息整理获得。银保监会公开统计信息网站，http：//www. cbirc. gov. cn/cn/view/pages/ItemList. html？ itemPId = 953&itemId = 954&itemUrl = ItemListRightList. html&itemName = %E7%BB%9F%E8%AE%A1%E4%BF%A1%E6%81%AF，访问时间：2022 年 3 月 1 日。

二　2021年保险业重大举措

（一）深化保险业供给侧结构性改革

1. 人身险

（1）整合优化意外伤害保险业务监管规范

为推动意外伤害保险（以下简称“意外险”）高质量发展，进一步落实《关于加快推进意外险改革的意见》（银保监办发〔2020〕4号），银保监会整合原《人身意外伤害保险业务经营标准》（保监发〔2009〕91号）等相关监管要求，聚焦我国意外险市场突出问题，于2021年10月13日修订发布《意外伤害保险业务监管办法》（银保监办发〔2021〕106号）①。

本办法统一适用于产寿险公司，解决了此前产寿险公司意外险监管政策不一致的问题。要求保险公司：一是强化意外险精算监管，建立与赔付情况挂钩的费率调节机制和意外险定价定期回溯机制。二是加大信息披露力度，具体可按照先个险后团险、先试点后全面的原则分阶段披露有关信息。三是报备佣金费率上限，引导降低意外险佣金费用水平，更好地让利于消费者。四是明确禁止强制搭售、捆绑销售等违规行为，强化监管问责力度。

（2）规范城乡居民大病保险业务经营管理

为落实《关于深化医疗保障制度改革的意见》，针对当前大病保险业务

① 自2022年1月1日起施行。《关于短期意外伤害保险产品管理有关问题的复函》（保监函〔2003〕1076号）、《关于加强航空意外保险管理有关事项的通知》（保监发〔2007〕94号）、《关于印发〈人身意外伤害保险业务经营标准〉的通知》（保监发〔2009〕91号）、《关于银行为信用卡客户赠送意外伤害保险有关问题的复函》（保监厅函〔2010〕34号）、《关于规范激活注册式意外险业务经营行为的通知》（保监寿险〔2010〕921号）及《关于意外险出单管理有关问题的复函》（保监寿险〔2010〕1066号）自本办法施行之日起废止。《关于人身保险伤残程度与保险金给付比例有关事项的通知》（保监发〔2013〕46号）第四条规定自本办法施行之日起停止执行。

经营管理中的问题和困难，银保监会整合原《保险公司城乡居民大病保险业务管理暂行办法》（保监发〔2013〕19号）以及2016年印发的五项大病保险相关制度，于2021年5月21日发布《保险公司城乡居民大病保险业务管理办法》（银保监发〔2021〕12号）①，构建起了覆盖大病保险承办全流程、全环节的监管体系，同时融合了保险业承办大病保险以来积累的好做法、好经验。重点包括：一是保险公司要按照长期健康保险的经营标准完善组织架构，特别是要建立健康保险事业部，同时健全规章制度、加强人员配备，提升专业经营和服务水平。二是明确保险公司与政府开展大病保险项目清算的要求，完善大病保险业务单独核算的要求。三是强化公司主体责任。

（3）规范互联网人身保险业务经营管理

互联网保险近些年来发展迅速，已成为保险销售的重要渠道之一，但同时也存在部分保险机构违规经营、不当创新，严重损害消费者权益的问题。为规范互联网保险市场秩序，银保监会于2020年12月14日修订发布《互联网保险业务监管办法》（中国银行保险监督管理委员会令2020年第13号），并于2021年10月22日发布《关于进一步规范保险机构互联网人身保险业务有关事项的通知》（银保监办发〔2021〕108号）②，作为《互联网保险业务监管办法》的配套规范性文件，细化完善《互联网保险业务监管办法》中提及的互联网人身保险业务相关监管规则。主要内容包括：一是详细规定了保险公司（不包括互联网保险公司）开展互联网人身保险业务应具备的条件。二是限定互联网人身保险产品范围，明确保险公司申请审批或备案互联网人身保险产品的要求。三是规定开展互联网人身保险业务的保险公司应当建立健全业务回溯机制，履行相应的信息披露义务。

（4）规范短期健康保险业务经营管理

为规范保险公司短期健康保险经营管理行为，银保监会于2021年1月

---

① 自发布之日起施行。《中国保监会关于印发〈保险公司城乡居民大病保险业务管理暂行办法〉的通知》（保监发〔2013〕19号）和《中国保监会关于印发〈保险公司城乡居民大病保险投标管理暂行办法〉等制度的通知》（保监发〔2016〕86号）同时废止。

② 自印发之日起实施，此前规定与本通知不符的，以本通知为准。

11日发布《关于规范短期健康保险业务有关问题的通知》（银保监办发〔2021〕7号），对短期健康保险的经营管理提出以下要求：一是在保险条款中，关于保险期间、保费交纳、保险金额等关键信息的表述应当清晰、明确、无歧义，包含续保责任的，应在保险条款中明确表述“不保证续保”，以避免与长期健康保险混淆，同时应以医疗费用实际发生水平、经验数据为基础，科学合理确定产品价格、产品费率、免赔额、赔付比例和保险金额等关键条款。二是保险公司应采用未满期净保费计算方法计算短期健康保险的最低现金价值，加强对短期健康保险的销售、核保、理赔管理，禁止强制搭售其他保险产品，并应当充分履行对包括“短期健康保险产品投保须知书”在内的条款的解释义务。三是保险公司应履行半年度、年度以及停售情况的信息披露义务。

（5）规范城市定制型商业医疗保险业务经营管理

为规范城市定制型商业医疗保险业务相关经营行为，应对部分承保公司业务经验、风控能力不足，服务水平参差不齐等问题，银保监会于2021年6月2日发布《关于规范保险公司城市定制型商业医疗保险业务的通知》（银保监办发〔2021〕66号），要求保险公司压实主体责任，按照商业保险经营规律和市场化原则，科学合理制定保障方案，同时强调将重点查处低价恶性竞争、虚假宣传等违规行为。

（6）规范保险公司参与长期护理保险制度试点服务

自2016年6月我国开展长期护理保险制度试点以来，保险市场总体运行平稳，取得了一定成效，为建立全国性长期护理保险制度积累了经验。为进一步规范保险公司参与长期护理保险制度试点的经营服务行为，助力长期护理保险制度稳健运行，银保监会于2021年5月28日发布《关于规范保险公司参与长期护理保险制度试点服务的通知》（银保监办发〔2021〕65号），重点规定了保险公司参与长期护理保险制度试点服务应具备的内部管理机制体系以及资质条件，要求保险公司强化经营风险管控、完善信息系统、注重护理机构管理、压实市场主体责任，强调将重点查处投标过程中弄虚作假等严重影响项目正常运行的问题。

2. 财产险

截至2021年，于2010年修订发布的原《财产保险公司保险条款和保险费率管理办法》（中国保险监督管理委员会令2010年第3号）已适用了11年，出现了滞后于保险市场发展、产品监管体制机制不适应等问题。因此，银保监会于2021年8月26日修订发布《财产保险公司保险条款和保险费率管理办法》（中国银行保险监督管理委员会令2021年第10号）[①]，进一步规范财产保险公司条款开发和费率厘定行为，明确保险条款和保险费率的审批和备案机制，同时要求财产保险公司加强相关管理机制建设。

3. 再保险

为规范再保险业务经营，推动再保险市场高质量发展，银保监会于2021年7月29日修订发布《再保险业务管理规定》（中国银行保险监督管理委员会令2021年第8号，以下简称"8号《规定》"）[②]。8号《规定》借鉴了银保监会在2019年的《再保险市场调查研究报告》中揭示的问题和建议，同时采纳了国际保险监督官协会对我国再保险市场监管政策提出的意见，强调保险应当回归本源，保险公司应正确使用再保险工具。8号《规定》主要修订内容包括以下几个方面。

一是要求严肃使用再保险工具。近年来，部分直接保险（以下简称"直保"）公司为规避监管，不规范地使用再保险工具，如为规避车险"阈值监管"而开展相互分保、分保至境外不合规的再保险机构等，扰乱了再保险市场秩序。为规范保险公司严肃使用再保险工具，8号《规定》明确列示再保险在保险公司风险管理和资本战略管理中的作用，要求保险公司和保险集团公司的管理层对再保险使用承担直接责任，从而引导再保险发挥价格传导和周期平抑作用，促使再保险回归"保险的保险"的核心定位。

---

① 自2021年10月1日起施行。原中国保险监督管理委员会2010年2月5日发布的《财产保险公司保险条款和保险费率管理办法》（中国保险监督管理委员会令2010年第3号）同时废止。

② 自2021年12月1日起施行。《再保险业务管理规定》（中国保险监督管理委员会令2010年第8号）同时废止。

二是要求规范再保险秩序，对直保公司分入业务进行监管。再保险的本质是风险分散手段，而不是直保公司盈利的工具，但部分直保公司不规范开展分入业务，甚至把分入业务作为盈利工具和收入来源，严重影响了再保险市场秩序。8号《规定》要求直保公司开展分入业务的，应当在机构配置、人员配置、业务系统和年度计划等方面满足相应的条件，明确再保险服务直保的职能。

三是通过关联交易规范直保公司做分入业务。部分保险集团的子公司之间通过再保险关联交易，转移利润、规避监管，虚假扩大了再保险市场总量，损害了真实性监管和再保险市场秩序。因此，8号《规定》要求保险公司在与关联企业进行再保险交易时，应当遵循市场化原则确定再保险价格与条件，不得利用再保险转移利润、逃避税收。

四是明确预约分保属性，限制直保公司做分入业务。根据监管规定，合约分保业务的首席再保人和做合约分入业务的保险公司必须具备相应的评级，但多数直保公司没有评级，而预约分保在2021年以前没有明确的监管规则、未被明确归入合约分保业务或临时分保业务，因此部分直保公司以预约分保的形式经营合约分保业务，以达到规避监管的目的。鉴于此，8号《规定》定义临时分保为“逐保单办理再保险”，将临时分保与预约分保区分开来，强调“不得以临时分保名义变相经营合约分保业务”。

五是要求按照银保监会的规定办理再保险。我国再保险市场起步晚，发展不够成熟，分保率低，有关再保险交易规则主要参考西方发达国家相关规则，分出公司对再保人的选择不够审慎。对此，8号《规定》要求保险公司按照银保监会的规定办理再保险，承接我国再保险分出业务的再保人须符合银保监会相关要求（经过再保险登记系统审核）。

六是对分保至境外再保人的再保险业务进行监管。2020年，我国财产再保险分保至境外再保人的业务占比约为1/3，有650家离岸再保人参与我国再保险业务，境外再保人破产或违约等信用风险事件将对我国再保险市场分出人造成较大的损失，但当前我国再保险登记系统比较初级、简陋，并不能识别离岸再保人偿付信息、财务信息的真实性。为有效控制境外分出风险，8 号《规定》要求保险公司开展境外分出业务的，应当建立境外分出业务监测制度，每半年对分出至境外的再保险业务的信用风险和流动性风险进行分析，分析报告应当经公司总经理审核确认，这也为进一步开展离岸业务监管提供了实践经验。

七是从多方面提高再保险交易质量。相比直保市场，再保险交易质量不高，主要体现为资金结付慢、合同签订慢、临时分保合同不规范、档案管理不规范等，相关法律纠纷时有发生。8 号《规定》对再保险交易的合同签订、资金结付和再保档案管理等方面做出要求，以提高再保险交易结算速度以及再保险合同文本尤其是临时分保条款的规范性，同时规范分出公司的再保险档案管理。

八是支持再保人获取信息。因一直依赖分出人，再保人对业务信息掌握的精细度和颗粒度不够，严重影响了再保人研发新产品和对产品进行精算管理。8 号《规定》增加了分出人和保险中介机构的信息告知义务，并对告知方式进行明确规定，有利于再保人获得更多与保险业务有关的信息，便于风险定价、产品开发。

九是对临时分保的办理时效提出要求。当前，部分分出人办理临时分保业务不规范，甚至在原保单签订后才办理临时分保，增加了再保险交易的道德风险，也不符合再保险的最大诚信原则。8 号《规定》要求分出人应当在承保前完成临时分保安排，杜绝了部分临时分保倒签单，也杜绝了部分分出人不规范操作影响再保人利益。

十是加强再保险安全性管理。从国际再保险监管实践看，主要国家和地区均把再保险安全性管理作为一项重要的监管内容。此次修订结合我国再保险市场实际情况，借鉴国际经验，要求财产险分出人每一危险单位分给同一家再保人的总比例，不得超过分出人承保直保合同保险金额或者责任限额的 80%，防范交易对手风险，同时要求保险人建立再保险业务流动性风险管理制度，加强对再保险应收款项的管理。

4. 消费者权益保护

金融消费者权益保护（以下简称“消保”）是近年来银保监会高度重

视的工作之一，银保监会不断加强整治侵害消费者权益的乱象，推动银行保险机构不断完善消保工作机制、加大消保力度，使得消保工作取得了很大成效。但当前随着金融市场规模的扩大、市场主体不断多元化以及金融创新加快，很多新的业务和新的问题不断涌现，对消保工作提出了挑战。因此，为进一步完善行为监管工具箱，督促机构落实主体责任，银保监会于 2021 年 7 月 16 日发布《银行保险机构消费者权益保护监管评价办法》（银保监发〔2021〕24 号）①，该办法适用于在中国境内依法设立的向消费者提供金融产品或服务的银行保险机构，对消保监管评价的评价要素和等级、职责分工和操作流程、评价结果及运用、组织保障和工作要求做出全面规范。消保监管评价结果分为四个等级，等级越高的机构存在的问题越多。对于评价结果为四级的机构，除可采取针对二、三级机构的监管措施外，如果整改措施不力或到期仍无明显整改效果，还可依法在开办新业务、增设分支机构等方面采取相关监管措施。

（二）强化保险机构公司治理监管

1. 颁布《银行保险机构公司治理准则》

近年来，银保监会高度重视对银行保险机构的公司治理监管，将健全公司治理作为银行保险机构监管的重要着力点。2020 年，银保监会发布《健全银行业保险业公司治理三年行动方案（2020-2022 年）》；2021 年 6 月 8 日，作为落实该行动方案的重要举措之一，银保监会印发《银行保险机构公司治理准则》（银保监发〔2021〕14 号）②，对银行保险机构公司治理机制的优化完善提出了具体要求。该准则吸收整合了我国现有监管规则和国际

① 自公布之日起施行。《中国银监会关于印发银行业金融机构消费者权益保护工作考核评价办法（试行）的通知》（银监发〔2014〕37 号）与《关于印发〈保险公司服务评价管理办法（试行）〉的通知》（保监发〔2015〕75 号）同时废止。

② 自发布之日起施行。《商业银行公司治理指引》（银监发〔2013〕34 号）、《关于规范保险公司治理结构的指导意见（试行）》（保监发〔2006〕2 号）同时废止。本准则施行前中国银保监会、原中国银行业监督管理委员会、原中国保险监督管理委员会发布的其他监管规定与本准则相冲突的，以本准则为准。

良好经验，进一步明确了银行保险机构各治理主体的职责，规范董事、监事和高级管理人员的选任和履职要求，强调董事会、监事会和高管层的协调运营，并首次在监管制度层面提出实现国有机构党的领导与公司治理的有机融合。

2. 规范大股东行为

银行保险机构股东，特别是大股东规范行使股东权利、履行股东义务，是银行保险机构健康运营的重要条件。但近年来，少数银行保险机构大股东滥用股东权利，严重损害了中小股东及金融消费者的合法权益。对此，银保监会于 2021 年 10 月 14 日发布《银行保险机构大股东行为监管办法（试行）》（银保监发〔2021〕43 号，以下简称“43 号《办法》”）[①]，强化对银行保险机构大股东行为的规范约束，维护银行保险机构的稳健经营。

43 号《办法》对银行保险机构大股东的持股行为、治理行为、交易行为、责任义务进行了规范。一是在持股行为方面，强调大股东应当以自有资金入股，股权关系真实、透明，进一步规范交叉持股、股权质押等行为。43 号《办法》禁止大股东与银行保险机构直接或间接交叉持股（国务院另有规定的除外）。二是在治理行为方面，呼应《银行保险机构公司治理准则》，鼓励支持银行保险机构把党的领导与公司治理有机融合；强调大股东应当通过公司治理程序正当行使股东权利，严禁违规对银行保险机构进行不正当干预或限制；大股东应当审慎行使董事提名权，并加强对其提名的董事和监事的履职监督，及时调整不能有效履职的人员；除独资银行保险机构、监管部门认定处于风险处置和恢复期的银行保险机构以及大股东为中管金融企业的三类机构以外，大股东及其所在企业集团的工作人员原则上不得兼任银行保险机构的高级管理人员。43 号《办法》的上述要求致力于维护银行保险机构的独立性。三是在交易行为方面，严禁大股东通过与银行保险机构进行不当关联交易或利用其对银行保险机构的影响力获取不正当利益，大股东和银行保险机构都应加强关联交易管理，履行相应的报告和披露义务。四是在责

① 自公布之日起施行。

任义务方面，大股东应严格履行信息报送义务，并在银行保险机构编制实施资本中长期规划、资本补充、特殊情况下减少或不进行现金分红方面给予支持。同时，43号《办法》要求大股东应当就有关责任义务出具书面承诺，并积极履行承诺事项，与之相配合，银保监会于2021年9月出台《关于进一步加强银行保险机构股东承诺管理有关事项的通知》（银保监办发〔2021〕100号），对股东承诺管理工作提出了具体要求。

对于银行保险机构的责任义务，43号《办法》进一步压实明确了董事会、董事长和董事会秘书的股权管理责任，要求机构加强关联交易管理和风险隔离，定期开展大股东信息核实和股权管理评估工作。

3. 健全银行保险机构董事监事履职评价机制

针对目前存在的不少保险机构董事监事履职不尽责、不规范，甚至违法违规的问题，银保监会在借鉴吸收国际良好实践经验和国内有益探索的基础上，于2021年5月31日发布《银行保险机构董事监事履职评价办法（试行）》（中国银行保险监督管理委员会令2021年第5号，以下简称《评价办法》）①，优化完善银行保险机构董事监事履职评价机制，提升董事监事履职的规范性和有效性。发布《评价办法》的目的不为评优，而是规范董事监事履职行为，在评价结果上也不设置优秀或良好等类别，最高为称职，最低为不称职，银行保险机构应当按照董事监事履职的最低要求明确其工作职责。《评价办法》规定监事会对董事监事履职评价工作承担最终责任，明确董事监事履职评价内容和评价重点，强调对董事监事履职评价的闭环管理，要求银行保险机构对董事监事履职情况开展年度评估，对"基本称职"董事监事组织会谈并提出限期改进要求，对"不称职"董事监事问责等。

4. 调整董事、监事和高级管理人员任职资格管理机制

保险公司董事、监事、高级管理人员的专业水平、风险管控能力和合规意识极大地影响着保险公司的业务运营和风险管理。为优化保险公司董

① 自2021年7月1日起施行。《商业银行董事履职评价办法（试行）》（中国银行业监督管理委员会令2010年第7号）同时废止。此前有关银行保险机构董事监事履职评价的规定与本办法不一致的，按照本办法执行。

事、监事和高级管理人员的选拔任用机制，银保监会于2021年6月21日修订发布《保险公司董事、监事和高级管理人员任职资格管理规定》（中国银行保险监督管理委员会令2021年第6号，以下简称“6号《规定》”）①，规定了对保险公司上述人员的任职资格条件、任职资格进行核准以及监督管理。

6号《规定》主要包括以下修订内容：一是调整任职资格审批要求，将部分职位由任职资格审批改为报告管理，部分职位不再作为“高级管理人员”进行任职资格审批。二是调整任职资格条件。保险公司董事、监事和高级管理人员应当具有大学本科以上学历或者学士以上学位，调整保险公司总经理、董事会秘书的任职资格条件，明确保险公司总精算师、合规负责人、财务负责人、审计责任人的任职资格条件。三是调整任职资格核准程序。为配合6号《规定》实施，银保监会同日印发《关于加强保险公司省级分公司以下分支机构负责人管理的通知》（银保监办发〔2021〕74号），明确了相关人员报告管理制度。

5. 建立完善绩效薪酬追索扣回机制

为充分发挥绩效薪酬在银行保险机构经营管理中的导向作用，银保监会根据现有银行保险机构薪酬管理要求，于2021年2月5日发布《关于建立完善银行保险机构绩效薪酬追索扣回机制的指导意见》（银保监办发〔2021〕17号），对银行保险机构建立完善绩效薪酬追索扣回机制提供指导：要求银行保险机构结合自身实际情况建立绩效薪酬追索扣回制度，健全劳动合同，约定双方关于绩效薪酬追索扣回的权利义务以及争议的处置途径，并详细规定了银行保险机构可追索扣回高级管理人员、关键岗位人员以及其他责任人员的绩效薪酬的具体情形，以促进薪酬激励与风险调整后的业绩相匹配，防范激进经营行为和违法违规行为。

---

① 自2021年7月3日起施行。《保险公司董事、监事和高级管理人员任职资格管理规定》（保监会令〔2010〕2号，根据保监会令〔2014〕1号第1次修改，根据保监会令〔2018〕4号第2次修改）和《保险机构董事、监事和高级管理人员任职资格考试管理暂行办法》（保监发〔2016〕6号）同时废止。

（三）加强保险公司风险管理

1. 进一步完善偿付能力监管机制

2021 年 12 月 30 日，银保监会发布《保险公司偿付能力监管规则（Ⅱ）》（银保监发〔2021〕51 号，以下简称“规则Ⅱ”），标志着 2017 年 9 月启动的偿二代二期工程顺利完成。相比 2015 年颁布的规则，规则Ⅱ进行了全面的优化升级，主要体现为引导保险业回归保障本源、专注主业，促进保险业增强服务实体经济质效，有效防范和化解保险业风险，落实扩大对外开放决策部署，强化保险公司风险管控能力，引导培育市场约束机制。规则Ⅱ的发布对推动保险业高质量发展具有重要意义。规则Ⅱ在 2015 年颁布的规则的基础上新增了市场风险和信用风险的穿透计量（7 号规则）、资本规划（14 号规则）以及劳合社保险（中国）有限公司（20 号规则）等 3 项规则，由 17 项监管规则增至 20 项。规则Ⅱ对三大支柱监管体系的主要修订包括：一是对于第一支柱定量资本要求，严格资本认定标准，夯实保险公司资本质量；实施穿透监管，准确识别和计量保险公司投资风险；强化保险风险监管，科学反映保险公司风险状况；完善财务再保险监管标准，补齐监管短板；完善长期股权投资的监管标准，引导保险公司审慎投资；完善利率风险计量方法，引导保险公司优化资产负债匹配管理；完善再保险交易对手违约风险计量框架，进一步优化对外开放监管政策；全面校准风险因子，及时反映保险业风险变化。二是对于第二支柱定性监管要求，优化风险综合评级（IRR）评价标准，科学反映保险公司实际风险；完善偿付能力风险管理要求（SARMRA），优化风险管理能力评估标准；优化流动性评价标准和指标，全面监管流动性风险；明确资本规划监管要求，增强资本管理前瞻性。三是对于第三支柱市场约束机制，继续提升市场透明度，充分发挥各方约束作用；提高偿付能力信息公开披露要求；提升信息透明度，充分发挥相关方的监督约束作用。

对于保险机构偿付能力监管机制优化，在规则Ⅱ正式颁布之前，为统一偿付能力监管标准，加强保险公司偿付能力监管，银保监会吸收偿二代建设成果以及监管实践中好的经验做法，先于2021年1月25日发布了修订后的《保险公司偿付能力管理规定》（以下简称《规定》）①。原《规定》制定于2008年，截至2021年，已实施13年。在这13年间，偿二代于2016年正式实施。13年间保险市场的快速发展以及保险监管政策的更新迭代，导致原《规定》已滞后于实际情况，不能满足现有监管需求。因此，银保监会对原《规定》进行了修订。

修订后的《规定》相比原《规定》做了很多优化完善，主要包括：一是明确规定偿付能力监管的三支柱框架体系。二是将偿付能力监管指标由原《规定》单一的偿付能力充足率扩展为核心偿付能力充足率、综合偿付能力充足率、风险综合评级三个有机联系的指标（见表1）。

三是强化保险公司偿付能力管理的主体责任，要求保险公司建立健全偿付能力风险管理的组织架构、管理制度和机制，建立偿付能力数据管理制度和机制，制定三年滚动资本规划等。四是明确保险公司偿付能力信息公开披露和监管部门偿付能力信息发布要求，进一步提升信息透明度，强化市场约束作用。五是强化偿付能力监督检查，加大偿付能力现场检查力度。

表1　偿付能力监管指标变化

原《规定》		修订后的《规定》（同时满足）	
偿付能力充足率	100%	核心偿付能力充足率	50%
		综合偿付能力充足率	100%
		风险综合评级	B级

2. 加强声誉风险管理

2008年金融危机后，声誉风险管理逐渐成为风险管理的重要内容。原银监会、原保监会分别于2009年和2014年出台的专项声誉风险管理指引已不能完全适应新形势、新变化。对此，银保监会于2021年2月18日修订发布《银

① 自2021年3月1日起施行。《保险公司偿付能力管理规定》（中国保险监督管理委员会令2008年第1号）同时废止。

行保险机构声誉风险管理办法（试行）》（银保监发〔2021〕4号）[①]，指导银行保险机构加强声誉风险管理。主要修订内容包括：一是更加全面精准地定义声誉风险，新增“从业人员行为”为声誉风险诱因，单独提出将“社会公众”和“媒体”作为声誉评价主体，从内外两个维度说明声誉风险的危害。二是首次明确声誉风险管理“前瞻性、匹配性、全覆盖、有效性”四项重要原则，统领性和导向性更强。三是从上到下搭建和完善银行保险机构声誉风险管理的组织机构，首次提出国有、国有控股银行保险机构中的党组织应在声誉风险管理中发挥领导作用，明确董事、监事、高级管理人员各自的责任权属，压实第一责任人管理职责，并规定了牵头部门和其他相关部门、人员的职责，避免落实“打折扣”和“两张皮”。四是从全流程管理和常态化建设两个维度提出监管要求，强调各机构要做好事前评估、事中应对和事后修复的闭环管理。《银行保险机构声誉风险管理办法（试行）》对原《保险公司声誉风险管理指引》做了诸多细化和补充，体现了越来越全面、细致、深入、不断强化问责和处罚的监管思维和趋势。

3. 制定恢复和处置计划

2008年金融危机以后，恢复和处置计划便被国际金融监管机构和主要经济体视为防范和控制金融机构经营失败的负外部性和道德风险，实现有序处置风险的重要措施。我国金融监管部门近年来指导多家银行保险机构制定和更新了恢复和处置机构，并陆续出台了比较原则、相对分散的监管要求。为强化银行保险机构审慎经营的理念，同时补齐监管制度短板，提高监管统一性和一致性，银保监会于2021年6月9日发布《银行保险机构恢复和处置计划实施暂行办法》（银保监发〔2021〕16号）[②]，规定了恢复和处置计划的主要内容以及实施流程。该办法贯彻了四项原则：一是依法有序。强调有序进行恢复和处置，保障社会公众利益，维护金融稳定，明确规定恢复和处置计划应按照法定权限及程序进行制定与实施，要求重点评估处置机制和

---

① 自印发之日起执行。《商业银行声誉风险管理指引》（银监发〔2009〕82号）和《保险公司声誉风险管理指引》（保监发〔2014〕15号）同时废止。

② 自发布之日起施行。以前发布的相关办法中与本办法不一致的，按照本办法规定执行。

处置工具是否合法可行。二是自救为本。严格限制公共救助，强调恢复和处置计划应坚持使用机构自有资产、股东救助等市场化渠道筹集资金开展自救，从而强化银行保险机构风险防范化解的主体责任和股东责任，有效防范道德风险。三是审慎有效。坚持问题导向，注重恢复和处置计划的实用性和可操作性。四是分工合作。强调落实风险处置中各方责任，形成协同合力，增强恢复和处置计划的执行效率。

4. 修订非寿险业务准备金管理制度

2005 年，保监会颁布《保险公司非寿险业务准备金管理办法（试行）》（中国保险监督管理委员会令 2004 年第 13 号，以下简称“原《办法》”），此后陆续出台了一系列配套的规范性文件。由于原《办法》的制定时间很早，财险行业关于准备金计提的内外部环境发生了较大改变，其中的一些规定已不能完全适应当前的相关要求和市场变化，需要进行系统性的修订。因此，银保监会借鉴现有监管实践经验，于 2021 年 10 月 27 日修订发布《保险公司非寿险业务准备金管理办法》（中国银行保险监督管理委员会令 2021 年第 11 号，以下简称“新《办法》”）①。新《办法》重点修订内容包括：一是明确统一口径，与会计准则及偿付能力监管规定协调统一。2009 年，银保监会出台《关于保险业做好〈企业会计准则解释第 2 号〉实施工作的通知》（以下简称《2 号解释》），2016 年开始实施的偿二代监管制度中关于非寿险准备金的口径与《2 号解释》的规定一致，原《办法》与上述两项制度存在差异。新《办法》新增赔付率法为未决赔款准备金、理赔费用准备金精算评估可采用的方法，强调保险公司提取的各项非寿险准备金应包含风险边际、考虑货币时间价值，与会计准则及偿付能力监管规定的口径做到了协调统一。新《办法》删除了原《办法》中的准备金报告章节，并将其另作细则发布。二是增加对保险公司准备金的内控管理、监督管理和法律责任方面的内容，补齐非寿险业务准备金监管制

① 自 2021 年 12 月 1 日起施行。原中国保险监督管理委员会发布的《保险公司非寿险业务准备金管理办法（试行）》（中国保险监督管理委员会令 2004 年第 13 号）同时废止。

度的短板。

5. 关注信息科技风险管理

近年来，银行保险机构纷纷走向数字化转型之路，科技赋能正在重构行业的生态体系和商业模式。为了适应迅速增长的业务需求，银行保险机构在加强自身信息科技队伍建设的同时，普遍采用信息科技外包来推动业务转型发展，以控制成本、提升专业化程度。但与此同时，信息科技外包也成为银行保险机构当前的风险多发领域，引起监管部门的高度重视。2021 年 12 月 31 日，银保监会印发《银行保险机构信息科技外包风险监管办法》（银保监办发〔2021〕141 号，以下简称“141 号《办法》”）①，进一步加强对银行保险机构信息科技外包活动的监管约束。141 号《办法》对银行保险机构开展信息科技外包工作，做出如下要求：一是明确开展信息科技外包的原则，强调不得将信息科技管理责任、网络安全主体责任外包，业务外包应以不妨碍核心能力建设、积极掌握关键技术为导向。二是建立信息科技外包管理体系、制定信息科技外包战略，将信息科技外包风险纳入全面风险管理体系，并对其实行差异化管控，明确不能外包的职能。141 号《办法》规定涉及信息科技战略管理、风险管理、内部审计以及其他有关信息科技核心竞争力的职能不能外包。三是做好外包准入管控，明确外包服务提供商的准入标准，对重要外包的备选服务提供商进行尽职调查，同时信息科技外包合同应包含 141 号《办法》要求的必备条款。四是加强对信息科技外包的监控评价、风险管理，履行向监管部门报告重大外包合同和重大风险事件的义务。

此外，针对部分保险中介机构的信息化能力和水平滞后于其业务发展和合规要求的问题，为促进保险中介机构加强信息化建设、提高经营管理水平，银保监会于 2021 年 1 月 12 日修订发布《保险中介机构信息化工作监管

① 自公布之日起施行。《银行业金融机构信息科技外包风险监管指引》（银监发〔2013〕5 号）、《中国银监会办公厅关于加强银行业金融机构信息科技非驻场集中式外包风险管理的通知》（银监办发〔2014〕187 号）及《中国银监会办公厅关于开展银行业金融机构信息科技非驻场集中式外包监管评估工作的通知》（银监办发〔2014〕272 号）同时废止。

办法》（银保监办发〔2021〕3号）[①]，对保险中介机构的信息化工作提出了"安全性、可靠性和有效性相统一，技术路线与业务发展方向相一致，信息系统与管理需求相匹配"的原则，并对保险中介机构信息化工作的基本要求、信息系统建设以及信息安全管理等方面做出详细规定。

6. 允许境内保险公司在香港市场发行巨灾债券分散巨灾风险

为增加巨灾风险分散路径，2021年9月27日，银保监会发布《关于境内保险公司在香港市场发行巨灾债券有关事项的通知》（银保监办发〔2021〕102号）[②]，允许保险公司通过特殊目的保险公司在香港市场发行巨灾债券以转移巨灾风险损失。该通知规定了在香港设立的特殊目的保险公司应满足的条件，并且强调特殊目的保险公司作为境外再保人，应当在中国再保险登记系统中登记，登记后即可自动进入合约首席及最大份额接受人有效清单。

（四）推进保险资金市场化运用

1. 明确保险资金投资公开募集基础设施证券投资基金规则

保险资金具有期限长、规模大、来源稳定等特性，其运用十分注重安全性，而基础设施证券投资基金项目运营周期较长，强制派息分红，信息透明度高，与股票、债券的相关性较低，有利于分散风险，因此基础设施证券投资基金的风险收益特征能够较好地匹配保险资金运用需求。此前，银保监会已就保险资金投资基础设施证券投资基金开展了试点。为进一步建立健全保险资金投资基础设施证券投资基金机制，银保监会于2021年11月17日发布《关于保险资金投资公开募集基础设施证券投资基金有关事项的通知》（银保监办发〔2021〕120号），在制度层面明确投资规范和监管规则，包括保险机构投资基础设施证券投资基金的资质要求、投资标的条件等。

---

① 自2021年2月1日起施行，《关于加强保险中介机构信息化建设的通知》（保监发〔2007〕28号）同时废止。

② 《中国保监会关于实施再保险登记管理有关事项的通知》（保监发〔2015〕28号）与本通知不符的，以本通知为准。

2. 允许保险资金参与证券出借业务

2021 年 12 月 3 日，银保监会发布《关于保险资金参与证券出借业务有关事项的通知》（银保监办发〔2021〕121 号），允许保险资金参与证券出借业务。主要内容包括：一是规定在内部审批流程上，保险机构决定参与证券出借业务应当经董事会审议通过，并形成书面决议。二是明确参与证券出借业务的保险机构在偿付能力充足率、风险综合评级、资产负债管理能力评估等方面应具备的资质。三是严控保险机构参与证券出借业务的交易对手资质。四是限制出借证券数量比例，并且规定保险机构参与境内债券出借和境外证券出借业务的，应当要求证券借入人提供有价证券作为担保物。五是要求保险机构加强对证券出借业务的风险管理、关联交易管理、信息报告以及重大风险事件管理等。

3. 调整保险资金投资债券信用评级要求

为拓宽保险资金投资债券范围，优化保险资产配置，银保监会于 2021 年 11 月 19 日发布《关于调整保险资金投资债券信用评级要求等有关事项的通知》（银保监办发〔2021〕118 号）①，取消保险资金可投金融企业（公司）债券的白名单要求和外部信用评级要求，规定不同风险特征的保险公司可投非金融企业（公司）债券的外部信用评级要求，明确投资 BBB 级（含）以下债券的集中度要求和投资债券的大类比例核算要求。该通知的实施有利于扩大保险机构自主决策空间，并降低监管对外部信用评级的依赖。

4. 修改保险资金运用领域部分规范性文件

近年来，保险资金运用监管法规体系也不断完善，相关规章和规范性文件已达 90 余项，涉及资产负债管理等多个领域。但随着我国保险资管市场的飞速发展和金融创新步伐的加快，其中部分监管规则已滞后于监管需求和市场实际。因此，银保监会对保险资金运用领域的规范性文件进行统一梳理，于 2021 年 12 月 17 日发布《关于修改保险资金运用领域部分规范性文

① 《保险资金投资债券暂行办法》（保监发〔2012〕58 号）第九条及第十条第（一）、（二）、（三）款不再执行。

件的通知》（银保监发〔2021〕47号），对《保险公司股票资产托管指引（试行）》（保监发〔2005〕16号）等14项规范性文件进行修改，增强市场主体的投资自主权，加大对非标产品投资风险的防范力度。

（五）进一步规范保险市场准入管理

1. 整合优化银行保险机构许可证管理规则

《银行保险机构许可证管理办法》颁布前，银保监会向银行保险机构颁发的许可证种类较多，各类许可证记载事项、管理要求等存在差异，银行保险机构在许可证的使用管理方面也存在一些问题。因此，为统一监管要求，加强银行保险机构许可证管理，银保监会于2021年5月7日修订发布《银行保险机构许可证管理办法》（中国银行保险监督管理委员会令2021年第3号）①。主要内容包括：一是将许可证整合为金融许可证、保险许可证和保险中介许可证三个类型，并明确各类许可证的适用对象。二是明确许可证新领、换领、重领、缴回的具体流程和要求。三是规定银行保险机构对许可证的管理、公告和公示要求，禁止任何单位和个人伪造、变造、转让、出租、出借银行保险机构许可证。《银行保险机构许可证管理办法》特别强调了银行保险机构的公示、公告义务，以进一步保护金融消费者知情权。

2. 完善保险中介行政许可及备案机制

为提高保险中介行政许可及备案工作效率，银保监会整合现有相关监管规则，于2021年11月5日发布《保险中介行政许可及备案实施办法》（中国银行保险监督管理委员会令2021年第12号）②，规定了经营保险代理业务许可、经营保险经纪业务许可、保险中介集团（控股）公司经营保险中介业务许可以及经营保险公估业务备案的申请人及其申请人股东应符合的条件，申请人应提交的材料，行政许可审批和备案流程，以及担任保险代理机构、保险经纪机构高级管理人员应具备的资质和任职资格核准流程。该办法

---

① 自2021年7月1日起施行，《金融许可证管理办法》（银监会令2007年第8号修订）和《保险许可证管理办法》（保监会令2007年第1号）同时废止。

② 自2022年2月1日起施行。

开启了自2018年8月以来暂停的保险中介拍照审批制度，促使保险中介市场准入更加制度化、规范化。

3. 优化保险公司分支机构市场准入规则

为进一步提高保险公司分支机构准入管理科学化、规范化水平，引导保险公司合理有序设置分支机构，银保监会于2021年9月13日修订发布《保险公司分支机构市场准入管理办法》（银保监发〔2021〕37号）①，明确规定了保险公司分支机构新设、改建、变更营业场所以及撤销的条件、工作流程、应提交的审批材料以及行政许可程序，对原保险公司分支机构市场准入规则做了进一步优化。

4. 扩大对外开放

近年来，我国保险市场不断加大对外开放力度。2001年，《外资保险公司管理条例》（以下简称《条例》）公布，规定外资保险公司的外方股东只能是外国保险公司；2019年5月，经党中央、国务院批准，外国保险集团公司、境外金融机构可成为外资保险公司股东；2019年12月6日，银保监会取消合资寿险公司的外资比例限制。因此，作为《条例》配套制度的原《中华人民共和国外资保险公司管理条例实施细则》已与现行规范有所出入。为统一监管规则，银保监会于2021年3月19日发布《关于修改〈中华人民共和国外资保险公司管理条例实施细则〉的决定》。一是取消外国保险公司入股合资寿险公司的比例限制。二是增加规定外国保险集团公司申请设立外资保险公司的条件和应提交的资料，其中为保障外资保险公司偿付能力水平，强调外国保险集团公司所属外国保险集团或者其主要保险子公司应当符合所在国家或者地区偿付能力标准。三是增加关于外商投资安全审查的原则性规定。

同时，在我国保险中介市场对外开放政策方面，银保监会于2021年12月17日印发《关于明确保险中介市场对外开放有关措施的通知》（银保监

---

① 自发布之日起施行。《保险公司分支机构市场准入管理办法》（保监发〔2013〕20号）、《中国保监会关于进一步加强人身保险监管有关事项的通知》（保监发〔2016〕113号）同时废止。

办发〔2021〕128号），大幅取消外资保险经纪公司的准入限制，进一步降低外资保险中介机构的准入门槛。

（六）完善保险集团公司监督管理规范

在我国保险市场上，保险集团及其所属保险公司占据着主导地位，因此对保险集团公司开展有效的监管从而提高对保险集团整体的监管效率，已逐渐成为监管趋势。针对保险集团公司的监管，原保监会于2010年3月发布《保险集团公司管理办法（试行）》（保监发〔2010〕29号，以下简称“原《办法》”），原《办法》是保险集团公司监管的基础性制度文件。但到了2021年，原《办法》已不能完全适应保险集团公司及保险集团的发展实际和监管需求，同时也与现行其他监管规定存在较大的不一致性。因此，银保监会于2021年11月30日，修订发布《保险集团公司监督管理办法》（中国银行保险监督管理委员会令2021年第13号，以下简称“新《办法》”）①，对保险集团公司监管机制做了全面的优化完善。此次修订重视与现行监管规则的一致性，同时也尽量保持原有制度架构的稳定性和延续性，重点针对非保子公司问题等近年来在保险集团公司发展和监管中出现的新情况和新问题进行修订。

新《办法》按照实质重于形式的原则，对保险集团公司实行全面、持续、穿透式的监督管理，全面规范了保险集团公司的设立和许可、经营规则、公司治理、风险管理、资本管理、非保子公司管理、信息披露以及监督管理等多方面的内容。其重点内容包括：一是在经营规则方面，强调保险集团公司的业务应以股权投资及管理为主，开展重大股权投资时应当使用自有资金，并对保险集团公司可投资企业类型以及投资非保险类企业、境外主体的比例做出限制，避免保险集团公司盲目扩张、增大经营风险。二是在公司治理方面，要求保险集团公司建立覆盖全集团的符合新《办法》要求的公

① 自公布之日起施行。原中国保险监督管理委员会发布的《保险集团公司管理办法（试行）》（保监发〔2010〕29号）同时废止。《保险集团并表监管指引》（保监发〔2014〕96号）规定与本办法不一致的，以本办法为准。

司治理框架，限制保险集团公司与其子公司的股权控制层级、禁止交叉持股、限制高级管理人员兼任，同时为了激励保险集团公司提升公司治理水平，对于符合要求的保险集团公司，豁免其保险子公司关于独立董事、董事会专门委员会方面的监管要求。三是在风险管理方面，要求保险集团公司建立与集团实际相适应的全面风险管理体系和风险预警机制，关注风险传染、组织结构不透明风险、集中度风险、非保险领域风险等集团特有风险，限制对外担保比例，加强集中度风险管理、防火墙体系建设、关联交易和内部交易管理、客户信息安全保护以及压力测试。四是在资本管理方面，要求保险集团公司建立健全覆盖整个集团的资本管理体系，包括资本规划机制、资本充足评估机制、资本约束机制以及资本补充机制。五是在非保子公司管理方面，纳入已失效的原《保险公司所属非保险子公司管理暂行办法》（保监发〔2014〕78 号）的相关要求，强调投资非保子公司应有利于发挥协同效应、促进保险主业发展，规范保险集团公司投资非保子公司的类型和方式，要求加强对非保子公司商标字号、外包的管理，履行相应的年度报告义务。六是在信息披露方面，要求保险集团公司在已有信息披露义务的基础上，增加对集团整体相关信息的披露。七是在监督管理方面，明确并表监管范围，进一步丰富监管手段。

三　2022年保险业监管展望

（一）继续深化保险业供给侧结构性改革

2021 年，银保监会对人身险、财产险和再保险的产品开发和业务经营监管都做了深入的优化改革。鉴于促进保险业高质量发展的政策前景，我国在 2022 年将继续深化保险业供给侧结构性改革，引导保险回归保障本源，满足人民群众多样化保障需求，更好地服务民生保障和经济社会发展。其中，人身险将仍然是监管部门重点关注和改革的领域，我国将会继续加大对大病保险等普惠保险的发展力度以及完善其经营、监管机制，满足人民健康保障需求。同时，监管机构也会持续关注保险产品创新中的风险合规问题，加强维护保险消费者合法权益。

（二）推进保险业科技化建设

随着保险市场规模的扩大、保险参与主体的增多，金融科技已成为保险机构创新产品、提升管理效能以及降低管理成本的重要手段之一，监管机构也越来越倾向于利用科技手段提高监管效率。从近年来发布的关于提升保险机构科技化水平的政策意见以及普遍见于各类监管规范中的关于加强保险机构信息系统建设的要求来看，未来监管机构将会进一步推进保险业科技化建设，鼓励支持保险机构通过金融科技创新产品服务、扩大保险保障范围，提升管理水平和消费者服务水平。但同时，科技发展中的风险也逐渐引起监管机构的重视，在发展科技的过程中，监管机构也会加强对于信息科技风险的监管。

（三）进一步优化保险资金运用机制

2021 年，我国不断扩大保险资金可投产品和可参与业务范围，逐步放松保险资金投资限制，以促进规模大、期限长、稳定性高的保险资金进入资本市场，助力经济领域尤其是重要民生领域的发展。未来，我国将进一步优化保险资金运用机制，大力推动保险资金服务经济发展，同时保险资金运用“稳”的基调不会变，因此监管机构也会同步加强对保险机构偿付能力、风险管理能力、投资管理能力的监管，以确保在放开保险资金投资范围的过程中，能够有效控制保险资金运用风险。

专栏：相互保/相互宝的生兴衰亡

2018 年 10 月 16 日，蚂蚁保险、芝麻信用以及信美人寿相互保险社（以下简称“信美人寿”）联合推出一款名为“信美人寿相互保险社相互保团体重症疾病保险”（以下简称“相互保”）的团体重症疾病保险，由蚂蚁会员（北京）网络技术服务有限公司作为投保人发起，信美人寿为保险人。用户加入相互保只需在规定日期分摊保障金和管理费，而无须提前缴纳保费。

2018年11月27日，蚂蚁金服发布公告，由于合作伙伴信美人寿被监管部门约谈，并指出其涉嫌违规，信美人寿不能继续销售相互保，蚂蚁金服在维持相互保基本规则的基础上，调整了分摊费用上限、管理费和成团条件，并将“相互保”改名为“相互宝”。2019年4月12日，银保监会正式对信美人寿在相互保开发和销售中的违规行为下达处罚决定。

2021年12月28日，相互宝发布公告，将于2022年1月28日24时停止运行。2022年1月28日，相互宝正式停运。

因为相互保/宝具有一定的重疾保障功能，消费者常会将相互保/宝与商业重疾险相混淆，但二者存在很大差异，我们在购买健康保障产品时，应加强识别。二者的具体差异如表2所示。

表2　相互保/相互宝与商业重疾险的差异

	相互保/相互宝	商业重疾险
产品定价	统一定价，每名会员每期分摊金额=（当期公示通过出险案件总保障金额+8%管理费）/公示时保障中会员人数	根据被保人的年龄、性别、健康状况等因素，进行差异化定价
给付主体	由参加的会员承担，会员的重大疾病风险通过分摊转移给其他会员	由保险公司承担，被保人的重大疾病风险转移给保险公司
准入机制	会员加入前需进行健康告知，但既未要求提供相应证明资料，也未对健康告知的真实性展开调查与核实	具有严格而完善的核保流程，一般情况下保险公司会要求被保人进行体检，通过核保后方可投保
刚性赔付	会员未来所能获得的互助金不确定，取决于实际分摊状况	获得的保障和给付是确定的，保险公司需刚性赔付

附　录

2021年保险业相关规章及规范性文件目录

序号	发布时间	文件名称	文号
1	1月11日	《关于规范短期健康保险业务有关问题的通知》	银保监办发〔2021〕7号
2	1月12日	《保险中介机构信息化工作监管办法》	—
3	1月12日	《人身保险公司监管主体职责改革方案》	银保监发〔2021〕1号
4	1月25日	《保险公司偿付能力管理规定》	中国银行保险监督管理委员会令2021年第1号
5	2月5日	《关于建立完善银行保险机构绩效薪酬追索扣回机制的指导意见》	银保监办发〔2021〕17号
6	2月18日	《银行保险机构声誉风险管理办法（试行）》	银保监发〔2021〕4号
7	2月24日	《关于再次延长保险公司跨京津冀区域经营备案管理试点有效期的通知》	银保监办发〔2021〕27号
8	3月19日	《关于修改〈中华人民共和国外资保险公司管理条例实施细则〉的决定》	中国银行保险监督管理委员会令2021年第2号
9	5月7日	《银行保险机构许可证管理办法》	中国银行保险监督管理委员会令2021年第3号
10	5月21日	《保险公司城乡居民大病保险业务管理办法》	银保监发〔2021〕12号
11	5月28日	《关于规范保险公司参与长期护理保险制度试点服务的通知》	银保监办发〔2021〕65号
12	5月31日	《银行保险机构董事监事履职评价办法（试行）》	中国银行保险监督管理委员会令2021年第5号
13	6月2日	《关于规范保险公司城市定制型商业医疗保险业务的通知》	银保监办发〔2021〕66号
14	6月8日	《银行保险机构公司治理准则》	银保监发〔2021〕14号
15	6月9日	《银行保险机构恢复和处置计划实施暂行办法》	银保监发〔2021〕16号
16	6月21日	《保险公司董事、监事和高级管理人员任职资格管理规定》	中国银行保险监督管理委员会令2021年第6号
17	6月21日	《关于加强保险公司省级分公司以下分支机构负责人管理的通知》	银保监办发〔2021〕74号
18	6月28日	《关于清理规章规范性文件的决定》	中国银行保险监督管理委员会令2021年第7号

续表

序号	发布时间	文件名称	文号
19	7月16日	《银行保险机构消费者权益保护监管评价办法》	银保监发〔2021〕24号
20	7月27日	《中国银保监会关于印发深化“证照分离”改革 进一步激发市场主体发展活力实施方案的通知》	银保监发〔2021〕25号
21	7月29日	《再保险业务管理规定》	中国银行保险监督管理委员会令2021年第8号
22	8月5日	《中国银保监会关于修订〈保险公司偿付能力监管规则——问题解答第1号:偿付能力监管等效框架协议过渡期内的香港地区再保险交易对手违约风险因子〉的通知》	银保监发〔2021〕30号
23	8月9日	《中国银行保险监督管理委员会派出机构监管职责规定》	中国银行保险监督管理委员会令2021年第9号
24	8月26日	《财产保险公司保险条款和保险费率管理办法》	中国银行保险监督管理委员会令2021年第10号
25	9月13日	《保险公司分支机构市场准入管理办法》	银保监发〔2021〕37号
26	9月27日	《关于境内保险公司在香港市场发行巨灾债券有关事项的通知》	银保监办发〔2021〕102号
27	9月28日	《关于资产支持计划和保险私募基金登记有关事项的通知》	银保监办发〔2021〕103号
28	10月5日	《关于服务煤电行业正常生产和商品市场有序流通保障经济平稳运行有关事项的通知》	银保监发〔2021〕42号
29	10月13日	《意外伤害保险业务监管办法》	银保监办发〔2021〕106号
30	10月14日	《银行保险机构大股东行为监管办法(试行)》	银保监发〔2021〕43号
31	10月14日	《中国银保监会派出机构规范性文件备案审查办法》	银保监发〔2021〕40号
32	10月15日	《关于进一步丰富人身保险产品供给的指导意见》	银保监办发〔2021〕107号
33	10月22日	《关于进一步规范保险机构互联网人身保险业务有关事项的通知》	银保监办发〔2021〕108号
34	10月27日	《保险公司非寿险业务准备金管理办法》	中国银行保险监督管理委员会令2021年第11号
35	11月5日	《保险中介行政许可及备案实施办法》	中国银行保险监督管理委员会令2021年第12号
36	11月17日	《关于保险资金投资公开募集基础设施证券投资基金有关事项的通知》	银保监办发〔2021〕120号

续表

序号	发布时间	文件名称	文号
37	11月19日	《关于调整保险资金投资债券信用评级要求等有关事项的通知》	银保监办发〔2021〕118号
38	11月30日	《保险集团公司监督管理办法》	中国银行保险监督管理委员会令2021年第13号
39	12月3日	《关于银行业保险业支持高水平科技自立自强的指导意见》	银保监发〔2021〕46号
40	12月3日	《关于保险资金参与证券出借业务有关事项的通知》	银保监办发〔2021〕121号
41	12月17日	《关于修改保险资金运用领域部分规范性文件的通知》	银保监发〔2021〕47号
42	12月17日	《关于明确保险中介市场对外开放有关措施的通知》	银保监办发〔2021〕128号
43	12月24日	《关于精简保险资产管理公司监管报告事项的通知》	银保监发〔2021〕131号
44	12月30日	《保险公司偿付能力监管规则(Ⅱ)》	银保监发〔2021〕51号
45	12月30日	《关于实施保险公司偿付能力监管规则(Ⅱ)有关事项的通知》	银保监发〔2021〕52号
46	12月31日	《银行保险机构信息科技外包风险监管办法》	银保监办发〔2021〕141号

B.6

2021年信托业监管报告

袁增霆*

摘　要： 2021年是资管新规过渡期的最后一年，也是《信托法》立法二十周年。这种特殊的历史节点决定了2021年信托业监管的基调。一方面，为顺利结束过渡期，信托业严监管基调不变，持续推进业务压降。同时，针对过去信托公司在子公司布局与异地部门方面存在的风险问题加强了整治。另一方面，为谋求发展和制度红利，信托业对《信托法》立法后评估及修订工作加强了准备。过去两年间，信托业进入防范化解行业重大风险的攻坚阶段。针对部分高风险机构的风险处置已经取得初步成效。但是，行业风险仍然处于较高水平。房地产市场风险与地方政府债务风险仍然是信托业务风险的重要源头。

关键词： 信托业监管　信托法　行业风险

一　转型调整期的信托业监管回顾

资管新规的过渡期已于2021年12月底结束。这意味着从2022年开始，信托业将与其他金融资产管理行业一样严格按照资管新规的要求开展业务。

* 袁增霆，经济学博士，副研究员，现任职于中国社会科学院金融研究所金融风险与金融监管研究室，主要研究方向为信托、金融风险与资产市场。

在此意义上，信托业的“转型调整期”[1] 历时接近四年，已经结束。在此期间，与资管新规配套的部门细则陆续建立起来，如信托登记管理办法、资金信托管理办法、股权管理办法等。行业规范与监管面貌都已经有了很大的改善。“严监管”是这段时期不变的监管主基调。在过去四年间，行政处罚及问责力度显著加强。据报道，2021 年信托公司罚款额度高达 7071 万元。[2] 为加强典型问题治理与规范引领，监管当局逐年实施了治理乱象、合规建设与弘扬信托文化等重要举措。一批颇具特色的行业自律公约应运而生，如信托公司受托责任尽职指引、信托公司文化建设指引、信托业内控合规管理建设倡议书等。

尽管资管新规的过渡期已经结束，但是信托业的转型发展与重大风险防范化解之路仍然道长且阻。在防范化解金融风险毫不松懈的政策背景下，对高风险信托公司的处置尚未完成，行业风险仍未摆脱高风险区域。信托业协会从 2020 年上半年开始停止发布行业风险指标数据是一个重要的标志性事件。我们在上一年度的报告中将 2020~2021 年视为信托业重大风险暴露与防范的关键时期。从目前情况来看，这一关键时期仍未结束。被接管、处置以及资金信托业务濒临停滞的信托公司有十余家。根据后面本报告对行业缺失数据进行的保守估算，截至 2021 年第三季度，风险资产规模将不低于自 2019 年第四季度以来形成的 5000 亿元水平下限，行业风险水平仍然较高。信托业经营收入与利润指标在 2021 年前三个季度出现改善。这样的积极信号表明当前阶段行业风险仍然可控，且有改善的基本面支撑。值得警惕的是，伴随不断加剧的行业内部分化，落后信托公司的经营状况将更加脆弱。从 2021 年开始进一步升温的房地产市场风险与地方政府债务风险状况来看，信托业经营中面临的重大风险因素仍然较为突出。内部分化与局部风险暴露可能是行业转型发展中的一般化现象。

2021 年信托业监管的工作重点在当年 1~2 月召开的中国银保监会工作

① 在中国人民银行发布的《中国金融稳定报告（2020）》中，提出了“转型调整期”的概念。

② 《2021 年信托业监管趋严》，《中国银行保险报》2022 年 1 月 18 日。

会议与信托监管工作会议中得以明确。一是有序处置高风险信托公司；二是有序拆解高风险影子银行业务，进一步压降金融同业通道与融资类业务。为规范与鼓励市场化风险处置，当年5月银保监会发布了推进信托公司与专业机构合作处置风险资产的通知。为规范信托公司的组织管理，银保监会分别在7月和10月发布了清理整顿信托公司非金融子公司与异地部门的通知。关于业务压降的监管工作贯穿了2021年全年，甚至延伸到了2022年初。①在2021年信托监管工作会议上，约20家信托公司因压降不力而受到批评。由此可见，2021年的压降形势较为紧迫。此外，银保监会还在2021年11月下发通知，进一步推进信托公司“两项业务”压降。②

二　转型调整期的信托业经营状况

（一）经营周期的衰退阶段

过去四年的转型调整期是信托业经营周期中的衰退阶段。截至2021年第三季度，行业信托资产规模为20.4万亿元。在从2018年第一季度至2021年第三季度的15个季度里，该指标的环比增速只有在2021年第二季度为正数，其余时间皆为负数（见图1）。信托资产规模仍然呈现长期收缩趋势。从过去两年的情况来看，收缩趋势与两大因素密切相关。一是通道和融资类业务的持续压降，在很大程度上改变了信托业务结构，此类业务带来的规模贡献减弱。二是从2021年下半年开始资金信托业务的两大重要投向——房地产与基础产业的市场风险水平大幅上升，此类业务带来的规模贡献也可能将大幅减弱。在经济增速放缓与新冠肺炎疫情持续的负面影响下，传统领域

① 《开年任务下达！继续压降20%融资类信托“熄火”，信托公司如何应对?》，《北京商报》2022年1月11日。此外，关于两项业务压降通知的存在，参见《监管仍将趋严，信托如何转型发展——专访清华大学法学院金融与法律研究中心研究员邢成》，《金融时报》2022年1月17日。

② 《信托公司再收监管指导 通道类“应清尽清、能清尽清”》，《证券时报》2021年11月17日。

信托服务的需求受到压制。相比较而言，近年来信托业务规模增长的新动能——投向证券市场的资金信托业务与资产证券化业务，在短期内还不足以弥补上述旧动能的衰减。

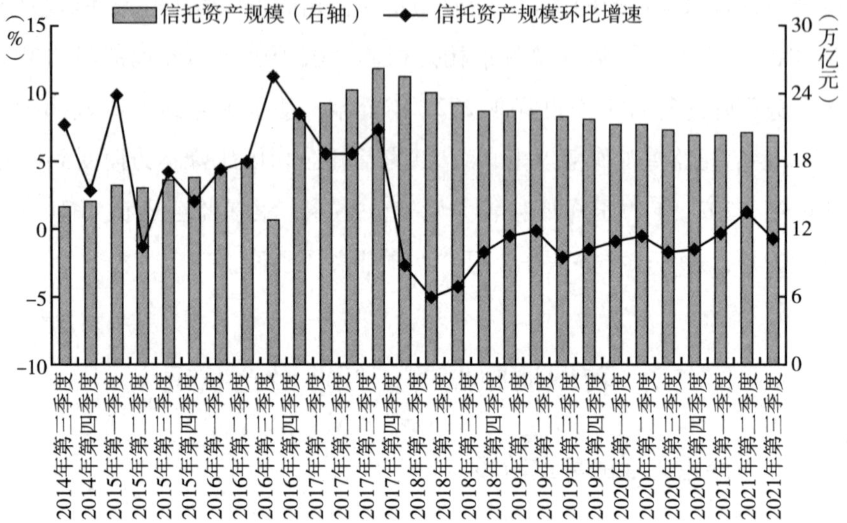

图 1　信托资产规模及其环比增速

资料来源：中国信托业协会。

随着业务规模占比的不断提升，集合资金类信托产品发行情况已经可以在很大程度上代表信托业务的景气程度。根据用益信托网站的统计（见图2），转型调整期新设信托产品资金规模的峰值及拐点出现在 2020 年第二季度。证券类产品发行数量具有显著的上升趋势，但对应的资金规模增长趋势并不明显。这方面的新动能对于信托业转型发展发挥了一定的缓冲作用，只是还不足以改变后半段时期的收缩态势。证券类与非证券类产品之间不同的发行状况，见证了信托业务的结构调整。根据 2021 年第四季度产品发行的下滑情况，可以预测尚未披露统计数据的当季末信托产品资金规模将继续收缩。

在集和资金类信托产品的发行方面，信托业的分化格局也在不断加剧。根据用益信托网站的数据统计，2021 年产品发行的行业分化非常严重。按

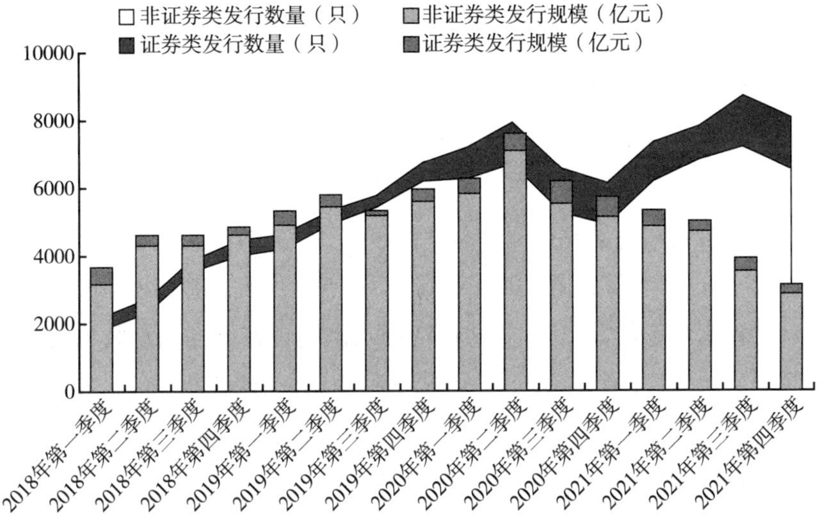

图 2　集合资金类信托产品发行动态

注：发行数量、规模分别为堆积图、柱状图；数据按产品成立日期统计。
资料来源：用益信托网站。

照产品发行日期进行统计，排名前六的 6 家信托公司的产品发行资金规模（或排名前五的 5 家信托公司的产品发行数量）就在行业中占比过半；排名靠后的 23 家信托公司的产品发行资金规模及数量占比都不足 1%。

（二）信托业发展与风险之间的弱平衡

在过去四年间，信托业经营处于发展动能减弱而风险高企的弱平衡状态。发展动能的减弱主要表现为业务规模收缩与效益下降。作为最重要的效益指标，行业利润在 2018 年至 2020 年连续三年负增长，直到 2021 年才实现连续的季度同比正增长，并有望在当年改变颓势。此外，行业营业收入只有在 2018 年陷入负增长，其后便恢复正增长。与 2017 年第三季度相比，2021 年第三季度的行业利润与营业收入分别累计增长 0.5%和 15.4%，信托业务收入累计增长 19.3%。当然，这些指标的增长幅度已经远逊于四年前的增长幅度。相比较而言，同期信托业总资产累计缩减 20.9%，其中固有资产累计增长34%，信托资产累计缩减15%。

这组数据有如下三层含义：一是信托业的效益指标调整远滞后于业务规模指标的调整，从而对转型发展发挥了重要的财务缓冲作用。二是信托业务收入优于固有业务收入。三是行业营业成本，包括资产减值或风险资产处置费用，应当处于大幅度上升态势。关于第二层含义，还可以直接从信托业务收入在营业收入中的占比指标方面得到印证。该指标的年度数据在转型调整期一直处于上升趋势，从2017年底的67.6%上升至2020年底的70.4%（2021年第三季度为72.5%）。这种特征与同期银行业的利息收入占比指标上升具有一定的可比性。另外一个结构性指标——信托业务收入在信托资产中的占比也在同期稳步从3.1%上升至4.2%。第三层含义为在缺失数据的条件下估算行业风险水平提供了逻辑依据。

此外，信托业在发展绩效方面的内部分化逐年加剧。根据2021年已经披露财务报告的56家信托公司的数据，营业收入指标的中位数低于平均数，且与上一年相比中位数水平进一步下移。①

三　转型调整期的信托业风险状况及估算

客观评估信托业风险状况是对行业风险进行监管的基本前提。停止发布行业风险指标数据，叠加部分信托公司陷入经营困境，反映出信托业风险加速暴露的基本事实。同时，行业统计数据原本质量不高，再加上关键数据缺失，使得行业内外在评估信托业风险时都面临严重的信息不对称。在这种情况下，本报告立足于行业发展与风险平衡的视角，从行业经营绩效的变化特征来推断风险状况。②

（一）风险估算的逻辑及结果

在转型调整期，行业统计口径下的利润增速大幅落后于营业收入增速。

---

① 《转型压力大，2022年信托公司面临哪些挑战?》，《国际金融报》2022年1月27日。

② 具体分析方法参见袁增霆《转型调整期的信托业风险状况》，《银行家》2021年第11期。

这种发展绩效方面的事实为估算风险状况提供了一种贴近现实的假设：营业收入中的一部分额度被用于处置风险，从而削弱了利润。这使得利润在营业收入中的占比出现下降。值得注意的是，这里忽略了业务结构调整引起的自然变化。进一步的分析表明，行业利润与营业收入之比与风险指标（风险资产规模与信托资产规模之比）的负相关性只有在转型调整期才比较显著。而且，在经历了 2019 年第一季度监管压降业务的跳跃式反弹之后，小样本回归分析的拟合优度达到 0.79 的良好水平。根据回归系数，可以计算出 2020 年第一季度之后数据缺失时期的风险指标。这段时期的利润与营业收入之比先经历一波急剧下挫，截至 2020 年底降至 47.5%，此后三个季度反弹至 63.8%。据此估算出 2021 年第三季度末的风险资产规模约为 5360 亿元（见图 3），这是一种非常保守的推断。如果按照 2018 年第一季度至 2020 年第一季度风险资产规模数据的二项式趋势线拟合情况进行预测，期末值则接近 1.6 万亿元。

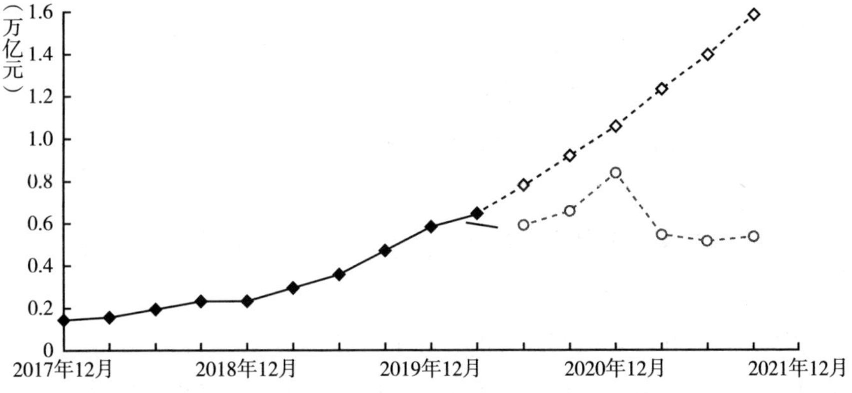

图 3　信托业风险资产规模

注：虚线及空心标号表示对缺失数据的估算。

资料来源：中国信托业协会，笔者计算。

（二）进一步的解释

由于上述两种预测方法及结果都无法得到可靠的检验，采用折中的方案来预测信托业的风险资产规模可能更加合理。简单地说，真实结果可能介于两种结果之间。虽然它在这个区间中的具体取值及变化规律我们无法确定，但我们可以大致推测出它具有如下波动性的变化特征。它很可能先在2020年底触及峰值，后从2021年开始趋于好转，但在2021年第四季度又开始恶化。对这种波动性特征的推测主要是考虑到两个方面的基本事实：一是2021年前两个季度的行业财务绩效出现改善；二是从2020年开始信托业加快了对风险资产的处置。①

判断行业风险水平没有持续上升也具有一定的合理性。最重要的依据是信托赔偿准备、实收资本与所有者权益等具有风险防护垫功能的指标稳步上升。这三个指标在2018年、2019年、2020年以及2021年第三季度总共4个时间点上的同比增速均值分别为12.8%、9%和8%。当然不难发现，信托赔偿准备与所有者权益也呈现出增速放缓的迹象，这可能主要与行业发展绩效总体减速的基本面有关。而且，从2017年底至2020年第一季度反映风险防护水平以及资本充足性的指标来看，行业风险保障水平的确值得警惕。例如，信托赔偿准备与风险资产规模之比从16.8%持续下降至4.6%，所有者权益相对风险资产的倍数从接近4倍下降至1倍。因此可以预估，截至2021年底，上述风险保障水平仍然较为脆弱。

四　信托业务的结构性变化、风险及监管影响

在资管新规和行业监管政策的引导下，转型调整期的信托业务发生了积极的结构性调整，为防范化解行业重大风险创造了有利条件。近些年来违规融资类与通道类业务规模及其结构占比出现了大幅下降。同时，在政策支持与市场自发因素的驱动下，大量新动能或创新业务展露生机，如资产证券化、家族信托、公益信托等。证券类信托业务的持续增长反映出信托业对证

---

① 处置对风险资产规模的估计影响较大。根据媒体报道的监管部门通知要求，2021年风险资产处置规模不低于3000亿元。详见《信托公司再收监管指导 通道类“应清尽清、能清尽清”》,《证券时报》2021年11月17日。

券市场机会的把握。新兴业务的发展大大降低了来自传统业务或旧问题的压力。

（一）证券类信托业务逆势增长

集合资金类信托业务在信托业务规模中的占比较高，它的逆势增长成为行业转型调整期的主流，证券类信托业务无疑又是主流中最醒目的一条干流。证券类信托业务是标品信托的典型代表，有时被视为非标转型的榜样。在标品信托的主要业务模式中，“TOF/FOF”和“固收+”模式引人瞩目。① 按照信托资产来源的分类标准，集合资金类信托业务规模在2021年第三季度末约为10.6万亿元，相比2017年底累计增长6.6%。由于在行业转型调整期信托业务总量规模大幅收缩，它的占比由期初的37.7%升至期末的51.6%。

在资金信托业务中，按照投向分类的证券类信托业务的发展状况与证券市场行情休戚相关。在前半段（从2018年初至2020年第一季度末），此类业务由于证券市场行情低迷而收缩；在后半段（从2020年第二季度至2021年第三季度末），此类业务的逆势加速增长态势与同期其他投向产品的不断收缩形成了强烈对比。它从2021年第一季度起成为资金信托业务中的第二大品类，在后半段累计增长57.5%。截至2021年第三季度末，证券类信托业务规模约为3.1万亿元，在资金信托规模中占比达19.5%。证券类信托业务在经充分调整之后表现出旺盛的生命力，可以从同业比较中看出端倪。根据基金业协会的统计数据，在后半段，公募基金业与私募基金业的管理规模分别增长44%、37.8%。这里的主要风险因素是市场行情风险。

（二）服务信托发展及创新空间打开

服务信托覆盖范围广，是近年来信托转型发展的另外一个重要领域。在

① 《监管仍将趋严，信托如何转型发展——专访清华大学法学院金融与法律研究中心研究员邢成》，《金融时报》2022年1月17日。

2020 年 5 月出台的“资金信托新规”中，“服务信托”被粗略描述为资金信托之外的一些有关财产、财产权或相关事务的管理服务。① 在常见形式上，它几乎包括了当前资金信托之外的绝大多数新兴业务类型，如慈善信托或公益信托、养老金信托、家族信托等。② 在服务信托的拉动下，财产管理类信托业务的规模占比从 2017 年底的 15.7% 提高到 2021 年第三季度的 23.3%。

在服务信托的增长中，规模贡献最突出的是资产证券化业务。根据用益信托的统计③，2021 年信托公司参与发行的资产证券化产品有 944 单，规模约达 1.7 万元。该类业务从 2017 年开始就呈现快速增长态势。受益于信托公司在信贷 ABS 发行中具有唯一信托资质，这个细分类型在过去四年间尽管增速放缓，但还是每年贡献出 8000 亿元以上的规模。同期，受益于直接融资与资产证券化支持政策，资产支持票据（ABN）与企业 ABS 业务规模增长较快，形成了新的细分动力源。信托公司在资产证券化业务中的职能角色也在发生积极变化，逐渐从通道向主动管理拓展。

此外还有一些服务信托的迅速发展颇受关注。例如，家族信托和公益信托已经具有一定的规模，且保持快速增长势头。在最近两年应对新冠肺炎疫情和自然灾害事件中，大量慈善信托或公益信托的涌现展露出信托的制度优势并取得了很好的社会效益。碳中和信托或绿色信托在“双碳”政策背景下成为创新前沿。随着社会发展水平的提高，其他有关养老服务、财产权及事务管理服务的需求显著上升，进而为信托业务发展及创新提供了更广阔的空间。

（三）传统业务调整与长尾风险化解

这里所说的传统业务调整包括两个方面：一是对以违规融资类与通道类

---

① 关于服务信托的具体表述是为委托人提供除资产管理服务以外的“资产流转、结算，财产监督、保障、传承、分配”等受托服务的信托业务，见银保监会发布的《信托公司资金信托管理暂行办法（征求意见稿）》，2020 年 5 月。

② 赵廉慧：《我国服务信托的界定和发展前景》，《信登通讯》2021 年第 1 期。

③ 《2021 年信托公司资产证券化业务年度回顾》，用益信托网站，2022 年 1 月 4 日。

业务为主的旧业务的压降；二是为响应房地产调控政策与地方政府债务管理政策，对相关资金信托业务新增项目的抑制。长尾风险是指随着资管新规过渡期结束，旧业务压降工作几近结束，但长期隐藏的风险问题并未结束。而且，对新增房地产类与基础产业类资金信托业务的抑制也将持续下去，其中的风险暴露也可能不时增加。因此，传统业务调整的长尾风险化解仍任重道远。

对于压降较为敏感的旧业务，如非证券银信类、融资类与房地产类等类别的信托业务，可以从它们在信托资产总规模中的结构占比观察到它们在转型调整期发生的变化（见图 4）。银信类业务在行业统计中属于特色业务栏目。该栏目从 2020 年第二季度起不再披露数据。证券银信类业务的数据披露仍然正常。非证券银信业务是指银信类业务扣除其中的证券银信类业务之后的部分。这里对该部分的规模变化趋势进行线性拟合，并对后面的缺失数据进行估算。我们在上一年度的报告中详细阐述了此类指标的拟合与估算方法。

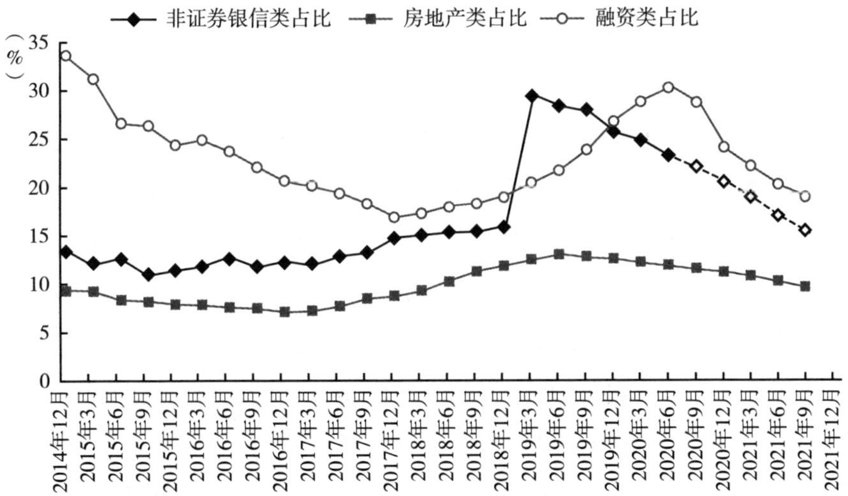

图 4　部分传统信托业务的结构占比变化

注：带虚线和空心标号的数据表示估算值。

资料来源：中国信托业协会，笔者计算。

估算结果基本符合自2019年第二季度以来此类业务的连续压降态势。从图4可见，这些业务的压降都经历了一轮先扩张而后收缩的大波动。三个结构占比指标在2021年第三季度的数值基本上返回到2018年初的状态。在信托资产总规模大幅收缩的背景下，分项指标的结构占比回归期初值也意味着它们的规模已经大幅收缩。然而，期初的结构恰是转型调整的对象，除非这些业务的压降或调整已经达到合规要求或相对安全的水平。

另外，投向基础产业的资金信托业务不属于被压降的传统业务，但由于受到地方政府债务管理政策的影响，仍属于重要的被调整对象。在转型调整期，它的结构占比表现与融资类信托业务占比颇为相似，先从2017年底的12.1%升至2020年第二季度的13.6%，然后快速回调到2021年第三季度的9.6%，期末余额接近2万亿元。显然，后期的变化与地方政府债务融资状况及政策形势密切相关。而且，该领域的信托业务模式也已经顺势发生变化，一部分资金改道城投企业发行的债务类证券。①

五　2021年信托监管政策

在资管新规过渡期的最后一年，信托业监管的主要内容仍然是完成部分业务的压降任务与防范化解行业重大风险。针对风险监管与处置中面临的前沿问题，新的监管政策点是风险处置中的合作机构问题、地方政府隐性债务融资及风险问题、信托公司非金融子公司及异地部门问题等。在法规制度及规范化建设方面，最主要的动向是信托业关于《信托法》立法后对其评估和修改意见的探讨及在2021年“两会”上的相关提案。此外，2021年5月“一行两会”联合发布《资产管理产品介绍要素》，其中的第3部分专门阐述了信托产品介绍要素的行业标准。下面将按照从规范到问题的内容顺序进行简要介绍。

① 《信托“非标转标”新玩法：融资业务变身投资》，《中国经营报》2020年8月10日。

（一）“两会”提案与《信托法》修改意见

在2021年3月召开的“两会”上，多位代表委员就《信托法》修订、家族信托与养老信托等议题为信托业发声。[①] 概括起来，这些提案与观点聚焦《信托法》的历史局限、司法解释或跨部门协调以及有助于促进行业发展的新业态规范等。这些观点在很大程度上都酝酿已久。关于《信托法》的修订，自从2001年出台并实施之后的第一个十年就引起了非常广泛而深入的讨论。如今在第二个十年结束之际，再次进行具有广泛影响的行业性大讨论具有一定的历史意义。尤其经过三年的行业整顿治理和规范之后，信托业已经具备发声的条件，开始为追求自身发展而呼吁一系列制度基础设施的供给。

从信托业发展史的角度看，修订《信托法》，健全司法解释与部门协调机制，增加激励相容的新业态规范是新一轮信托制度红利产生的标志。而且，这些标志性事件的出现往往需要两个条件：一是比较彻底的行业旧问题及风险出清；二是经济社会对于信托业务可能拉动的新需求及贡献又开始寄予厚望。在当前阶段，这两个条件都已经取得很大进展。随着未来时机的进一步成熟，唤起信托业的新一轮制度红利值得期待。

“《信托法》立法后评估小组”在2021年2月成立，标志着《信托法》的评估及修订准备工作已经实体化。该小组由中国人民银行条法司、中国银保监会法规部和信托部、中国信托业协会等多方机构联合设立。该小组在《中国金融》杂志2021年第20期上发表文章[②]，介绍了已经开展的问卷调查与座谈会情况[③]，并概述了当前的评估情况。

---

① 《业界热议两会上的“信托声音”进一步发挥信托功能优势和机制作用》，《金融时报》2021年3月19日。

② 参见《信托法》立法后评估小组《推动〈信托法〉修改与制度完善》，《中国金融》2021年第20期。

③ 座谈会于2021年6月16日在北京召开，具体情况可见《〈信托法〉立法后评估暨修改意见征求座谈会在京召开》，中国信托业协会官网，2021年6月22日。

专栏1：《信托法》立法后评估

《信托法》立法后评估小组在广泛调查与征集专家意见的基础上，形成了如下问题与对策的总结。①

主要问题：(1) 对信托定义与信托财产权归属界定存争议。② (2) 欠缺一些配套制度，例如，有关信托登记方面的条款欠缺必要的可操作性，信托财产转移环节重复征税而受益人获取信托利益环节税收流失，受托人义务泛化和委托人、受益人合法权益保护不到位等。(3) 尚未充分体现《信托法》用于规范一切信托法律关系的理念及调整范围。

对策建议：(1) 完善信托登记制度，可以依托现有财产登记体系进行统筹设计，同时设置兜底条款对没有登记机构的财产予以统一登记。(2) 将《信托法》的登记生效主义调整为登记对抗主义，合理界定信托财产登记效力。(3) 通过明确信托财产权属与税收政策优化，完善非交易性过户等配套制度。(4) 明确信托税收政策的基本原则。(5) 对信托业监管作制度性安排，以便贯彻功能监管理念。(6) 完善公益信托制度，加强与《慈善法》等法律的衔接。(7) 健全信托法律关系的基础性制度。(8) 强化信托法律制度的执行。

（二）地方政府债务风险与信托公司子公司及异地部门问题

1. 信托业务中的地方政府债务风险敞口与“15号文”③

中国银保监会在2021年7月发布“15号文”及相关补充通知，明确

① 参见《信托法》立法后评估小组《推动〈信托法〉修改与制度完善》，《中国金融》2021年第20期。

② 关于“信托定义”的理解分歧在《信托法》立法后评估小组关于“健全信托法律关系的基础性制度”的建议中有所阐述。它主要是指2001年《信托法》在表达委托人与受托人之间的财产权关系时使用了“委托”一词，没有像国外惯例那样要求信托财产权的转移。这既是后来信托财产权登记、双重所有权以及独立性等方面的问题的产生根源，也是信托业务与其他金融机构理财业务之间法律关系不清、彼此错位发展问题的产生根源。这也自然导致了后面的两个问题，即信托登记以及《信托法》调整范围有限的问题。

③ 15号文是指《银行保险机构进一步做好地方政府隐性债务风险防范化解工作的指导意见》。

规定了对地方政府隐性债务融资的新增规模抑制和存量风险化解要求。根据我们上一年度报告的分析，2020 年信托业进入了行业重大风险化解的攻坚阶段。15 号文的出台则标志着地方政府债务风险化解在 2021 年进入攻坚阶段。中国人民银行在 2021 年 12 月发布《地方金融监督管理条例（草案征求意见稿）》，进一步强化地方金融风险防范、化解及处置。这些政策事件前后共振，产生了叠加效应。它们对于信托业风险状况与风险监管形势的影响不容小觑。

信托业务中对地方政府债务风险敏感的头寸主要是接近 2 万亿元的投向基础产业的资金信托业务以及规模不详的地方政府及相关实体债务工具（如城投债及相关票据）。按照 15 号文的要求，期限短、利率高和刚性兑付预期强的隐性债务将被优先化解。因此，相关的融资类及证券类信托业务都可能出现一定的压降。可以预见，在未来一段时间内投向基础产业的资金信托业务占比将进一步下降。同时，由于再融资受限，一些财政收入能力不强、信用资质不高、流动性紧张的地方政府及其显性、隐性债务工具的风险暴露都可能增加，从而推升信托业风险。这对于转型调整中的信托业而言，无疑将产生进一步的紧缩效应。

2. 规范信托公司非金融子公司与异地部门业务

为进一步治理信托公司在信托业务及组织管理方面存在的乱象，中国银保监会在 2021 年下半年出台了两项通知。一项是当年 7 月发布的《关于清理规范信托公司非金融子公司业务的通知》，旨在进一步遏制通过子公司组织结构绕道违规开展业务的行为。另一项是同年 10 月发布的《关于整顿信托公司异地部门有关事项的通知（征求意见稿）》，要求信托公司在一年内完成整顿。

信托业庞大的子公司体系及其中的风险问题已经进入监管视野。根据我们的研究统计，为扩张业务或便利业务的开展，国内信托公司控股或参股的公司数量超过 6000 家，形成了可观的“信托控股体系”。在金融控股公司得到整顿之后，这种信托业的组织扩张异象也必将进入监管视野。在阐述通知出台的具体背景时，监管部门虽然将矛头直指“信托公司以固有资产直接或间接设立从事私募股权投资等业务”的境内一级非金融子公司，但是通知中要求被清理整顿的对象具有一般性。

专栏 2：信托公司非金融子公司业务的清理规范

根据中国银保监会在 2021 年 7 月发布的《关于清理规范信托公司非金融子公司业务的通知》，信托公司对其境内的一级非金融子公司（及其投资的企业）将以“压缩层级、规范业务”为主要思路进行整顿规范。

被清理整顿的对象包括两类：一类是选择保留的一级非金融子公司（特定业务保留 1 家）所投资的企业；另一类是非保留的一级非金融子公司及其投资的企业总体。上述企业的投资以股权转让等方式完成清理。

整顿的期限设定在自通知印发之日起的 3 年之内，其间原则上信托公司不得新增此类机构，已设立机构不得新增对境内外企业的投资。被清理企业有基金业务的可等待项目清算后 1 年内完成清理。清理确有困难的，延长期限不超过 1 年。

《关于整顿信托公司异地部门有关事项的通知（征求意见稿）》重点针对信托业务跨地区经营与监管之间的矛盾及市场乱象进行了规范。通知声明的背景原因有三点：一是部分异地部门管理半径过长，存在一定的风险隐患，从而削弱了业务管控与监管；二是部分异地部门业务表现出严重的同质化倾向，损害行业竞争秩序；三是异地管理总部的运营模式弱化虚化了注册地的职能作用。

据媒体报道，[①] 异地管理总部的清理应在 1 年之内完成。对于其他异地部门，银保监会也同样要求在 1 年之内完成整改，并限定了可设异地部门的具体地区、数量及占比。将可以设立异地部门的地区限定在北京、上海、江苏、浙江、湖北、广东、四川等七个省级行政区；这些地区的可设机构数量

① 《重磅！整顿信托公司异地部门，银保监会限期 1 年要求中后台部门迁回注册地》，《证券时报》2021 年 10 月 8 日。

都有相应具体要求；异地员工数量占信托公司总人数的比例在35%以内。这些设置显然是考虑到了当前信托业的异地布局情况，短期问题导向性非常明确。在现有的监管体制下，将信托业务管理地与公司注册地之间的分离挤压到合理的范围之内，有助于抑制过去常见的一些监管规避行为。对于一些注册地发展潜力不足的信托公司而言，异地经营及规模扩张将进一步受限。这些针对现有异地部门格局的调整也将给部分信托公司带来收缩压力。

六 总结与展望

2020~2021年，信托业风险处于高风险水平。在此背景环境下，防范化解行业重大风险成为行业监管工作的重心。尤其是高风险机构的风险化解与处置，更是重中之重。除了多家被接管的信托公司之外，还有少数信托公司信托业务几乎处于停滞状态。从2021年下半年开始，相关资金信托业务受到进一步的规模收缩且风险暴露可能增加的不利影响。同时，房地产市场风险暴露仍然处在上升阶段。因此，2021年前三季度的信托业经营效益企稳状态还很不稳固，未来真实的风险状况仍然值得高度警惕。

与此同时，随着资管新规过渡期的结束，信托业在资管新规意义上的“转型调整期”也在2021年底落幕。但是信托业的转型发展仍然任重道远。一方面，信托业过去的粗放式发展与监管规避行为，仍有一些历史遗留。例如，从2021年下半年开始着手清理整顿的信托公司子公司及异地部门等问题，就属于这种范畴。另一方面，发展中的新问题仍然层出不穷。例如，一些创新业务所存在的合规问题。在复杂形势下，一般性业务的风险监管问题也可能随时变得突出起来。

我们预计，2022年信托业监管仍然会围绕防范化解行业重大风险这条主线展开，并以房地产与地方政府债务相关资金信托业务的风险化解为重点。潜在的风险资产规模有上升迹象。随着行业内部分化的持续加剧，风险问题突出的信托公司数量可能仍将上升。

在这种背景下，我们建议继续创造有利或便利条件，加大对信托业务创新发展的支持，从促发展的角度化解风险问题。近些年来，行业监管部门与自律组织在筹建信托业务的制度基础设施方面，如在司法协调、信托登记和流转、流动性救助等方面已经取得了一些积极进展。此外，信托业应当尽快建立起资管新规标准下的新行业统计指标体系并定期发布数据，做好对各项业务风险敞口及具体风险水平的计量以便及时有效防控风险。只有在风险化解卓见成效的创新发展格局中，《信托法》修订或新一轮制度红利释放才可能迎来更好的时机。

附　录

2021 年信托业相关规章及规范性文件目录

序号	发布时间	文件名称	制定部门
1	5 月	《关于推进信托公司与专业机构合作处置风险资产的通知》	中国银保监会
2	5 月	《资产管理产品介绍要素 第 3 部分 信托产品》	中国人民银行、中国银保监会与中国证监会
3	6 月	《中国信托业内控合规管理建设倡议书》	中国信托业协会
4	7 月	《关于清理规范信托公司非金融子公司业务的通知》	中国银保监会
5	10 月	《关于整顿信托公司异地部门有关事项的通知(征求意见稿)》	中国银保监会
6	11 月	《关于进一步推进信托公司“两项业务”压降有关事项的通知》	中国银保监会

B.7
2021年外汇管理报告

林 楠*

摘 要： 2021年，外汇管理为经济高质量发展营造了良好的金融外汇环境。全球疫情冲击下，抗击疫情、保障用汇，帮助企业减手续降成本，外汇市场秩序维护成效显著。贸易强国战略下，外贸新模式新业态加快发展；伴随资本项目业务办理流程优化，跨境投融资便利化水平不断提升；支持国家战略和区域开放创新，推进私募股权投资基金跨境投资；在统筹发展与安全的背景下，始终坚持防范跨境资金异动风险。新发展格局下，国际收支平稳运行，国际收支基础账户与人民币汇率相关联，外汇储备仍然是中央银行货币稳健的重要保障。稳外贸稳外资下，人民币国际使用程度稳步提升，金融账户系统优化促进跨境人民币使用，跨境资金净流出先扩大后逐步收敛。通过强化账户管理，便利境外机构配置人民币债券，本外币合一的跨境资金池业务稳步推进，人民币国际化进程稳慎推进。伴随"宏观审慎+微观监管"两位一体管理框架不断完善，稳慎推进人民币国际化与防范跨境资金流动风险相互协同，促进高质量发展。

关键词： 外汇管理 高质量发展 国际收支 人民币国际使用

党的十九届六中全会提出，"形成更大范围、更宽领域、更深层次对外

* 林楠，经济学博士，金融学博士后，副研究员，中国社会科学院金融研究所国际金融与国际经济研究室副主任，主要研究方向为国际金融、人民币汇率与国际化战略。

开放格局，构建互利共赢、多元平衡、安全高效的开放型经济体系”①。在世纪疫情冲击下，我国外部环境更趋不确定和严峻复杂，这也对我国外汇管理提出了新要求和新挑战。2021 年，我国 GDP 突破 110 万亿元人民币，同比增长 8.1%，全年进出口总额突破 6 万亿美元。② 2022 年 1 月，习近平总书记明确指出，“虽然受到国内外经济环境变化带来的巨大压力，但中国经济韧性强、潜力足、长期向好的基本面没有改变”③。从外汇管理看，为经济高质量发展营造良好的金融外汇环境，实现“十四五”良好开局，具有非常重要的现实意义。

一　2021年外汇管理概览

2021 年 12 月召开的 2022 年全国外汇管理工作会议对 2021 年外汇管理工作进行了总结，主要包括跨境贸易投资自由化便利化、防控跨境资金流动风险、外汇储备经营管理及全面从严治党四方面重要内容。④

（一）2021年经常项目外汇管理概况

经常项目外汇管理，服务于贸易高质量发展和经常项目跨境资金结算，促进高水平贸易自由化便利化和区域开放创新，为国际大循环、经济交往和对外贸易投资提供高质量服务。

1. 促进贸易自由化便利化，服务实体经济高质量发展

为深化“放管服”改革，《经常项目外汇业务指引（2020 年版）》（汇发〔2020〕14 号）进一步优化经常项目外汇业务办理，特别是在增强银行真实性审核自主性的同时，推进账户整合，统一收入存放境外管理。持续精

① 《〈中共中央关于党的百年奋斗重大成就和历史经验的决议〉辅导读本》编写组：《〈中共中央关于党的百年奋斗重大成就和历史经验的决议〉辅导读本》，人民出版社，2021。

② 《世界瞩目中国经济“韧实力”》，新华社，2022 年 1 月 18 日。

③ 《习近平在 2022 年世界经济论坛视频会议的演讲（全文）》，新华社，2022 年 1 月 17 日。

④ 参见《国家外汇管理局召开 2022 年全国外汇管理工作会议》，国家外汇管理局官网，http：//www.safe.gov.cn/safe/2021/1227/20391.html，2021 年 12 月 27 日。

简行政许可事项，推动更多外汇业务在“网上办”，推动银行交易审核由现场审单向事前尽调、由形式向实质转变。从服务市场主体看，截至2021年10月，已有超过6万家企业受惠。[①] 从服务民生看，2021年4月，国家外汇管理局发布《关于进一步推进个人经常项目外汇业务便利化的通知》（汇发〔2021〕13号），优化《个人购汇申请书》填报，调整银行个人购付汇用途一致性审核要求，着力推进个人外汇业务服务高质量发展。[②]

2. 改革赋能下，推动贸易外汇收支便利化试点扩容提质

近年来在贸易外汇收支“新政”的实施下，外汇管理改革不断赋能。从试点扩容来看，2020年贸易外汇收支便利化试点政策扩大至全国十二个地区。[③] 从试点提质来看，结合地区反馈，试点取得了积极的社会效应和经济效应，试点主体不仅自律意识进一步提升，而且更加切实地感受到新政带来的高效与便捷。试点在惠及更多外贸企业的同时，也进一步推动了跨境贸易结算驶入高质量发展的“快车道”。

3. 高水平开放战略下，促进贸易新业态新模式高质量发展

2021年7月9日，国务院办公厅发布《关于加快发展外贸新业态新模式的意见》（国办发〔2021〕24号），深入推进外贸服务向专业细分领域发展，优化政策保障体系。其中涉及外汇管理的，主要是优化市场采购贸易方式政策框架，稳步推进离岸贸易发展，为具有真实交易背景的外贸新业态新模式企业提供便利化金融服务等。[④]

4. 统筹发展与安全下，有效防范跨境资金异常波动风险

坚持把服务实体经济发展作为外汇管理的根本落脚点。完善货物贸易“总量核查、动态监测、分类管理”监管体系，进一步推进服务贸易外汇管

---

① 刘斌：《经常项目外汇管理发展与思考》，《中国外汇》2021年第13期。

② 参见《国家外汇管理局关于进一步推进个人经常项目外汇业务便利化的通知》，国家外汇管理局官网，http：//www. safe. gov. cn/safe/2021/0402/18672. html，2021年4月2日。

③ 刘斌：《经常项目外汇管理发展与思考》，《中国外汇》2021年第13期。

④ 参见《国务院办公厅关于加快发展外贸新业态新模式的意见》（国办发〔2021〕24号），中华人民共和国中央人民政府官网，http：//www. gov. cn/zhengce/content/2021 - 07/09/content_ 5623826. htm，2021年7月9日。

理改革。2021 年 1 月 19 日国家外汇管理局发布《服务贸易外汇管理政策问答（二）》，对“非贸易非经营性用汇”范围等予以明确界定。[①] 优化常态化重点主体监测机制，建立并完善经常项目重点监测月报机制，持续加强非现场监管能力建设，重点关注高风险业务和重点地区异常变动。[②]

5.《“十四五”服务贸易发展规划》出台，稳步发展金融服务贸易

2021 年 10 月，商务部等 24 部门印发《“十四五”服务贸易发展规划》，提出了稳步发展金融服务贸易的要求。具体而言，鼓励金融机构创新适合服务贸易发展特点的金融产品和服务，拓宽轻资产的服务贸易企业贷款抵质押物范围，推动人民币跨境支付系统（CIPS）功能升级完善，促进跨境支付便利化。[③] 2021 年 12 月，国家外汇管理局修订发布《贸易信贷统计调查制度》（汇发〔2021〕33 号），进一步规范了贸易信贷统计调查工作，在原有将申报主体确定原则修改为“谁进行贸易收付款，谁申报”以及明确“贸易信贷”“离岸转手买卖”“主要出口国家及地区”等概念基础上，进一步取消年度调查，仅保留月度调查，扩大参加调查的样本企业范围，将参加调查企业全年国际货物贸易规模占全国总量的比重由 50%上调为 60%。[④]

6. 支持国家战略和区域开放创新，高质量实施 RCEP“稳外贸”

为支持“一带一路”建设，便利承包工程项目资金集中管理，截至 2021 年 10 月末，我国已有 7 家大型承包工程企业实现境外 48 个项目 60 亿美元的资金集中运营。为支持北京自贸试验区和国家服务业扩大开放综合示范区建设，我国已在上海临港新片区、粤港澳大湾区和海南自贸港等地区开

---

① “非贸易非经营性用汇”专指财政资金预算内的机关、事业单位和社会团体发生的所有用汇。参见《服务贸易外汇管理政策问答（二）》，国家外汇管理局官网，http：//www.safe.gov.cn/safe/2021/0119/18068.html，2021 年 1 月 19 日。

② 参见《国家外汇管理局年报（2020）》，国家外汇管理局官网，http：//www.safe.gov.cn/safe/2021/1112/20179.html，2021 年 11 月 12 日。

③ 参见《商务部等 24 部门关于印发〈“十四五”服务贸易发展规划〉的通知》，中华人民共和国商务部官网，http：//www.mofcom.gov.cn/article/zcfb/zcfwmy/202110/20211003209143.shtml，2021 年 10 月 19 日。

④ 参见《国家外汇管理局关于印发〈贸易信贷统计调查制度〉的通知》，国家外汇管理局官网，https：//www.safe.gov.cn/safe/2021/1130/20271.html，2021 年 11 月 30 日。

展区域性高水平开放试点。[1] 进一步发挥各类金融机构作用，开展产品服务创新，持续培育发展保单融资业务，按照市场化原则，加大对外贸企业、小微外贸企业的融资支持，推动大型骨干外贸企业为上下游企业增信，引导金融机构提供相应的供应链金融产品。[2]

（二）2021年资本项目外汇管理概况

资本项目外汇管理，统筹发展与安全，统筹汇兑和交易环节，统筹本外币综合管理，以提升跨境投融资便利化水平，稳妥有序推进资本项目可兑换，稳慎推进人民币国际化。

1. 优化资本项目业务办理流程，提升跨境投融资便利化水平

为更好服务实体经济，2021 年 1 月，国家外汇管理局制定了《资本项目外汇业务指引（2020 年版）》（汇综发〔2020〕89 号），进一步优化了资本项目业务办理流程。一方面，提升了跨境直接投资便利化程度，完善直接投资项下资金流入流出和汇兑管理。在直接投资项下，将外商直接投资各项登记从由注册地银行办理放宽至由所在地银行或外汇局办理，放宽外汇资本金账户流入金额限制，放宽境外放款资金汇回使用限制。[3] 另一方面，为便利市场主体业务办理，以资本项目信息登记作为市场主体办理后续资本项目外汇业务的前提。申请主体在所在地银行或外汇局办理相关登记手续，并领取业务登记凭证，作为办理资本项目下账户开立和资金汇兑等后续业务的依据。例如，将 FDI 存量权益登记一并并入，并统一通过国家企业信用信息公示系统报送外资年报。

2. 完善外商投资管理体制，优化国际投资结构

2021 年 10 月，商务部发布《“十四五”利用外资发展规划》，提出不

---

① 刘斌：《经常项目外汇管理发展与思考》，《中国外汇》2021 年第 13 期。

② 参见《做好跨周期调节 高质量实施 RCEP 促进外贸平稳发展国务院政策例行吹风会（图文实录）》，国新网官网，http：//www. scio. gov. cn/m/32344/32345/44688/47665/tw47667/Document/1718358/1718358. htm，2021 年 12 月 30 日。

③ 参见《国家外汇管理局综合司关于印发〈资本项目外汇业务指引（2020 年版）〉的通知》，国家外汇管理局官网，http：//www. safe. gov. cn/safe/2021/0122/18098. html，2021 年 1 月 22 日。

断优化利用外资产业结构和区域布局，推动利用外资高质量发展。[①] 伴随《外商投资法》及其实施条例的全面有效落实，外商投资信息报告制度已更加完善，动态监测、事中事后监管和执法体系也逐步健全，目前我国已成为全球第一大外资流入国。OECD 数据显示，2020 年我国外商直接投资流量已首次超过了美国，达到 1630 亿美元。从三次产业看，新时代我国农业、制造业、服务业已形成全面开放新格局。从行业分布看，根据商务部《中国外资统计报告（2021）》数据，2020 年外商投资排名前 7 位的行业分别是：制造业，租赁和商务服务业，房地产业，科学研究和技术服务业，信息传输、软件和信息技术服务业，批发和零售业，金融业，这 7 个行业实际使用外资金额占比超过 90%。2021 年 9 月，国家发展改革委就稳投资稳外资有关情况举行发布会，表示将继续清理外资准入负面清单之外的限制，推动落实外资准入后国民待遇，依法平等对待外资企业和内资企业。

3. 深化证券投资可兑换改革，稳步推进资本项目开放

我国外资流入渠道主要是外商直接投资（FDI）、合格境外机构投资者（QFII、RQFII）和合格境外有限合伙人（QFLP）。从证券投资看，合格境外机构投资者境内证券投资额度取消，进一步便利了境外投资者参与我国金融市场。此外，2020 年 5 月《境外机构投资者境内证券期货投资资金管理规定》发布，合格境外机构投资者可自主选择汇入币种开展境内证券期货投资，并对合格境外机构投资者境内的证券期货投资资金实行登记管理。对于外资流出，合格境内有限合伙人（QDLP）以及合格境内投资者境外投资（QDIE）等业务试点于 2021 年得到进一步推进，并作为中国境内投资人投资于海外市场的创新路径，正逐渐被全国各地所采纳。

4. 服务区域发展，推进私募股权投资基金跨境投资

资本项目外汇管理服务国家重大区域发展战略。2021 年 11 月，北京证

---

① 参见《商务部发布〈“十四五”利用外资发展规划〉》，中华人民共和国商务部官网，http：//www. mofcom. gov. cn/article/xwfb/xwrcxw/202110/20211003210239. shtml，2021 年 10 月 22 日。

券交易所正式开市并发布《北京证券交易所合格境外机构投资者和人民币合格境外机构投资者证券交易实施细则》等6件业务规则。此外，QFLP试点2010年始于上海，目前试点地区已近20个，未来或将走向全国。自《外商投资法》于2020年实施后，国内多地推出修订QFLP试点规则，极大地放宽了审批程序、准入标准及投资范围。QFLP试点改革，不仅有助于拓展投资范围、简化登记手续、便利资金汇兑，而且也有助于吸引更多全球一流投资机构落户。

5. 强化账户管理，开展本外币合一的跨境资金池业务

2021年3月，中国人民银行和国家外汇管理局发布了《进一步便利跨国公司跨境资金统筹使用》，决定在北京、深圳开展跨国公司本外币一体化资金池业务首批试点。加强统计监测，强化风险评估。在宏观审慎管理方面，实施全口径跨境融资宏观审慎管理，由监管机构建立健全联合评审制度，加强事中事后监管，根据收支形势适时进行逆周期调节，以防范跨境资金流动风险。其中，双向宏观审慎管理体现为适度调整外债和境外放款额度，在稳慎经营理念基础上提升跨境投融资的自主性和资金利用效率。

6. 便利境外机构配置人民币债券，稳慎推进人民币国际化

2020年9月，《关于境外机构投资者投资中国债券市场有关事宜的公告（征求意见稿）》《境外机构投资者投资中国债券市场资金管理规定（征求意见稿）》向社会公开征求意见，旨在推动形成中国债券市场对外开放的整体性制度安排，统一开放制度规则和准入管理，优化资金汇兑手续，完善外汇风险管理，便利境外投资者参与中国债券市场。2021年2月《关于进一步优化跨境人民币政策支持稳外贸稳外资的通知》（银发〔2020〕330号）开始实施。2021年2月，人民币跨境收付信息管理系统（RCPMIS）报送规则明确了跨境人民币新政落地的可操作性。2021年7月，本外币合一银行账户体系试点工作有序开展，试点以“币种+账号”模式构建几乎囊括所有银行结算账户的本外币合一银行结算账户体系。宏观审慎管理方面，2020年3月，全口径跨境融资宏观审慎调节参数由1上调至1.25。2021年

10月，国家外汇管理局发布《关于印发〈银行外汇业务合规与审慎经营评估内容〉的通知》，更改银行总行最终评估得分计算公式。①

（三）2021年人民币汇率与国际收支管理概览

全球疫情冲击下，我国国际收支运行和人民币汇率都面临较多外部不确定性因素影响。人民币汇率与国际收支管理对构建国内国际双循环新发展格局发挥了重要作用。

1. 中美汇率联动下人民币汇率走出独立行情

2021年，中美汇率出现了“分叉”，从日度数据来看（见图1），中美汇率改变了原有的联动，即人民币兑美元汇率中间价（直接标价法）与名义广义美元指数（间接标价法）两者在走势上直观呈现“正相关”，而在同一标价法下两者其实“负相关”，人民币汇率走出了自己的独立行情，即相比美元汇率升值，人民币兑美元双边汇率升值幅度更大。这体现了全球疫

图1　人民币兑美元汇率中间价与美元指数

资料来源：Wind数据库。

---

① 银行总行最终评估得分=合规经营评估指标得分×（100-本期评估最终确定的审慎经营评估指标分值）%+审慎经营评估指标得分。参见《国家外汇管理局综合司关于印发〈银行外汇业务合规与审慎经营评估内容〉的通知》，国家外汇管理局官网，http：//www.safe.gov.cn/safe/2021/1014/20044.html，2021年10月14日。

情冲击下的中美周期错位、流动性市场的复杂性，以及金融开放条件下国内央行独立性正稳步提升。

2. 2021年我国国际收支和国际投资头寸概览

2021 年我国国际收支继续呈现经常账户顺差及资本和金融账户（不含净误差与遗漏）逆差“一顺一逆”平衡格局。从国际收支流量看，2021 年我国国际收支基础账户中，一方面，经常账户中的货物贸易顺差相对较为稳定，服务贸易逆差稳步扩大，综合后货物和服务顺差稳中有升；另一方面，资本和金融账户中的直接投资顺差稳中有降。从国际收支存量看，2021 年中国国际投资头寸对外净资产，即对外金融净债权相比 2020 年第二季度的 21996. 8 亿美元（历史峰值）呈稳中有降态势，维持在 2 万亿美元水平上。

表 1　中国国际收支平衡表（BPM6 季度表，当季值）

单位：亿美元

项目 \ 国际收支差额	2020 年第一季度	2020 年第二季度	2020 年第三季度	2020 年第四季度	2021 年第一季度	2021 年第二季度	2021 年第三季度
1. 经常账户	-405	973	933	1238	694	533	736
1. A 货物和服务	-300	1240	1155	1601	965	911	1041
1. A. a 货物	171	1535	1558	1886	1187	1195	1360
1. A. b 服务	-470	-295	-403	-285	-222	-283	-319
1. B 初次收入	-121	-276	-250	-405	-294	-422	-341
1. C 二次收入	16	9	28	42	23	44	35
2. 资本和金融账户	248	-531	-356	-419	-695	133	-483
2. 1 资本账户	-1	0	0	0	0	0	1
2. 2 金融账户	249	-531	-356	-419	-695	133	-484
2. 2. 1 非储备性质金融账户	-2	-340	-263	-173	-345	633	130
2. 2. 1. 1 直接投资	163	47	251	565	757	456	427
2. 2. 1. 2 证券投资	-532	424	439	542	35	162	248
2. 2. 1. 3 金融衍生工具	-46	-45	-23	0	18	-1	20

续表

国际收支差额 项目	2020 年第一季度	2020 年第二季度	2020 年第三季度	2020 年第四季度	2021 年第一季度	2021 年第二季度	2021 年第三季度
2.2.1.4 其他投资	414	-767	-930	-1280	-1155	17	-566
2.2.2 储备资产	251	-191	-93	-246	-350	-500	-614
2.2.2.4 外汇储备	248	-178	-95	-237	-353	-499	-196
3. 净误差与遗漏	157	-442	-578	-819	1	-666	-253

注：①本表计数采用四舍五入原则。②根据《国际收支和国际投资头寸手册》（第六版）编制。③金融账户下，对外金融资产的净增加用负值列示，净减少用正值列示。对外负债的净增加用正值列示，净减少用负值列示。

资料来源：国家外汇管理局。

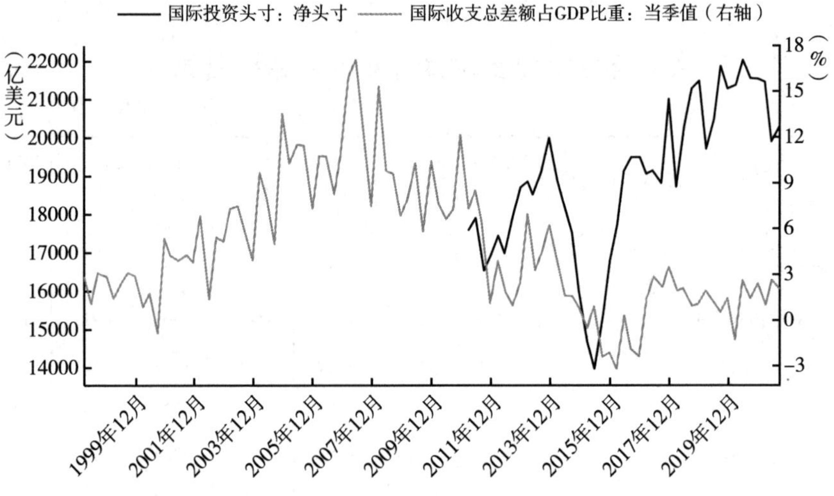

图 2 国际投资头寸对外净资产及我国国际收支总差额占 GDP 比重

资料来源：Wind 数据库。

3. 2021年我国外汇储备经营管理概况

外汇储备是国际收支运行的实际结果，近年来我国外汇储备规模基本稳定在 3.2 万亿美元的水平上（见图 3）。截至 2021 年 12 月末，我国外汇储备规模为 32502 亿美元，环比增长 0.86%。受全球疫情冲击，以及美元指数变化和主要国家金融资产价格涨跌互现等因素影响，我国外汇储备规模稳中有升。①

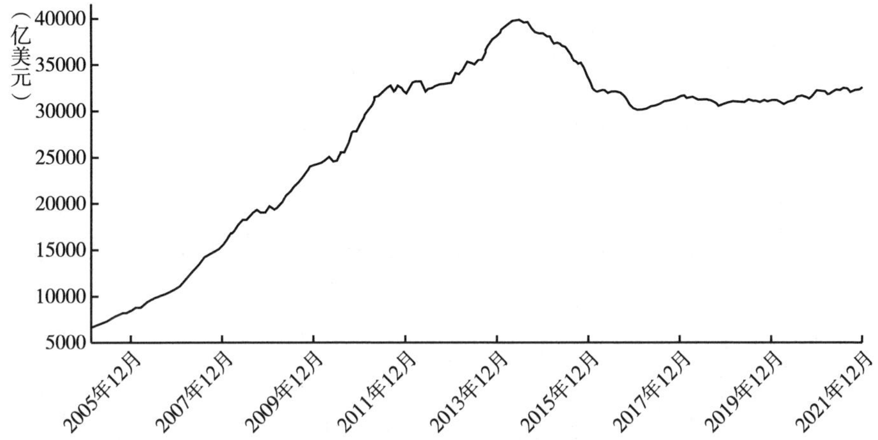

图3　我国外汇储备规模

资料来源：Wind数据库。

4.从外汇储备币种构成看人民币国际使用

面对百年未有之大变局和世纪疫情，要保持人民币在国际货币体系中的作用稳中有升仍任重而道远。从IMF官方外汇储备货币构成（COFER）季度数据看，截至2021年9月，人民币储备在全球已分配外汇储备中的份额达到2.66%，再创新高；同期的美元储备全球占比（59.15%）和欧元储备全球占比（20.48%）均为各自历史较低水平。值得注意的是，日元储备全球占比自2020年以来呈现提升态势（现已达到5.82%），英镑储备全球占比（4.78%）也较为稳定（见图4）。此外，从外汇储备不同币种占比走势看，一方面，人民币与日元在币种确认官方储备使用方面，呈现一定的同步增长态势；另一方面，人民币储备全球占比与美元储备、欧元

① 参见《国家外汇管理局副局长、新闻发言人王春英就2021年12月份外汇储备规模变动情况答记者问》，国家外汇管理局官网，http：//www.safe.gov.cn/safe/2022/0107/20449.html，2022年1月7日。

储备的全球占比相比还有较大差距，如何协调好大国间货币关系值得关注。

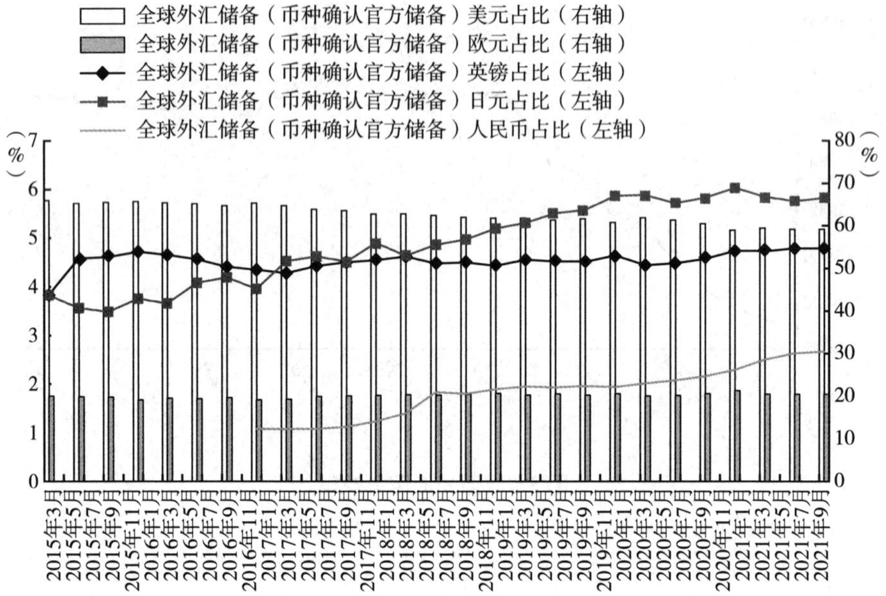

图 4　全球外汇储备中主要储备货币占比

资料来源：Wind 数据库，IMF。

二　2021年外汇管理重要举措评述

当前，国内经济基本面长期向好的大趋势没有变，优化外汇管理，实现国际收支平衡与汇率动态趋稳良性互动，有助于构建国内国际双循环相互促进的新发展格局和实现高质量发展。

（一）全球疫情冲击下我国外汇市场秩序维护

疫情给外汇市场上各类主体带来不确定性，对外汇管理产生重要影响。全球产业链供应链持续调整下外贸外资产业发展承压，并存在“断链”和

“断供”风险，对“稳外贸”、“稳外资”“稳预期”造成新的压力。

1. 抗击疫情保障用汇帮助企业减手续降成本

当前全球疫情变化仍是影响本外币市场和外贸外资的“黑天鹅”事件。我国有关部门面对疫情冲击，积极保障企业用汇。截至2021年10月底，全国通过“绿色通道”共办理货物贸易收付汇业务2.4万笔，金额达88亿美元。[①] 2021年12月，《关于支持新型离岸国际贸易发展有关问题的通知》（银发〔2021〕329号）指出支持基于实体经济发展的新型离岸国际贸易业务，对相关跨境资金结算实行本外币一体化管理。在资本项目收支便利化改革方面，2020年4月，《国家外汇管理局关于优化外汇管理 支持涉外业务发展的通知》（汇发〔2020〕8号）已明确指出在全国推广资本项目收入支付便利化改革，以积极支持企业复工复产，推动涉外经济高质量发展。[②] 总之，外汇管理方面防疫资金及时到位，对帮助企业降成本提供了大力保障。

2. 我国外汇市场总体继续保持基本稳定态势

为进一步优化银行间外汇市场做市商管理，国家外汇管理局对《银行间外汇市场做市商指引》（汇发〔2013〕13号）予以修订，2021年1月发布第三次修订后的《银行间外汇市场做市商指引》，为进一步完善做市商制度奠定了基础。其中已明确指出银行间外汇市场做市商可适度扩大结售汇综合头寸限额区间，实行较灵活的头寸管理。[③] 2021年，我国外汇市场继续保持总体基本稳定态势。一方面，银行代客结售汇几乎全年顺差，其中仅2021年4月为小幅逆差；另一方面，境内银行代客涉外收付款差额全年为正，表明非银行部门与非居民部门中有跨境资金流入。总的来看，央

① 刘斌：《经常项目外汇管理发展与思考》，《中国外汇》2021年第13期。

② 其中，从额度管理看，企业销售资本项目外汇收支便利化额度：企业资本项目外汇收入发生额×宏观审慎系数（宏观审慎系数暂定为1），并要求所在地外汇局加强监测分析和事中事后监管。参见《国家外汇管理局关于优化外汇管理 支持涉外业务发展的通知》，国家外汇管理局官网，http：//www.safe.gov.cn/safe/2020/0414/15970.html，2020年4月14日。

③ 参见《国家外汇管理局关于修订〈银行间外汇市场做市商指引〉的通知》，国家外汇管理局官网，http：//www.safe.gov.cn/safe/2021/0108/18017.html，2021年1月8日。

行外汇占款2021年维持在21万亿元人民币的水平上，折算为美元，维持在3.2万亿美元的水平上。总之，当前我国外汇市场供求基本平衡，外汇储备稳中有升，外汇市场整体基本稳定。

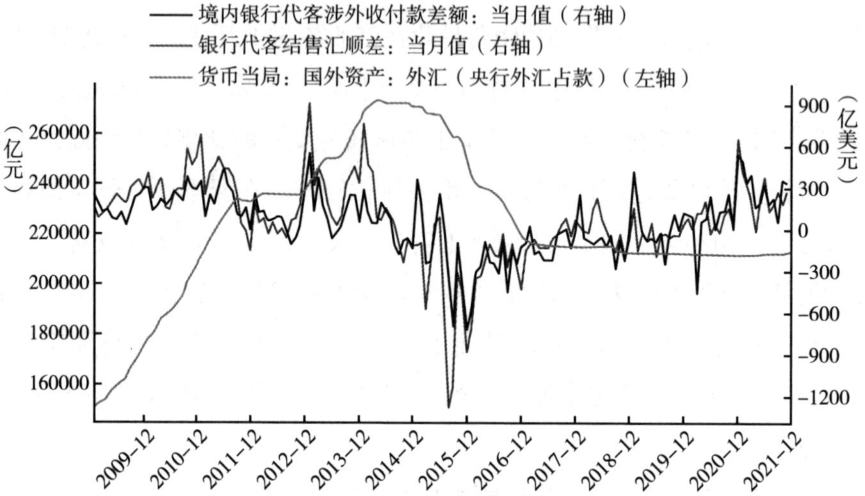

图5　外汇市场资金流动相关指标

资料来源：Wind数据库。

3.优化本外币流动性分层体系差异化管理

为缩减本外币汇差，稳定人民币汇率，2021年12月9日，中国人民银行决定上调金融机构外汇存款准备金率2个百分点（从7%上调到9%）。在此之前，2021年12月6日，中国人民银行决定下调金融机构存款准备金率0.5个百分点。本外币资金在各自存款准备金率“一下一上”的调整下，总量“一增一减”，本外币流动性得以调节。伴随本外币流动性分层体系的不断优化，国内外市场交易的差异化需求将逐步得到满足，这有助于本外币流动性市场高质量发展。2021年5月，全国外汇市场自律机制第七次工作会议在北京召开。总之，伴随外汇市场“金字塔”式“做市商—尝试做市机构—普通会员”三级流动性分层体系不断完善，外汇市场流动性水平和质量将不断提升。

4. 进一步为外汇市场规范运行提供法治保障

2021 年 2 月，中国人民银行和国家外汇管理局印发《银行跨境业务反洗钱和反恐怖融资工作指引（试行）》，指出银行对跨境业务洗钱和恐怖融资风险的识别、评估、监测和控制工作，应贯穿整个跨境业务流程，以及需要综合评估跨境业务金额、币种、期限等与相应的基础交易背景是否匹配等。2021 年 11 月，国家外汇管理局发布《外汇管理行政罚款裁量办法》（汇综发〔2021〕68 号），对现场检查的程序规范性、证据完整性等提出了更高更严的要求。2021 年 12 月，国家外汇管理局发布《外汇市场交易行为规范指引》（汇发〔2021〕34 号），该指引自 2022 年 1 月 1 日起实施，要求重点规范外汇市场交易行为，核心内容是交易管理和信息管理，进一步为外汇市场规范运行提供法治保障。① 总之，维护外汇市场竞争秩序，以“零容忍”态度严厉打击外汇领域违法违规活动已初见成效。

（二）新发展格局下国际收支运行与汇率基本稳定

加快构建新发展格局，统筹发展与安全，需要把防范化解外汇领域风险隐患摆在更重要的位置上，不断完善与更高水平开放型经济新体制相适应的外汇管理，切实维护外汇市场稳定和国际收支安全。

1. 从统筹发展与安全看我国国际收支运行

党的十九届六中全会提出，“把握新发展阶段，贯彻创新、协调、绿色、开放、共享的新发展理念，加快构建以国内大循环为主体、国内国际双循环相互促进的新发展格局，推动高质量发展，统筹发展和安全”②。从统筹发展与安全角度看，国际收支管理，在需求侧以经常账户链接内需和外需，在供给侧以国内外相对价格调整链接经济增长与汇率动态，在货币端以

① 参见《国家外汇管理局副局长、新闻发言人王春英就〈外汇市场交易行为规范指引〉答记者问》，国家外汇管理局官网，https：//www. safe. gov. cn/safe/2021/1203/20298. html，2021 年 12 月 3 日。

② 《〈中共中央关于党的百年奋斗重大成就和历史经验的决议〉辅导读本》编写组：《〈中共中央关于党的百年奋斗重大成就和历史经验的决议〉辅导读本》，人民出版社，2021。

央行资产负债表外汇占款基础货币投放链接需求侧名义货币量和开放条件下的金融运行。从2021年国际收支差额与GDP之比来看，我国的经常账户差额当季值与GDP之比继续处于合理区间并且基本稳定，呈扁“V”形；国际收支总差额当季值与GDP之比以及资本和金融账户差额当季值与GDP之比，两者走势一致（见图6），表明2021年我国国际收支基础依然较为平稳，与此同时，也表明资本和金融账户差额对国际收支总差额更具有主导性。

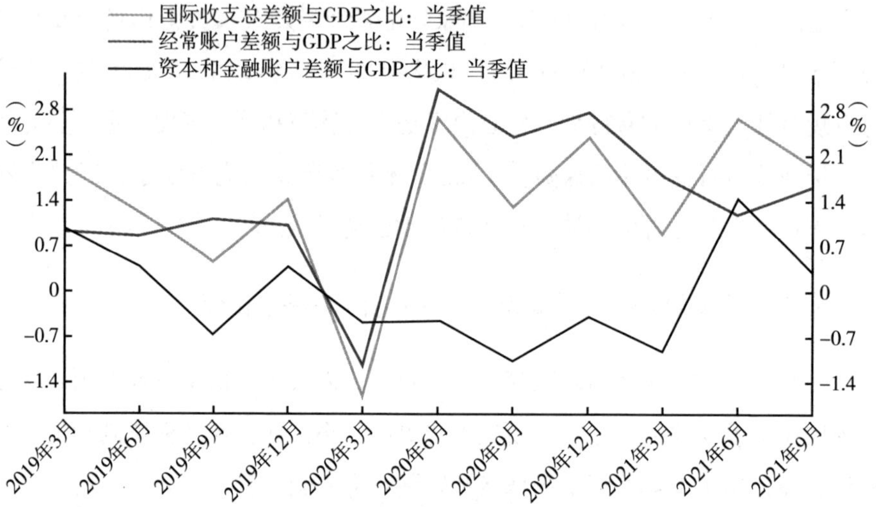

图6　我国国际收支差额与GDP之比走势

资料来源：Wind数据库。

2. 外汇储备是中央银行货币稳健的重要保障

外汇储备既是国家抵御外部冲击的关键防线，也是提升中央银行货币信用的重要因素。从中国人民银行资产负债表看，央行在资产端规模最大的就是央行外汇占款。截至2021年末，外汇资产占央行总资产比重已下降到53.8%，相比近期（2013年末）峰值83.3%，下降幅度近30个百分点（见图7）。值得注意的是，外汇储备收益是央行主要收益来源。多年来，外汇储备经营助力央行实现收益覆盖成本，为维护国内金融稳定提供了有力保障。2013年以后，外汇占款已不再是最主要的基础货币投放方式，但是央行外汇占款占 M2 比重（IMF 用以衡量外汇储备是否充足）与外汇资产占央行总资产比重呈现明显的相关性和同步回落态势。对此，是简单“乐见其成”，还是背后“另有隐忧”值得关注。

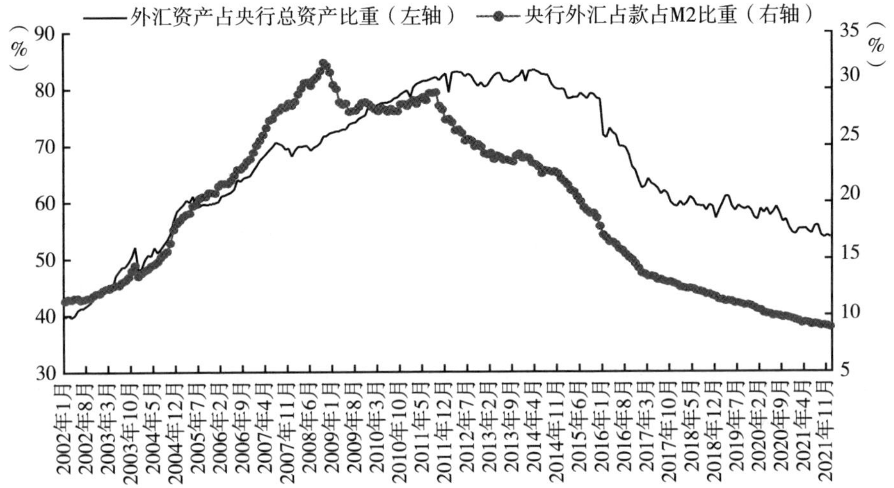

图 7　外汇资产占央行总资产比重与央行外汇占款占 M2 比重走势

资料来源：Wind 数据库，笔者整理绘制。

3. 人民币汇率与国际收支基础账户的关联性

汇率是由外汇市场上外汇的供给和需求决定的，外汇交易对汇率的形成起到基础性作用。汇率市场化实质是让市场在汇率形成过程中发挥决定性作用。建立汇率动态平衡国际收支市场机制，将有助于新发展格局下我国经济高质量发展。值得注意的是，人民币兑美元汇率中间价（逆序）与我国国际收支基础账户差额（经常账户差额与直接投资差额之和）占 GDP 比重自 2013 年以来具有明显的相关性（见图 8）。伴随人民币汇率市场化程度和灵活性不断提升，经济内外均衡更好实现，人民币汇率对国际收支所发挥的自主平衡作用也将不断完善。

（三）稳慎推进人民币国际化与防范跨境资金流动风险

党的十九届五中全会指出“稳慎推进人民币国际化”。国际金融危机

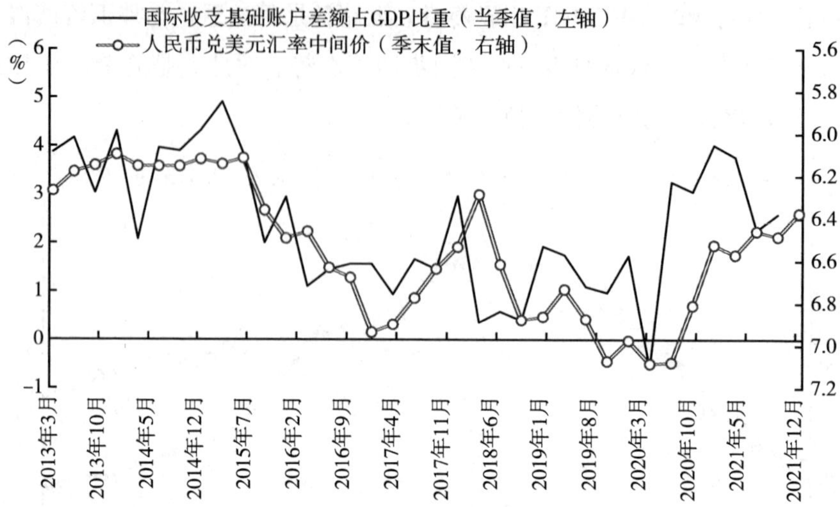

图 8 人民币兑美元汇率中间价（逆序）与我国国际收支基础账户差额占 GDP 比重走势

资料来源：Wind 数据库，笔者整理绘制。

后，市场需求牵引政策供给，人民币资产在全球的吸引力上升，以人民币支付进口和对外合作、再通过出口收取人民币和境外主体投资境内金融市场渠道回流境内的人民币国际大循环逐步形成①。

1. 稳外贸稳外资下人民币国际使用程度稳步提升

2021 年 1 月，人民银行与国家发展改革委、商务部、国资委、银保监会、外汇局等联合发布《关于进一步优化跨境人民币政策 支持稳外贸稳外资的通知》（银发〔2020〕330 号），该通知自 2021 年 2 月 4 日起实施，其中有关境外人民币规定的主要变化是跨境人民币的资本金、外债用途放宽，人民币 NRA 账户可收境外同户名汇入款等。② 2021 年面对全球疫情冲击，不同口径下的跨境人民币使用数额呈现出稳中有升态势。其中，跨境贸易人民币业务结算额当月值、人民币直接投资结算业务当月值、跨境人民币结算

① 潘功胜：《新发展格局下外汇领域的改革开放》，《中国外汇》2021 年第 13 期。

② 参见《人民银行、发展改革委、商务部、国资委、银保监会、外汇局联合发布〈关于进一步优化跨境人民币政策 支持稳外贸稳外资的通知〉》，国家外汇管理局官网，http：//www. safe. gov. cn/shanghai/2021/0108/1439. html，2021 年 1 月 8 日。

额当季值均逆势上扬，并呈现趋势性上升态势，人民币国际大循环已初具规模（见图 9）。2021 年，伴随人民币支付货币和计价货币功能增强，人民币储备货币功能也在稳步显现。截至 2021 年 9 月，人民币储备在全球已分配外汇储备中的份额达到 2.66%，成为仅次于美元、欧元、日元、英镑的全球第五大储备货币和全球第五大支付货币。

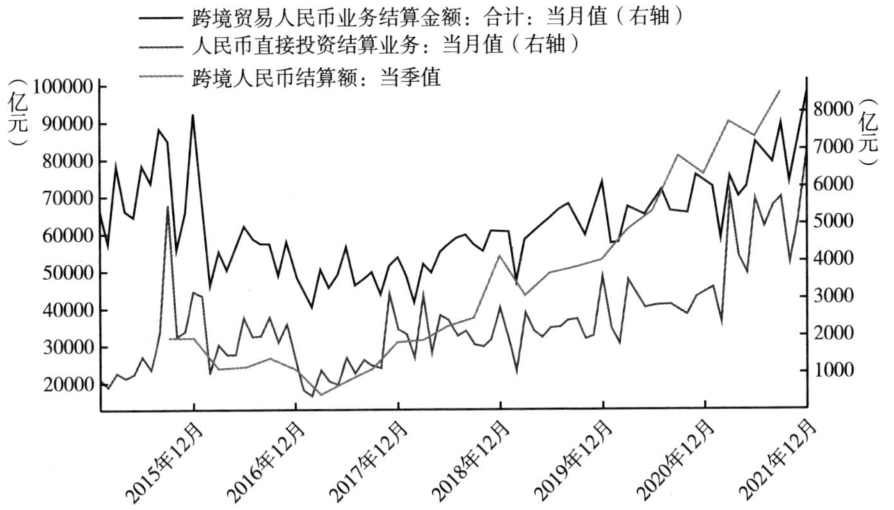

图 9 人民币国际化状况

资料来源：Wind 数据库。

2. 金融账户系统优化促进跨境人民币使用

2021 年 2 月，中国人民银行明确跨境人民币新规 330 号文相关业务的人民币跨境收付信息管理系统（RCPMIS）报送规则，明确了无须报送的情形，使得新政落地更具可操作性。2021 年 3 月 1 日中国人民银行令〔2021〕第 1 号《非银行支付机构客户备付金存管办法》正式实施，规定开展跨境人民币支付业务的非银行支付机构，可以开立 1 个特定业务待结算资金专用存款账户，确有特殊需要可再开立一个备用账户。2021 年 7 月，中国人民银行和国家外汇管理局联合发布通知，自 7 月 26 日起，在多地启动本外币合一银行结算账户体系试点工作。

3. 国内国际双循环相互促进下跨境人民币使用

2021年9月，中国人民银行发布了《关于开展内地与香港债券市场互联互通南向合作的通知》，明确境内投资者范围暂定为经认可的部分公开市场业务一级交易商，QDII和RQDII也可通过“南向通”，即香港与内地债券市场互联互通南向合作，开展境外债券投资。截至2021年第三季度（见表2），国际收支其他投资项下的货币和存款项的负债方，即居民在境外的存款，累计为正的551亿美元，表明非居民在华存款增加（由非居民持有的人民币流动性有所增加）。此外，从我国全口径外债总额币种结构本币外债占比来看，近期也呈现稳中有升态势（见图10）。截至2021年9月，全口径外债总额人民币本币外债（美元计价）为11786亿美元，约占全口径外债总额的44%。此外，伴随本币外债所刻画的人民币国际化程度的提升，短期外债与外汇储备之比在2021年也呈现先升后降态势。综上所述，一方面，面对全球疫情冲击，人民币国际使用频次提高，人民币资产更具吸引力；另一方面，结合亚洲金融危机经验教训①，我国短期外债与外汇储备之比仍在持续攀升，并呈现扁倒“V”形，对此也需引起关注。

表2　跨境资金流动情况

单位：亿美元

	2020年第一季度	2020年第二季度	2020年第三季度	2020年第四季度	2021年第一季度	2021年第二季度	2021年第三季度
2.2.1 非储备性质的金融账户	-2	-340	-263	-173	-345	633	130
2.2.1.1 直接投资	163	47	251	565	757	456	427
2.2.1.2 证券投资	-532	424	439	542	35	162	248
2.2.1.3 金融衍生工具	-46	-45	-23	0	18	-1	20
2.2.1.4 其他投资	414	-767	-930	-1280	-1155	17	-566
2.2.1.4.1 资产	105	-806	-1286	-1155	-1766	-886	-481
2.2.1.4.1.1 其他股权	0	0	-4	-1	0	-4	0

① 短期外债与外汇储备之比作为短期货币错配指标，在危机期间相对较高甚至有上升的情况，在危机爆发后，迅速下降。

续表

	2020 年第一季度	2020 年第二季度	2020 年第三季度	2020 年第四季度	2021 年第一季度	2021 年第二季度	2021 年第三季度
2.2.1.4.1.2 货币和存款	92	-405	-507	-483	-698	-201	-237
2.2.1.4.1.3 贷款	-385	-138	-473	-286	-961	-424	16
2.2.1.4.1.4 保险和养老金	-14	-16	-13	10	-11	-16	-7
2.2.1.4.1.5 贸易信贷	467	-154	-312	-370	122	-163	-220
2.2.1.4.1.6 其他	-54	-92	23	-25	-218	-79	-34
2.2.1.4.2 负债	309	39	356	-125	612	903	-84
2.2.1.4.2.1 其他股权	0	0	0	0	0	0	0
2.2.1.4.2.2 货币和存款	389	-67	310	143	393	444	-286
2.2.1.4.2.3 贷款	129	80	-120	-443	136	204	-200
2.2.1.4.2.4 保险和养老金	7	5	8	13	10	11	8
2.2.1.4.2.5 贸易信贷	-377	-26	257	221	-28	172	57
2.2.1.4.2.6 其他	161	48	-99	-59	100	71	-80
2.2.1.4.2.7 特别提款权	0	0	0	0	0	0	416
2.2.2 储备资产	251	-191	-93	-246	-350	-500	-614
2.2.2.4 外汇储备	248	-178	-95	-237	-353	-499	-196

注：表内计数采用四舍五入原则。

资料来源：国家外汇管理局、Wind 数据库和笔者整理。

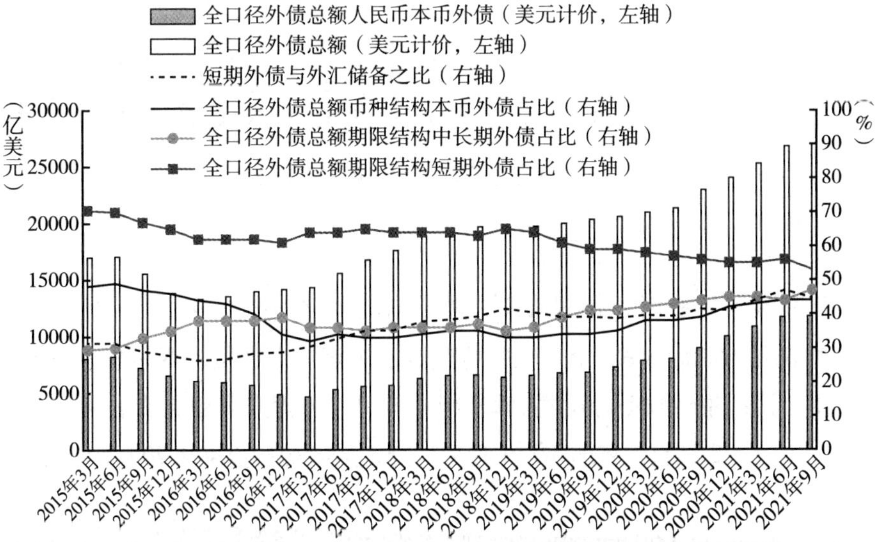

图 10　短期外债与外汇储备之比及全口径外债总额币种和期限结构

资料来源：Wind 数据库。

4. 跨境资金流动呈现净流出先扩大而后逐步收敛态势

按照IMF通用的国际收支平衡表（BPM6）非储备性质的金融账户剔除直接投资形式的资本流动，采用其中的非直接投资形式的跨境资金流动来衡量跨境短期资本流动状况。2021年我国跨境资金外流压力相比2020年先增大而后降低。综合来看，受全球疫情冲击，2021年跨境资金流动整体呈现净流出态势；从实际规模看，目前跨境资金流动净流出已向零线收敛。此外，从人民币兑美元汇率中间价走势与跨境短期资本流动之间的关系来看，2021年以来两者相关性有所增强，也值得予以关注。

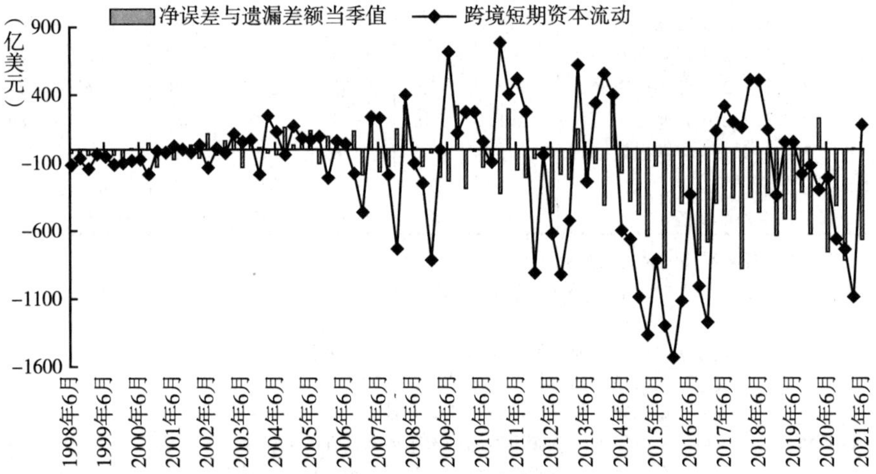

图11 基于国际收支的中国跨境短期资本流动

资料来源：Wind，笔者整理绘制。

5. 完善"宏观审慎+微观监管"两位一体管理框架

外汇风险准备金率和全口径跨境融资宏观审慎系数是宏观审慎工具箱中的重要工具，并会被动态调整。2020年10月，中国人民银行在官网宣布自2020年10月12日起，将远期售汇业务的外汇风险准备金率从20%下调为0。①

① 参见《中国人民银行决定将远期售汇业务的外汇风险准备金率下调为0》，中国人民银行官网，http://www.pbc.gov.cn/goutongjiaoliu/113456/113469/4108179/index.html，2020年10月10日。

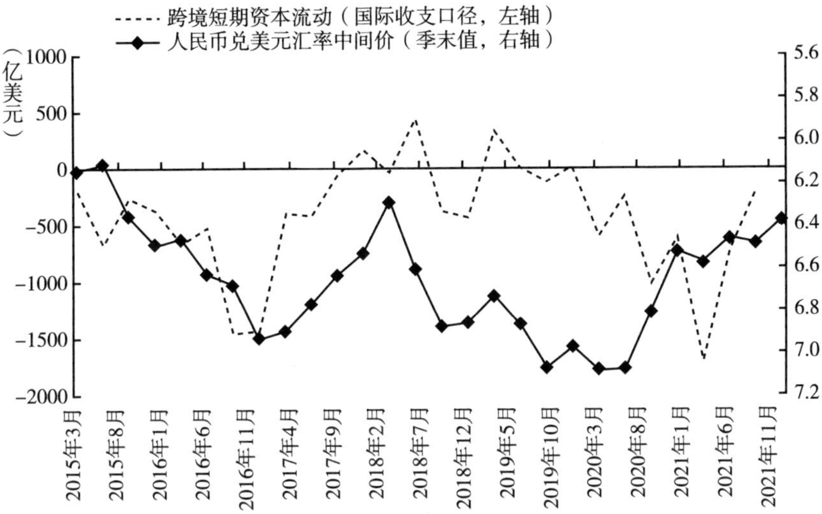

图12　中国跨境短期资本流动与人民币汇率

资料来源：Wind，笔者整理绘制。

这意味银行代客进行远期购汇无须再缴纳20%的准备金（实际上是对购汇方向的松绑），汇率避险进入了双向平衡时期。2020年12月，中国人民银行和国家外汇管理局将金融机构跨境融资宏观审慎调节参数从1.25下调至1，强调金融机构应树立“风险中性”理念，更好地服务经济社会发展。[①] 2021年1月，中国人民银行和国家外汇管理局将境内企业境外放款的宏观审慎调节系数由0.3上调至0.5，以限制外债流入，鼓励资金流出。2021年，外汇存款准备金率上调旨在收紧境内的美元流动性，同时缓解人民币的升值压力。

三　2022年外汇管理改革展望

党的十九届五中全会明确提出“稳慎推进人民币国际化”。中国从不成

① 参见《中国人民银行、国家外汇管理局调整跨境融资宏观审慎调节参数》，中国人民银行官网，http：//www.pbc.gov.cn/goutongjiaoliu/113456/113469/4142671/index.html，2020年12月11日。

熟债权国向成熟债权国转型需要提高人民币国际化程度。为此，应将人民币打造成为由“中国创造”支撑的生产性世界货币。

（一）进一步稳慎有序推进跨境人民币国际使用

稳步推进人民币资本项目可兑换的关键在于提振信心。在资本项下人民币与外币还没有完全实现可兑换的情况下，应继续实施与我国实际相适应的特别的金融账户自由化措施。在统筹发展与安全的同时，要稳慎推进金融市场开放和资本项目可兑换。一方面，夯实人民币跨境循环使用的“输出—环流—回流”渠道；另一方面，要积极打造全球安全资产的资产池。在打通人民币跨境循环“堵点”的同时，进一步提升人民币跨境清算机制及跨境循环使用的便利性，稳步提升人民币的国际使用意愿和自由水平。

（二）密切关注外部冲击传导和跨境短期资金异动

从守住底线的角度看，跨境短期资金异动不仅是外部冲击传导到国内的重要传输渠道，也是可能触发系统性金融风险以及加强宏观审慎管理的关键点所在。特别是在国内私人部门举借短期外债较多时，一旦偿债压力与跨境短期资金流动逆转相互叠加，外汇市场压力将会进一步凸显。为此，必须进一步增强外汇市场抵御外部冲击，特别是大规模、高波动性跨境短期资金异动的“韧性”，提前做好外汇市场“稳预期”“去杠杆”“补短板”及维护国际收支安全的各项预案，与充分的宏观审慎管理工具箱优化组合，积极应对跨境短期资金异动风险。

（三）汇率市场化改革下涉外金融稳健高效运行

加快促进中国外汇市场的高质量发展，实现人民币汇率市场化形成机制下涉外金融稳健高效运行，关键是要把握好金融运行过程中内部均衡和外部均衡之间的平衡，坚持“以我为主”。进一步加强外汇市场基础设施建设，同时优化涉外金融运行的“预期引导”，为后续货币政策调控、人民币国际化和外部冲击防范，创造积极的政策空间及良好稳定的高质量运行和发展环境。

参考文献

［1］《〈中共中央关于党的百年奋斗重大成就和历史经验的决议〉辅导读本》编写组：《〈中共中央关于党的百年奋斗重大成就和历史经验的决议〉辅导读本》，人民出版社，2021。

［2］潘功胜：《稳中求进 推动外汇管理事业高质量发展》，《中国外汇》2022 年第 1 期。

［3］潘功胜：《新发展格局下外汇领域的改革开放》，《中国外汇》2021 年第 13 期。

［4］潘功胜：《理性看待我国外汇储备规模的变化》，《求是》2017 年第 13 期。

［5］刘斌：《经常项目外汇管理发展与思考》，《中国外汇》2021 年第 13 期。

附　录

2021 年外汇管理相关政策

序号	发布时间	文件名称	制定部门（文号）
1	1 月	《服务贸易外汇管理政策问答（二）》	国家外汇管理局
2	2 月	《中国人民银行 国家外汇管理局印发关于〈银行跨境业务反洗钱和反恐怖融资工作指引（试行）〉的通知》	中国人民银行和国家外汇管理局（银发〔2021〕16 号）
3	3 月	《非银行支付机构客户备付金存管办法》	中国人民银行令〔2021〕第 1 号
4	3 月	《进一步便利跨国公司跨境资金统筹使用》	中国人民银行和国家外汇管理局
5	4 月	《关于进一步推进个人经常项目外汇业务便利化的通知》	国家外汇管理局（汇发〔2021〕13 号）
6	7 月	《关于加快发展外贸新业态新模式的意见》	国务院办公厅（国办发〔2021〕24 号）
7	9 月	《关于开展内地与香港债券市场互联互通南向合作的通知》	中国人民银行

续表

序号	发布时间	文件名称	制定部门(文号)
8	10月	《关于印发〈银行外汇业务合规与审慎经营评估内容〉的通知》	国家外汇管理局
9	10月	《“十四五”利用外资发展规划》	商务部
10	10月	《关于印发〈“十四五”服务贸易发展规划〉的通知》	商务部等24部门
11	11月	《北京证券交易所合格境外机构投资者和人民币合格境外机构投资者证券交易实施细则》等6件业务规则	北京证券交易所
12	11月	《国家外汇管理局年报(2020)》	国家外汇管理局
13	12月	《关于支持新型离岸国际贸易发展有关问题的通知》	中国人民银行和国家外汇管理局(银发〔2021〕329号)
14	12月	《外汇市场交易行为规范指引》	国家外汇管理局(汇发〔2021〕34号)
15	12月	《贸易信贷统计调查制度》	国家外汇管理局(汇发〔2021〕33号)

专题研究

Special Reports

B.8

金融风险攻坚战的经验总结及政策启示

郑联盛　许鑫岳*

摘　要： 金融风险攻坚战是金融稳定和金融安全的重大依托，是全面建成小康社会的基本保障之一。历经3年，金融风险攻坚战取得了实质性突破，系统性金融风险威胁大大降低，金融服务实体经济的能力有所提高，重点领域和重要环节的风险处置取得重大进展，金融风险防控长效机制建成。金融风险攻坚战取得实质性突破得益于党对金融工作的领导、系统性金融风险有效化解、创新实施双支柱政策体系、重大风险专项整治以及金融供给侧结构性改革等的综合支撑。在新发展格局下，要深入总结金融风险攻坚战的经验启示，常态化防控既有风险"反扑"，重点应对外溢效应风险，创新处置金融科技风险，妥善解决政策伴生风险，以保障金融稳定和金融安全。

* 郑联盛，经济学博士，研究员，中国社会科学院金融研究所金融风险与金融监管研究室主任，主要研究方向为宏观经济、金融风险和金融监管等；许鑫岳，中邮理财有限责任公司固定收益部资深投资经理，主要研究方向为宏观经济与金融风险、境内外债券投资管理等。

关键词： 金融风险攻坚战　系统性风险　新发展格局　金融稳定

金融风险攻坚战是三大攻坚战的重要组成部分，是党中央国务院重要的政策要求和政策部署，是全面建成小康社会的基本保障之一。2017 年 10 月，党的十九大报告提出要坚决打好防范化解重大风险、精准脱贫、污染防治的三大攻坚战，其中重大风险就包括金融风险。金融风险攻坚战的政策要求与习近平总书记在 2017 年 4 月 25 日中共中央政治局第四十次集体学习中和 2017 年 7 月 14~15 日第五次全国金融工作会议中关于金融安全、系统性金融风险防范化解等的要求是一脉相承的。

三大攻坚战已取得决定性胜利，以系统性金融风险防范化解为核心的金融风险攻坚战同样取得重要阶段性成果，我国系统性金融风险威胁明显有所缓解，金融体系稳定运行，金融安全得到保障。2021 年 8 月的中央财经委员会第十次会议以及 2021 年底的中央经济工作会议均强调，要坚持底线思维，增强系统观念，统筹做好重大金融风险防范化解工作。在新发展阶段中，我国面临的内外金融风险形势更加复杂，特别是在需求收缩、供给冲击和预期转弱的三重压力下，金融风险防控的压力更加凸显。金融风险攻坚战经验总结对于以国内大循环为主、国内国际双循环相互促进的新发展格局下的金融风险防控和金融安全保障具有重要的政策启示价值。

一　金融风险攻坚战的政策框架

（一）金融风险攻坚战的重要性提高至国家安全战略高度

金融风险攻坚战核心目标是确保金融稳定和金融安全。金融安全是国家安全的重要组成部分。2017 年 4 月 25 日在中共中央政治局第四十次集体学习中，习近平总书记强调，金融安全是国家安全的重要组成部分，是经济平稳健康发展的重要基础。从政策逻辑上看，系统性金融风险是金融系统稳定的最大威胁，有效防范化解系统性金融风险是确保金融稳定和金融安全的重大任务。在2018年4月2日的中央财经委员会第一次会议中，习近平总书记再次强调，防范化解金融风险，事关国家安全、发展全局、人民群众财产安全，是实现高质量发展必须跨越的重大关口。在党中央国务院的部署之下，国务院金融稳定发展委员会成立并运行，主要承担金融风险攻坚战相关政策协调功能，并着重部署金融风险防控政策。基于重要的职能优化和机构安排，中国人民银行在系统性金融风险防控上被赋予更大的政策职能，主要负责制定宏观审慎政策。银保监会、证监会等金融管理部门着力实施各自领域的金融风险攻坚战，对重大风险、重点领域和重要环节的金融风险进行了部署。

（二）金融风险攻坚战的落脚点是提升金融服务实体经济效益

金融风险攻坚战要使得金融系统减少空转、降低风险、回归本源，更好地服务实体经济。在2017年7月14~15日的第五次全国金融工作会议中，习近平总书记强调，金融安全是国家安全的重要组成部分，金融制度是经济社会发展中重要的基础性制度。经济兴，金融兴；经济强，金融强；金融活，经济活；金融稳，经济稳。经济与金融的关系是主辅关系，经济具有决定性，金融具有服务性。作为现代市场经济的血液，金融不稳，经济就不能稳，经济结构转型、模式升级和长期可持续发展就难以得到保障。防范化解系统性金融风险，确保金融体系稳定与安全，是发挥金融服务实体经济功能的基础，是确保金融部门有效服务高质量发展的重要之举。

（三）防止发生系统性金融风险是金融攻坚战的根本任务

防范化解系统性金融风险是金融工作的永恒主题。在政策安排上，金融监管部门主动把防控系统性金融风险放在更加重要的位置，根据金融体系总体与各个金融部门的自身特点和金融风险演进状况着力部署防范、化解和处置重点领域风险。2019年2月22日在中共中央政治局第十三次集体学习中，习近平总书记进一步要求，精准有效处置重点领域风险，坚决打好防范化解金融风险在内的重大风险攻坚战。金融风险演进具有持续的时间累积效应以及复杂的跨空间交互传染机制，通过重大的专项攻坚，针对性开展重大风险攻坚行动，降低金融体系顺周期效应，减少金融体系空间关联性，是有效防止系统性金融风险的重要之举。特别是在内外经济形势日益复杂的情形下，有效应对外部冲击或发达经济体政策外溢效应也是防止发生系统性金融风险的重要任务。

二 金融风险攻坚战深化对系统性金融风险传染的认识

（一）两个维度认识系统性金融风险传染

金融风险攻坚战中的理论探索和政策实践表明，系统性金融风险传染具有时间和空间两个维度。时间维度的传染是指金融风险与经济体系在不同经济周期中相互交织下的风险累积效应，当经济处于上升周期时，金融体系承担的风险提高，风险头寸大幅增加；当经济处于下行周期时，金融体系承担的风险急剧减少甚至“断裂”，风险资产出现抛售潮，金融价格急剧下挫，资产负债表恶化，并向其他领域传染，即金融体系顺周期效应（或亲周期性）。[①] 在金融体系顺周期效应中，宏观杠杆率是最为典型的风险指标，而与之相关的流动性风险是最为重大的风险之一。

空间维度的传染是指金融风险跨部门、跨市场、跨区域甚至跨国家的传染，主要体现在四个方面：一是在特定市场中，不同金融机构之间的风险相互传染；二是在整个金融系统中，金融风险在不同行业、市场中相互传染并不断强化；三是在金融体系和经济体系的交互过程中，金融风险与经济风险相互交织反馈和恶化，进而形成系统性破坏或经济金融危机；四是金融风险跨国境传染，如美国货币政策具有极强的外溢效应。[②]

① Financial Stability Board（FSB），“Addressing Financial System Procyclicality：A Possible Framework，” Note for the FSF Working Group on Market and Institutional Resilience，September 2008.

② 杜婕、曹为宇：《美国货币政策对中国经济的冲击效应》，《社会科学战线》2020 年第 8 期。

（二）系统性金融风险的基本特征

金融风险是一种重要的经济风险，但由于金融部门的信用转换、期限转换和风险转换等本质属性，金融风险具有独特的风险特征。从国内外金融风险演进和重大风险应对处置的经验中，可总结出系统性金融风险具有四个特征。[①] 一是全局性。系统性金融风险一旦爆发，便将严重威胁金融市场、金融体系及宏观经济，可能引发对整个经济体系的严重破坏甚至造成经济体系失能。二是传染性。重大金融风险由于自身风险的累积性和各个市场的复杂关联性，会通过信息或预期渠道从一个市场传染到多个市场，从而形成从点到面再到整个系统的风险传染路径。金融危机的爆发往往伴随经济危机的爆发，使经济增长和就业受到重创。[②] 三是内生性。重大金融风险或系统性金融风险与金融体系内部的结构扭曲和制度错配等直接相关，与经济周期波动、经济结构扭曲以及经济制度或政策审慎性等也直接相关。四是偶然性。系统性金融风险的触发及传染大多具有或然性，金融管理当局较难甄别风险会在什么时候、在哪个领域被触发又通过何种渠道进行传染等。[③] 这使得重大金融风险的冲击往往超乎政策当局想象。

（三）系统性金融风险具有五大来源

对系统性金融风险的来源研究具有不同的分析框架，也具有差异化的结论。结合我国重大金融风险防范、化解和处置的经验，特别是 2018 年开始的金融风险攻坚战的具体实践来看，我国系统性金融风险既有与根据理论和国际社会实践所总结出来的来源相似的来源，也有具有中国特色的风险来源[④]。第一，宏观经济的周期变化和结构演进是金融部门风险的首要来源。

① 郑联盛：《防范化解系统性金融风险》，《中国社会科学报》2019 年 3 月 20 日。

② 陶玲、朱迎：《系统性金融风险的监测与度量——基于中国金融体系的研究》，《金融研究》2016 年第 6 期。

③ 胡滨、郑联盛：《我国金融风险的类型、程度、比较与化解之策》，载于胡滨主编《中国金融监管报告（2018）》，社会科学文献出版社，2018。

④ 胡滨：《系统性金融风险来源及防范》，《改革》2017 年第 8 期。

由于经济对金融具有决定性，经济周期波动将直接影响金融部门，经济形势向好金融部门资产质量就提升；经济下行压力加大，金融部门资产质量就下降，金融资产价格可能就大幅下跌，金融风险就加速暴露。第二，金融部门内生性风险是系统性金融风险的第二来源。金融机构个体理性行为可能引致集体谬误。金融从业人员、金融机构以及金融机构股东等对个人报酬、机构经营和资本回报具有内驱性的诉求，将可能通过过度冒险、隐秘风险、期限错配等方式来获得更好的收益。但是，这些操作可能就是重大风险的来源，将可能会带来流动性风险、资产负债表恶化以及期限错配等内生性风险并引发跨部门风险溢出效应。[①] 第三，外部冲击是系统性金融风险的第三来源。在全球经济金融一体化过程中，各个经济体之间的政策具有互溢性且存在不对称效应，特别是发达经济体政策的外溢效应是外围经济体金融稳定的重大冲击因素。而且，内部风险脆弱性相互叠加，最后可能形成风险共振。过去3~4年，中美贸易摩擦、特朗普政府单边主义行径、美联储无限量化宽松以及2022年美联储缩表及加息等政策变化，俄乌冲突等地缘政治因素，都成为影响中国金融稳定的外部因素。当前，乌克兰危机、新冠肺炎疫情、美联储货币政策调整等叠加，可能会给中国带来新的挑战。第四，宏观政策以及金融改革等可能引发的风险是伴生性显著的金融风险。货币金融政策是应对风险的基本保障，但非审慎金融货币政策也可能会是风险的诱发因素。比如，美国金融危机之前的货币政策基准利率“过低且过久”，使得金融机构风险敏感度下降、风险偏好度提高，最后引发货币政策的风险承担效应。[②] 同时，在金融市场开放过程中，可能会产生外部风险内卷或内外风险共振。第五，技术创新与应用将衍生重大的金融风险。技术和金融的融合可能使得金融部门的风险具有金融风险的属性，同时又具有技术风险的秉性。技术创

---

① 杨子晖、陈雨恬、谢锐楷：《我国金融机构系统性金融风险度量与跨部门风险溢出效应研究》，《金融研究》2018年第10期。

② Claudio, E., V. Borio and H. Zhu, “Capital Regulation, Risk-taking and Monetary Policy: A Missing Link in the Transmission Mechanism,” BIS Working Paper, No. 268, 2008; Borio C., Zhu H., “Capital Regulation, Risk-taking and Monetary Policy: A Missing Link in the Transmission Mechanism?” *Journal of Financial Stability*, 2012.

新、金融业务和实体经济的关联更加密切，必然会导致金融体系的内部关联性和复杂性进一步强化，可能引发重大技术失败和系统重要性问题。①

三　我国金融风险攻坚战的绩效评估

（一）我国金融风险攻坚战取得实质性突破

前期金融风险政策的实施为金融风险攻坚战提供了重要的支撑。2018年以来，在宏观审慎评估体系基础上，金融管理部门不断强化金融监管力度，总量性去杠杆、影子银行处置、资产管理新规、地方政府债务管理等政策不断出台或完善，较为有效地减少了金融部门的风险暴露，降低了金融部门内部的风险关联性，降低了金融部门与实体经济之间的关联复杂性。经过三年左右的高压、专业和相对精准的处置，我国系统性金融风险的威胁有所缓释。

2018 年以来，在金融风险攻坚战的政策实施中，系统性金融风险防范化解取得阶段性进展和实质性突破。监管当局坚决贯彻底线思维，宏观审慎政策和微观监管政策双管齐下，政策协调与配合逐步深化，重要领域和重要环节的风险被全面清查、整顿和治理，地方政府债务处置、互联网金融专项整治、资产管理新规、房地产融资规范等重要政策的出台和实施，有效防控了重大金融风险。即使面临新冠肺炎疫情全球大流行的冲击，我国金融体系整体依旧保持稳定，高风险金融机构风险得到较好地处置，重点领域风险得到有序治理，监管规制逐步得到完善提升。2021 年 8 月，中央财经委员会第十次会议充分肯定金融风险攻坚战的成绩，认为防范化解重大金融风险攻坚战取得重要阶段性成果。面对新冠肺炎疫情和中美博弈等内外冲击，2021年中央经济工作会议进一步强化了系统性金融风险防控的政策要求。

---

① 李文红、蒋则沈：《金融科技发展与监管：一个监管者的视角》，《金融监管研究》2017 年第 3 期。

（二）金融服务实体经济的功能不断提升

总体上看，经过金融风险攻坚战的集中专项攻坚，我国重大金融风险特别是系统性金融风险上升势头得到有效遏制，金融脱实向虚、资本盲目扩张以及金融空转等问题得到较好的扭转，[①] 宏观杠杆率快速上升的势头得到较好控制，系统性金融风险防控取得阶段性成果，金融服务实体经济功能有所提升。金融部门间的部分“同业”业务是金融空转的重要领域，尤其是银行与非银行金融机构之间的错综复杂的债务债权关系更加凸显了金融体系风险。2018 年 4 月，资产管理新规出台之后，银行之间以及银行与非银行金融机构之间的空转问题得到较好地解决。银行与银行间的债务总额增速放缓，银行与非银行金融机构的债务总额呈现下降趋势。大量表外业务回归表内，同时，表内业务服务实体经济的功能在提升，特别是中小微企业贷款、“三农”贷款、绿色信贷等大幅增加。当然，金融服务实体经济的总体效能还有待进一步优化，货币市场到信贷市场的政策传导效率还有待进一步提升，金融服务的结构性、精准性和有效性仍有较大提升空间。

（三）重点领域的风险处置取得重大进展

结构上看，金融部门过快扩张、影子银行乱象、资产管理多重嵌套、房地产市场金融化泡沫化、地方政府隐性债务风险和互联网金融野蛮生长等重大领域或重要环节的风险得到有效控制，系统性金融风险大大降低，为金融风险攻坚战取得实质性突破奠定了坚实的基础。

一是金融部门相对于其他经济部门资产扩张较快的现象得到了缓解。以银行业为例，2018~2020 年银行业向实体经济提供的信贷资金和债券投资增长速度远高于银行资产扩张速度。2020 年新冠肺炎疫情冲击下，金融部门让利 1.5 万亿元的政策进一步强化了金融部门服务实体经济的功能。2021 年以来，金融部门继续强化对实体经济的服务功能，也继续对实体经济做出

① 郭树清：《坚定不移打好防范化解金融风险攻坚战》，《求是》2020 年第 8 期。

实质性“让利”。

二是影子银行得到较为有效整治，跨界嵌套风险得到实质性缓解。在对不规范的同业业务、理财业务和表外非传统信贷业务进行整治后，2018 年监管当局出台资产管理新规及其配套政策，使得影子银行规模大幅下降，其中同业理财、同业投资、银信合作、券商资管、基金子公司资管等规模显著下降。比如，2020 年末，信托公司资产管理规模最大下降幅度超过 20%①。在功能监管得到不断强化的背景下，影子银行的风险进一步缓释，监管规避和监管套利等影子银行业务明显减少。

三是房地产市场金融化泡沫化得到初步控制。2016~2017 年国内房地产市场金融化泡沫化倾向较为显著，房地产价格快速上涨，房地产市场乱象丛生，各种资金违规进入房地产市场。在“房住不炒”和“一城一策”的政策框架下，相关部门出台差异化住房信贷政策，强化房地产企业资金监测、融资管理制度和资金集中度要求，严防资金违规进入房地产市场，建立健全房地产金融宏观审慎管理制度，房地产市场金融化泡沫化现象得到较好控制。其中，2020 年房地产贷款增速 8 年来首次低于各项贷款增速，新增房地产贷款规模占全部新增贷款的比重从 2016 年的 44.8%大幅下降至 28%。② 2021 年以来，党中央国务院继续强化对房地产市场金融化泡沫化的应对与处置，继续坚持和优化“房住不炒”政策，并通过“一城一策”保持一定的政策弹性。

四是地方政府隐性债务得到较好整治，市场化融资约束机制基本建立。首先，在债务总量管理上，国家对地方政府债务实行限额管理，严控地方政府融资增量，“堵后门”严禁违法违规为地方政府或融资平台提供融资。其次，在债务存量化解上，相关部门实施了以债务置换为核心支撑的存量债务风险化解工作，明显缓释了地方政府债务的流动性风险和偿付压力。再次，在债务增量约束上，“开前门”建立了以地方政府一般债券

① 初始数据来自 wind。

② 《中国人民银行金融市场司司长邹澜在国务院新闻办公室新闻发布会上的讲话》，2021 年 1 月 15 日。

和专项债券为核心的融资方式，并强化了以信息披露机制为核心的市场约束机制。最后，在债务管理长效机制上，持续强化预算管理、融资约束和偿付要求，形成法治化的地方债务管理机制。2021 年 7 月监管部门下发《银行保险机构进一步做好地方政府隐性债务风险防范化解工作的指导意见》（银保监发〔2021〕15 号），进一步强化地方政府隐性债务管理，特别要求银行保险机构对接财政部监测平台，在提供融资前需确认融资主体是否涉及地方政府隐性债务。

（四）金融风险防控长效机制基本建成

金融风险防控制度建设上，我国强化了党对金融工作的领导，构建了以国务院金融稳定发展委员会为协调机构的重大金融风险应对处置机制，形成了以国务院金融稳定发展委员会为支撑、中国人民银行负责货币政策和宏观审慎政策、行业监管机构负责微观监管以及地方金融监管局负责防范区域性金融风险的风险防控处置长效机制和组织架构。同时，金融风险防控的法律制度规范不断完善，为金融风险攻坚战提供了扎实的法治支撑。2017 年中国人民银行优化宏观审慎政策体系，2018 年多部委联合出台资产管理新规及其配套政策，2019 年《证券法》修订并试点注册制，2020 年《金融控股公司监督管理试行办法》和《系统重要性银行评估办法》正式颁发，2020 年底以来监管机构不断强化对大型互联网平台的反垄断监管。这些制度及政策为银行业广义信贷、资本金和定价管理，影子银行整治，资本市场和平台经济等创新规范发展，以及重大风险防控等提供了保障。2021 年，监管机构还强化了对资本无序扩张等的监管。

四　金融风险攻坚战的经验总结

过去数年，金融风险的隐蔽性、复杂性、突发性和传染性使得党和国家高度重视防控金融风险，防范化解系统性金融风险上升至国家战略和国家安全的高度，金融风险攻坚战取得了实质性进展。在双循环新发展格局中，我国要系统总结金融风险攻坚战的经验启示，构建一个防控系统性金融风险的长效机制，全局化、精准化和专业化应对重要领域和重大安全环节风险，坚决守住不发生系统性金融风险的底线，确保国家金融稳定和金融安全。

（一）加强党对金融风险攻坚战的领导

党中央将防范化解金融风险和确保金融安全提升至国家安全的高度，是金融风险攻坚战和系统性金融风险防控取得重要进展的基本保障。党中央对金融工作进行集中统一领导，不断优化党领导金融工作的制度安排，动态优化金融发展和风险防控战略部署，着重强化对重大环节金融风险和系统性金融风险的防范、化解和处置工作，特别是合理处置风险暴露和问题机构，是金融风险攻坚战取得阶段性成果的最基础保障。

（二）注重系统性金融风险防控

充分认识经济周期与金融周期时间维度上的不同步性、非线性及政策动态的不一致性等难题，以资本充足率、逆周期缓冲资本、贷款价值比、债务收入比、动态拨备等来防范顺周期效应，重点控制宏观杠杆率并有效应对流动性风险。[①] 深入剖析空间维度上的风险传染机制，将风险防控政策重点集中在房地产泡沫、隐性债务、大型金融机构、互联网金融、外部金融风险等领域的风险应对与处置上，重点把控对广义信贷、资本金要求和利率定价等的政策引导，注重强化对金融市场特别是银行市场的流动性管理，保障流动性合理充裕。未来仍应该以系统全局视角，强化时间维度上的宏观高杠杆、顺周期效应和流动性风险管控，有效化解空间维度上影子银行、房地产泡沫、地方政府债务和金融体系等方面的跨市场的风险传染。在政策保障上，着重完善金融产品违约、金融机构破产、金融市场功能丧失等恢复与处置机制，对包括包商银行、恒丰银行等重要问题机构进行了较为

① 张晓晶、刘学良、王佳：《债务高企、风险集聚与体制变革——对发展型政府的反思与超越》，《经济研究》2019 年第 6 期。

有效的风险应对和机构处置工作，并保障相关问题机构的金融服务功能能基本得到发挥。

（三）创新实施货币政策与宏观审慎双支柱政策体系

在金融风险攻坚战中，中国人民银行着重实施与经济增长水平相适应的货币政策框架，有效调控货币总闸门，货币政策整体保持稳健，政策前瞻性水平有所提升。中国人民银行在实施稳健货币政策的同时，不断强化宏观审慎管理框架，实施货币政策与宏观审慎双支柱政策体系。① 一是货币政策坚持全局风险防控意识，完善总量性和结构性去杠杆的政策框架，遏制宏观杠杆率过快上升态势；二是货币供给与经济增长的内生需求相一致，保持流动性稳定在经济增长需要的合意水平上，使货币市场资金价格保持相对平稳；三是创新并有效使用多样化流动性管理工具；四是强化中国人民银行系统性金融风险防控职能，实施跨境资本逆周期管理和宏观审慎评估体系等政策创新，有效防控外部金融风险及其外溢效应。

（四）以重点领域或重大风险专项整治为“抓手”

金融监管部门将影子银行、房地产、地方政府债务、大型互联网平台等作为重点风险环节。一是重点整治影子银行风险，重点把控对同业理财、同业投资、银信合作、券商资管、基金子公司资管等的风险处置，实质性降低资产管理行业及相关影子银行风险。二是不折不扣地实施房地产市场调控，坚持“房住不炒”政策基调，同时保持“一城一策”的相对弹性，通过多样化政策来降低房地产部门负债率和复杂性。最近又通过“三道红线”、土地集中招拍挂以及信贷集中度管理等政策强化了对房地产市场的调控。三是保持地方隐性债务管理长期高压态势，进一步健全地方政府债务管理制度框架，有效约束地方政府事权，强化隐性债务风险“首长负责制”和“终身责任制”，着力促进地方融资平台转型，有效缓解地方隐性债务风险。四是

---

① 郑联盛：《中央银行职能演进与拓展的脉络》，《经济学动态》2019 年第 3 期。

坚持将所有金融业务都应纳入监管的原则，坚持对金融科技创新的包容性理念，重点加强对第三方支付、网络信用业务、网络财富管理和平台经济市场等的有效监管。这种定点精准“打击”的方式，对重要领域和特定环节的风险防控或整治具有重要的策略参考价值。

（五）有效构建外部风险传染应对体系

在通过双边和多边和平协商和政策协调基础上，着力以市场化改革和市场机制缓释内外共振风险。第一，强化人民币汇率形成机制改革，夯实国际收支稳健发展和人民币汇率保持相对稳定的市场基础。第二，优化对资本流动的管理，避免短期资金大进大出，保障内外资金交互稳定性。第三，不断优化对企业和居民的换汇需求管理，注重通过稳定市场预期引导平抑异常波动。第四，重点防控中美贸易摩擦、中美金融摩擦、美国税改、美联储政策调整对于我国资本流动、币值稳定、外储安全和金融稳定等的潜在影响。第五，主动求变，创新人民币跨境业务结构模式，加大人民币对共建“一带一路”国家的直接投资力度，不断扩大海外人民币市场的存量与资金池，以“一带一路”人民币跨境业务发展推动人民币国际化进程。

（六）深化金融供给侧结构性改革

改革是防范风险的最有效方式。金融供给侧结构性改革以金融体系结构调整优化为重点，通过优化融资结构和金融机构体系、市场体系、产品体系，为实体经济发展提供更高质量、更有效率的金融服务。金融供给侧结构性改革较好地实现了防风险、稳金融和稳增长的有效统一。[①] 金融供给侧结构性改革的最终目的是解决金融不平衡不充分发展与经济高质量发展要求的矛盾性，主攻方向是提高供给质量，根本途径是深化改革，底线保障是防控

① 郑联盛：《深化金融供给侧结构性改革：金融功能视角的分析框架》，《财贸经济》2019 年第 11 期。

风险。在双循环新发展格局下，深化金融改革，仍然要以金融供给侧结构性改革为主线，这是未来中国金融改革的风向标。金融风险防范、金融功能发挥和金融安全保障是强化金融市场资源配置功能的关键，是金融供给侧结构性改革的基础任务之一。在双循环新发展格局下，内部金融稳定的核心是防控系统性金融风险，内外金融稳定的核心是保障国家金融安全，金融稳定和金融安全是金融供给侧结构性改革的应有之义和必然要求。

五 金融风险攻坚战的政策启示

2020 年，面对新冠肺炎疫情全球大流行的重大冲击，我国顶住各种压力全面建成了小康社会，金融风险攻坚战取得实质性突破，金融稳定和金融安全得到较好保障。2021 年，我国进入“十四五”时期，进入全面建设社会主义现代化国家的新阶段。在以国内大循环为主、国内国际双循环相互促进的新发展格局中，我国面临需求收缩、供给冲击和预期转弱等压力，金融风险防控特别是系统性金融风险的防范化解工作仍然任重道远，我国金融安全的保障面临更多不确定性，需要巩固金融风险攻坚战的成果，借鉴金融风险攻坚战的经验，时刻警惕可能发生的系统性金融风险和国家金融安全面临的威胁。

（一）常态化防控既有风险“反扑”，确保金融系统稳定

金融风险攻坚战取得实质性突破，并不代表重大既有金融风险已经全部消失，还需警惕各类风险“反扑”。未来 3~5 年，我国系统性金融风险的威胁仍然较为显著。在时间维度上，有新冠肺炎疫情冲击叠加经济周期下行、经济结构调整等因素导致的宏观杠杆率上升、金融顺周期效应及与其相关的流动性风险；在空间维度上，有房地产部门、影子银行、地方政府债务以及外部冲击等四大跨空间传染的风险。以房地产市场风险为例，房地产市场呈现较为严重的泡沫化特征且结构差异较为显著，对未来我国防控系统性金融风险带来重大挑战。

系统性金融风险防控是金融工作的永恒主题，金融风险防控是一项长期化的工作。在体制机制上，要继续强化和优化党对金融工作的领导，坚持战略布局，坚持全局统筹，坚持重点突破，着力完善新发展格局下系统性金融风险防控的政策体系。在防控策略上，要继续强化重点领域和重大风险专项应对策略，强化对宏观杠杆率、流动性风险、房地产市场金融化泡沫化、新型影子银行、地方政府债务、大型互联网平台等重点领域和重要环节的风险专项防控整治，坚决守住不发生系统性金融风险的底线。

（二）重点防控外溢效应风险，保障国家金融安全

在双循环新发展格局中，金融高水平双向开放更加重要且急迫，是内外两个循环相互促进的必然要求和必要保障。金融安全是国家安全的重要组成部分，维护金融安全，是关系我国经济社会发展全局和现代化国家建设的战略性与根本性大事。在新发展格局中，金融安全是更高程度上的金融稳定，是主权维度下的金融稳定，是开放条件下的金融稳定。[①] 一要充分认识当前国际货币体系与金融稳定机制的不稳定、不平等和不均衡秉性，注重防控美联储货币政策的外溢效应以及美国相关政策可能带来的各种金融制裁打压。二要着力深化金融改革与开放，强化内部市场与外部市场的关联，重点推动外资金融机构在华实现商业存在和互惠共赢。三要加强金融基础设施、货币政策主权、币值稳定、数据安全等方面的金融安全保障机制建设，夯实金融体系平稳安全运行的机构、市场和体制保障基础。

（三）创新应对金融科技风险，提升金融竞争力

金融科技创新发展的潜在风险不容小觑。金融科技、平台经济等高速发展，在提高效率的同时也可能带来新隐患，成为系统性金融风险防控的新难题。[②] 第一，高速发展的金融科技可能重塑金融基础设施体系。第二，金融

① 刘非、郑联盛：《我国金融高水平开放问题研究》，《理论探索》2021 年第 5 期。

② 胡滨等：《大科技金融的发展与监管》，载于胡滨主编《中国金融监管报告（2020）》，社会科学文献出版社，2020。

科技使得系统重要性机构的内涵产生变化。系统重要性机构不仅是“大而不倒”的大型金融机构，而且可能是正在改变传统金融结构的新兴大科技公司。[①] 第三，金融消费者准入门槛大大降低，对消费者的保护更加困难。第四，金融科技具有科技属性又具有金融属性，跨界化、去中介、分布式、智能化等技术应用可能导致更严重的跨界和混业经营，严重挑战分业监管的有效性。最后，金融科技创造了一种独特的双边市场体系[②]，金融科技具有极强网络效应和数据集聚功能，将带来市场竞争、定价策略和数据治理等的重大变化，可能引发以数据为支撑的数据垄断和数据治理问题，引起对市场支配地位的滥用等扭曲现象。

在新冠肺炎疫情全球大流行背景下，数字服务和数字市场发展进程大大加速，数字服务及其相关的金融科技是未来国家金融竞争力的基本支撑。如何实施具有包容性的监管框架，既可以鼓励数字服务创新，又能有效防范风险，成为国际社会极其关注的政策议题。在数字化时代，数据是未来金融体系最核心的资产，也是未来金融国际竞争力的核心。数字化系统具有更强的要素集聚功能、跨界网络效应以及“赢者通吃”效应，这就要求将数据采集、存储、分析和应用等方面的安全战略从技术层面提高到国家层面，从国家安全角度来强化、深化和优化对金融科技、大型互联网平台以及数据等的风险防控和综合治理。当然，金融科技风险防控和监管应该注重包容性、功能性和规范性统筹，实现金融科技国家竞争力的提升和金融科技风险有效防控的均衡。

（四）警惕政策伴生风险，优化金融治理体系

宏观经济政策和金融改革的伴生风险值得警惕。传统的逻辑假设是宏观经济政策是应对风险的基础保障，金融改革目标是促进金融发展的同时有效降低风险。但是，国际经验和国内实践均表明，非审慎的宏观经济政策和金

---

① 黄益平、黄卓：《中国的数字金融发展：现在与未来》，《经济学》（季刊）2018 年第4 期。

② Armstrong M.，“Competition in Two-sided Markets，” *RAND Journal of Economics*，2006.

融改革可能引发伴生风险，这是金融管理部门作为风险管理者所应该关注的。比如，以财政赤字货币化为本质的量化宽松政策可能会引致金融机构的过度冒险以及金融体系的系统性金融风险。[①]

要充分认识财政、货币、金融改革以及金融开放等宏观政策潜在的副作用乃至负作用，注重金融监管政策的法治化、公平性和透明度，通过优化政策逻辑、政策工具和实施过程，提升宏观政策的有效性并降低宏观政策风险，防止风险防控政策成为风险之源。通过体制机制改革、金融监管再定位、宏观政策有效配合和政策第三方评估等，进一步提高金融风险应对政策的针对性、专业化和法治化水平，同时有效控制并尽量减少政策伴生风险，尤其要坚决避免政策频繁调整甚至变换方向的情况，通过平稳、有效和法治化实施宏观经济金融政策，防控金融风险，减少伴生风险，稳定市场预期，引导资源配置。

① 张晓晶、刘磊：《现代货币理论及其批评——兼论主流与非主流经济学的融合与发展》，《经济学动态》2019 年第 7 期。

B.9
地方政府债务管理研究*

范云朋　张　冲　刘贇德**

摘　要： 2021年，严峻复杂的国际形势和经济下行压力加大的局面，使得防范化解重大债务风险的重要性进一步提高，相应地，有关部门对政府债务的管理不断深化，出台了诸多法律法规和监管举措。一方面，加强地方人大对政府预算的监督，强化对地方政府债务的监督审查，深化地方政府隐性债务的风险防控，规范地方国有企事业单位和地方融资平台资金使用和经济职能，严格控制隐性债务增加。另一方面，完善对政府债券的管理，尤其是地方政府专项债券，进一步明确其举债机制、信息公开、绩效管理和用途调整等相关规定，逐步降低政府债务风险，确保财政合理平稳运行。

关键词： 政府债务监管　政府债券　政府预算

一　2021年政府债务管理回顾及发展状况

（一）2021年政府债务管理回顾

2021年，新冠肺炎疫情仍在全球蔓延，全球经济复苏不稳定不平衡，

---

* 本文为中国社会科学院国情调研重大项目“地方政府平台公司城投债违约调研：趋势、风险与应对”（项目编号：GQZD2022016）成果。

** 范云朋，经济学博士，中国社会科学院金融研究所助理研究员，主要研究方向为金融风险与金融监管、绿色金融、宏观经济；张冲，经济学博士，中国社会科学院金融研究所博士后，主要研究方向为国际金融、人民币汇率；刘贇德，中国社会科学院大学在读硕士研究生，主要研究方向为金融监管、地方财政。

国际环境日趋复杂严峻，我国经济发展面临需求收缩、供给冲击、预期转弱三重压力，防范化解重大风险的任务依然艰巨。中央和地方各级政府坚持以习近平新时代中国特色社会主义思想为指导，按照“稳定大局、统筹协调、分类施策、精准拆弹”的方针，不断明确地方政府隐性债务的风险防控责任主体，加强对政府债券的监管，强化对政府预算的监督，加强对地方政府的债务审查，保证政府债务合规平稳运行，防范化解地方债务风险。

1. 进一步压实地方政府债务管理主体的风险防控责任

受新冠肺炎疫情冲击和基期效应影响，2021 年我国经济增速前高后低，地方政府债务压力进一步加大。在第十三届全国人大第四次会议上，财政部提出 2021 年要加强地方政府债务管理，抓实化解地方政府隐性债务风险工作。国务院等部门进一步出台指导意见，严格控制地方政府隐性债务增量规模，加强对地方国有企事业单位和地方融资平台的监督和管理，进一步压实地方政府债务管理主体的风险防控责任。

2. 加强对政府债券的监管

自新《预算法》制定实施以来，债券融资逐渐成为地方政府融资的主要方式。2021 年以来，财政部出台多项政策，从举债机制、信息公开、绩效管理和用途调整四个方面，对地方政府债券，尤其是专项债券做了详细规定，这些政策有助于进一步规范地方政府债券事宜，防范化解地方政府债务风险。

3. 强化对政府预算的监督

为进一步深化预算管理制度改革，从预算源头遏制政府债务过快增长，强化风险防控，国务院进一步出台相关政策，要求合理安排预算资金规模，加强风险防控；全国人民代表大会及其常务委员会提出政府预算决算要全口径审查和全过程监管，地方政府预算管理责任主体不断明确，监督工作不断加强。

4. 加强对政府债务的审查监督

为加强地方人大对政府债务的审查监督，明确债务管理责任主体，防范化解重大风险，中共中央办公厅出台了《关于加强地方人大对政府债务审查监督的意见》，要求在政府预算决算草案编制中对有关政府债务内容完善化，人大审查监督政府债务的程序规范化，不断强化对政府债务限额、专项债务的审查监督；同时还要求加强全过程监管，严格控制地方政府在法定限额之外的违法违规或变相举借债务行为。

（二）2021年政府债务情况简述

1. 地方政府债券发行与余额情况

经过第十三届全国人大第四次会议审议批准，2021 年全国地方政府债务限额为 332774.3 亿元，预算安排新增地方政府债务限额为 44700 亿元。全国地方政府一般债务限额为 151089.22 亿元，预算安排新增地方政府一般债务限额为 8200 亿元；全国地方政府专项债务限额为 181685.08 亿元，预算安排新增地方政府专项债务限额为 36500 亿元。

截至 2021 年 10 月末，全国地方政府债券发行量为 64916 亿元，其中，一般债券发行量为 24705 亿元，专项债券发行量为 40211 亿元；按照用途划分，新增债券发行量为 36625 亿元，在新增地方政府债务限额内，再融资债券发行量为 28291 亿元。地方政府债券平均发行期限为 11.6 年，平均利率为 3.37%，其中一般债券平均发行期限和平均利率分别为 7.7 年和 3.27%；专项债券平均发行期限和平均利率分别为 13.9 年和 3.42%。

如图 1 所示，截至 2021 年 10 月，地方政府新增债券、地方政府新增一般债券、地方政府新增专项债券相较 2020 年有所下降，但除地方政府新增一般债券外其余仍然高于 2019 年疫情前水平。

2021 年前三季度专项债券加权平均发行期限为 13.61 年，相比 2020 年缩短 1.39 年，加权平均发行利率为 3.42%，与 2020 年持平。再融资专项债券 1.01 万亿元，规模占比 29.93%，高于上年 21 个百分点。专项债券发行规模最高的五个省份为山东、广东、河南、安徽和江苏，山东、广东专项债券发行规模超过 3000 亿元。品种结构向新开工项目倾斜，募投领域主要集中于市政及产业园区基础设施、交通基础设施、棚户区改造和民生服务等领域，占比分别为 24%、18%、15%和 14%。专项债券作为资本金主要用于交通基础设施领域，占比为 71.6%。

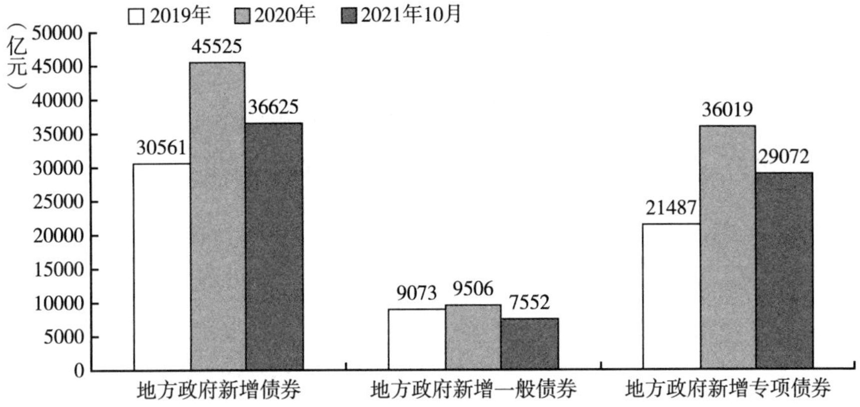

图1　2019年至2021年10月地方政府新增债券情况

资料来源：Wind 数据库。

如图2所示，2021年10月地方政府债券余额相比2020年增加39934亿元，上升15.56%，相比2020年增速下降4.88个百分点。近年来地方政府债务余额尽管从未超过全国人大批准限额，但是仍然呈现出上升趋势。

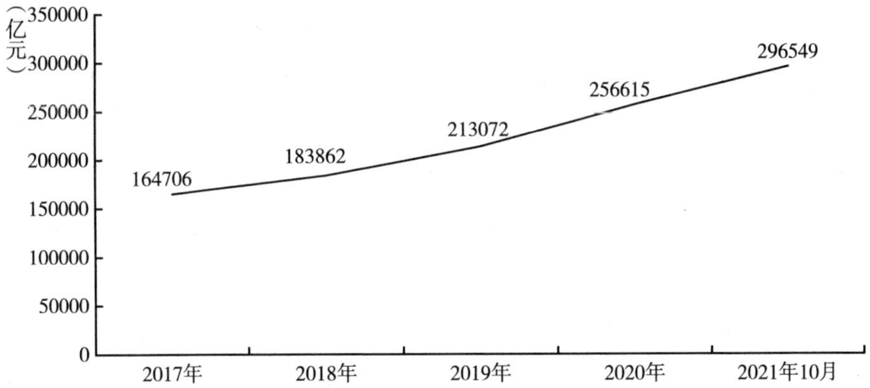

图2　地方政府债券余额

资料来源：Wind 数据库。

分地区看，截至2021年11月末，东部地区地方政府债券余额124766.72亿元，占比41.55%；中部地区地方政府债券余额63182.08亿元，占比

21.04%；西部地区地方政府债券余额 89580.78 亿元，占比 29.83%；东北地区地方政府债券余额 22760.68 亿元，占比 7.58%。从每年兑付金额看，2021 年兑付金额为 26520.85 亿元，未来两年兑付金额将不断上升，在 2023 年达到最高峰，为 36300.81 亿元，之后将会呈现波动下降趋势（见图 3）。

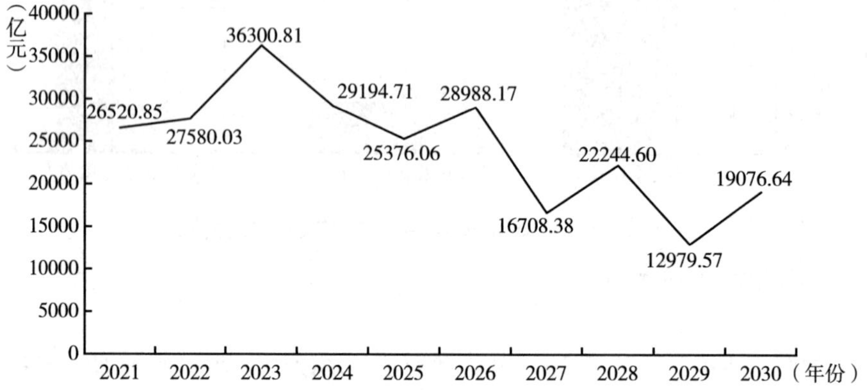

图 3　地方政府债券兑付金额

资料来源：Wind 数据库。

2. 城投债余额情况

截至 2021 年 11 月末，城投债余额为 127460.32 亿元①，相比 2020 年增加 16766 亿元，上升 15.15%，相比 2020 年增速下降 6.07 个百分点；只数为 16549 只，相比 2020 年增加 2959 只，上升 21.77%，相比 2020 年增速下降 6.15 个百分点（见图 4）。城投债规模仍然呈现上升趋势，但相比 2020 年上升趋势有所下降。

其中，评级为 AAA 的城投债金额占余额的 28.8%，评级为 AA+的城投债金额占余额的 18.8%，评级为 AA 的城投债金额占余额的 8.2%。评级为 AA 及以上的城投债金额占余额的 55.81%，相比 2020 年下降 4.64 个百分点，近五年呈现不断下降趋势（见图 5）。评级下降趋势背后暗含着偿债压力增加、流动性减弱、公司对外担保过多存在风险、应收账款回

① 根据 Wind 数据库城投债品种结构数据加总得到，截止日期为 2021 年 11 月 29 日。

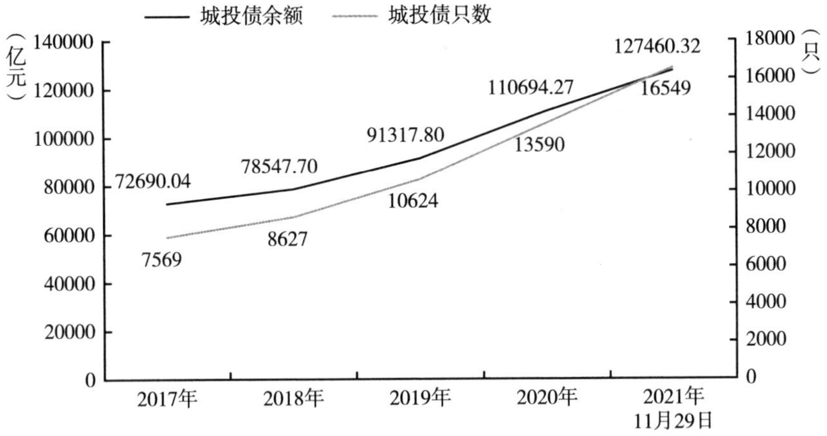

图 4　城投债规模

资料来源：Wind 数据库。

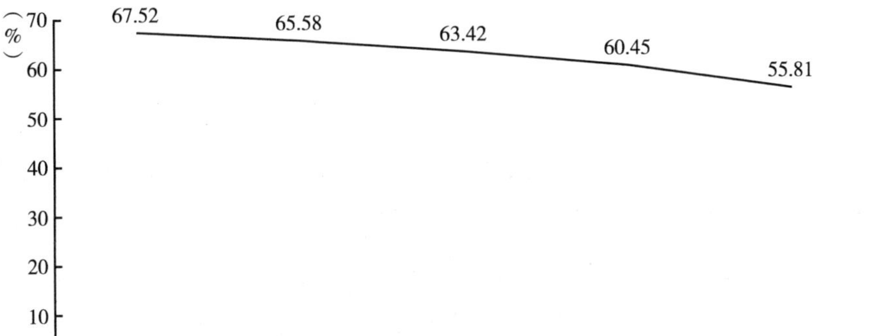

图 5　AA 级及以上城投债金额比例

资料来源：Wind 数据库。

收风险、借款逾期、营收下降、盈利空间下降、区域经济下行、信用环境恶化等问题。

城投债余额中，1 年内到期的占 5.04%，1～3 年内到期的占 5.43%，3～5 年内到期的占 26.21%，5～10 年内到期的占 58.44%，10 年以上到期的占 4.88%，到期期限以 3～10 年为主，未来一段时间仍然存在潜在违约风险。2021 年城投债兑付金额为 32002.58 亿元，为近期最高峰，2022 年和 2023 年兑付金额有所下降，预计 2024 年将迎来第二次兑付高峰，为 29115.65 亿元，未来一段时间还款压力较大（见图 6）。

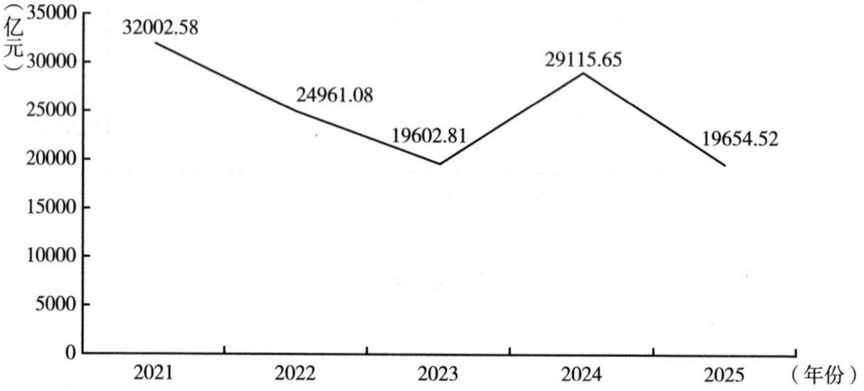

图 6　城投债兑付金额

资料来源：Wind 数据库。

分地区看，东部地区城投债余额为 70614.47 亿元，占比 55.41%；中部地区城投债余额为 28103.09 亿元，占比 22.05%；西部地区城投债余额为 26755.76 亿元，占比 20.96%；东北地区城投债余额为 1957.30 亿元，占比 1.54%。[①] 城投债余额最多的三个省份为江苏、浙江和山东，存量分别为 26365.65 亿元、15374.34 亿元和 8592.47 亿元，三省份合计占比 39.50%。截止到 2021 年 11 月 28 日，仍在存续期内的城投债规模为 11.49 万亿元，其中，基础设施投融资行业的存量债券规模为 11.01 万亿元。

总体而言，2021 年地方政府债务呈现出总体债务规模增加和风险可控的特点。一方面，受疫情冲击影响，2020 年地方政府债务规模增加，基础设施建设需求基本得到满足；2021 年疫情冲击有所缓解，地方政府债务增

① 各地区城投债余额数据根据 Wind 数据库城投债热力图数据加总得到，截止日期为 2021 年 11 月 29 日。

长规模适度放缓，地方政府债务监管适时进一步加强防范化解风险要求，地方政府债务风险总体上在可控范围内。另一方面，2021 年地方政府债券余额和城投债规模相较 2020 年保持上涨趋势，未来几年地方政府债券和城投债兑付金额将迎来高峰，地方政府还款压力将增加。

二　2021年政府债务管理重大举措

（一）进一步压实地方政府债务管理主体的风险防控责任

伴随着全球疫情冲击和国内经济下行，政府收支压力骤然加大，降低地方政府债务风险，特别是加强地方隐性债务治理成为 2021 年财政工作的重中之重。2021 年 3 月 5 日，在第十三届全国人民代表大会第四次会议上，财政部做了《关于 2020 年中央和地方预算执行情况与 2021 年中央和地方预算草案的报告》，报告指出，2021 年要加强地方政府债务监管，抓实化解地方政府隐性债务风险工作。2021 年 4 月 13 日，国务院出台《国务院关于进一步深化预算管理制度改革的意见》（国发〔2021〕5 号，以下简称《意见》），主要从遏制隐性债务增量以及加强对地方国有企事业单位和地方融资平台的监督管理两个方面对控制地方政府隐性债务做出安排。

1. 严格控制隐性债务增量

《意见》将防范化解地方政府隐性债务风险提到政治高度，从总量控制、实时监控、严厉处置三个方面对严控隐性债务增量提出要求。第一，以严格控制隐性债务增量为原则，实现隐性债务存量妥善处置，隐性债务增量保持在可控范围。第二，坚持对新增隐性债务进行常态化监管，禁止通过新增隐性债务上新项目。第三，加强对违规行为的惩处力度，做到发现、查处、问责一体，坚决打击新增地方政府隐性债务行为，守牢不发生债务风险的底线。

2. 加强对地方国有企事业单位和地方融资平台的监督和管理

《意见》从国有企事业单位、地方融资平台、地方金融机构、违约处置等方面出发，明确对地方政府债务来源进行监督和管理。第一，进一步规范地方政府向国有企事业单位拨款的行为，防止地方政府通过国有企业新增隐性债务。第二，规范地方政府融资平台经营模式，使地方政府不再以融资平台为主体新增隐性债务，逐步妥善处置存量隐性债务。第三，深化对地方金融机构的监管，禁止地方担保性质的贷款，保证地方金融机构合规审慎运营。第四，逐步实现对债务违约行为的市场化处置，遏制恶意逃废债行为，加大对债权人利益的保障力度，防范由债务违约导致的金融风险和社会问题。

（二）加强政府债券监管

2021 年，政府陆续出台了《国务院关于进一步深化预算管理制度改革的意见》（国发〔2021〕5 号）、《地方政府债券信息公开平台管理办法》（财预〔2021〕5 号）、《地方政府专项债券项目资金绩效管理办法》（财预〔2021〕61 号）和《地方政府专项债券用途调整操作指引》（财预〔2021〕110 号）等政策文件，从举债机制、信息公开、绩效管理以及用途调整四个方面加强对政府债券的管理，特别是对地方政府专项债券的管理。

1. 举债机制

《国务院关于进一步深化预算管理制度改革的意见》（国发〔2021〕5 号）对政府举债机制进行了规范。《意见》从确定债务发行规模、完善专项债券管理、健全债务风险评估体系和债务信息公开等方面对政府举债机制进行了进一步规范。第一，健全债务限额确定机制，实现政府债务发行限额同政府收入之间、一般债务限额同一般公共预算收入之间、专项债务限额同政府性基金预算收入之间的匹配。第二，完善专项债券管理机制，规范专项债券用途，要求专项债券必须用于具有收益性的公益项目；匹配收益与发行额，以保证专项债券到期政府能够偿付本息，专项债券收益和政府基金性收入应覆盖专项债券发行额。第三，以债务率为核心，完善债务风险评估体系，构建完善的资产和负债（风险）评估体系，对政府还款能力进行评估。第四，健全地方政府信息公开机制，加强债券发行信息披露，以市场化方式约束地方政府融资。

2. 信息公开

为贯彻落实党中央、国务院关于推进公开地方政府债务信息的要求，加强对地方政府债券信息公开平台的管理，2021 年 2 月 18 日，财政部出台《地方政府债券信息公开平台管理办法》（财预〔2021〕5 号，以下简称《平台管理办法》），从实施主体、公开信息、信息更改和评估通报四个方面对地方政府债券信息公开平台管理进行了详细说明。第一，地方财政部门及相关单位负责公开地方政府债务信息，应确保公开债务内容真实、准确、完整、规范和及时。第二，在进行信息公开时，应按规定公开以下信息：地方政府债务限额和地方政府债务余额，地方政府债券发行、项目、还本付息、存续期管理情况，以及当地的经济社会发展指标和政府财政状况。第三，信息公开后，原则上不能进行修改，如项目有变确实需要修改的，需要向上级部门报备，并按照相关程序重新公开。第四，政府债务中心应定期对政府债务情况、政府财政收支情况进行评估，定期通报，同时对政府的还债能力进行考评。

3. 绩效管理

为加强专项债券项目资金绩效管理，降低地方政府债务风险，2021 年 6 月 28 日，财政部出台《地方政府专项债券项目资金绩效管理办法》（财预〔2021〕61 号，以下简称《绩效管理办法》），对地方政府专项债券项目，提出事前绩效、绩效目标、绩效运行、绩效评价、评价结果等五个方面的规范要求。在《绩效管理办法》的基础上，各地区，如山东省、山西省等纷纷制定了地方性专项债券绩效管理办法。

（1）事前绩效评估

开展事前绩效评估是申请专项债券资金的前提。事前绩效评估主要包括以下几个方面：项目实施的公益性和收益性、资金合规性和项目成熟度、项目预测成本和收益合理性、项目计划可行性和还债风险等。在地方财政部门的指导下，主管部门应对事前绩效进行评估，将评估结果作为项目进入专项债券项目库的前提条件。在评估时，可引进第三方机构进行评估以保证评估结果的客观性、独立性。

（2）绩效目标管理

第一，绩效目标的设定应与项目申报保持同步，应尽可能量化细化绩效目标。第二，绩效目标应反映专项债券项目的收益和成本，包括经济成本和收益、社会成本和收益、生态成本和效益等，并反映该项目的持续性影响。第三，专项债券资金拨付应同绩效目标匹配，在项目进行过程中，应以动态方式考核绩效目标，并匹配下达专项资金。第四，原则上，对项目执行过程中的绩效目标不做调整；由于特殊原因不得不做调整的，应该按照调整流程依法依规办理。

（3）绩效运行监控

专项债券项目执行过程中，相关部门应该对专项债券资金预算执行情况和项目绩效进行动态监测，发现问题需要及时纠正并报告财政部门。地方财政部门需根据上报情况跟踪专项债券项目执行情况，必要时对项目进行专项检查，对出现问题的项目停止拨款、督促其整改。对于无法实施或存在严重问题的项目，做好及时追回资金和调整资金用途工作。

（4）绩效评价管理

地方省级财政部门根据工作需要和现实情况，对项目对应的资金规模占本地区上年新增专项债务限额的5%以上的重大项目进行绩效评价，并及时公开评价结果。地方财政部门应该建立全生命周期跟踪问效机制，对专项债券项目各个阶段进行绩效评价。评价内容主要包括项目建设期绩效和项目营运期绩效等。在进行绩效评价时，可引入第三方机构进行独立评估以保证评估结果的客观性、独立性。

（5）评价结果应用

按照综合评分进行分级，绩效综合评分为百分制，综合评分在90分及以上的定级为“优”，80分及以上的定级为“良”，60分及以上的定级为“中”，60分以下的定级为“差”。综合评分结果要和新增地方政府债务限额分配情况相匹配，地方省级财政部门在次年分配地方政府债务限额时，可以根据综合评分结果进行调整。根据绩效评价结果，主管部门和实施单位要及时整改出现的问题。上级财政部门应定期抽查绩效管理工作，确保下级财政部门提高绩效管理水平。

4. 用途调整

为加强专项债券管理，提高资金使用效率，2021 年 9 月 8 日，财政部出台《地方政府专项债券用途调整操作指引》（财预〔2021〕110 号，以下简称《操作指引》），以规范地方政府专项债券用途调整。《操作指引》指出专项债券资金调整用途，应始终坚持不调整为常态、调整为例外的原则，并从项目调整条件、项目调整程序、项目调整执行管理、信息公开和监督管理五个方面对专项债券用途调整进行规范。

（1）项目调整条件

《操作指引》明确指出，只有在项目实施过程中发生重大变化导致实际需求不足、项目竣工后存在结余、审计过程中存在违规需要调整等情况下，已安排资金项目才能调整资金用途，否则严禁违规变更资金用途。调整用途的项目必须符合《绩效管理办法》，保证项目的必要性、可行性、公益性和收益性，保证新项目收支平衡，便于债券本息到期支付。严禁将项目资金调整用于非公益性支出项目和经常性支出。

（2）项目调整程序

调整程序主要分为两个部分：一是地方各级政府编制拟调整项目方案并提交省级财政部门。省级财政部门在每年 9 月之前集中安排实施一到两次项目调整。地方财政部门需要根据现实需要，客观评估拟调整项目调整原因、拟调整项目成本收益，以编制拟调整项目融资平衡方案，与其他材料一起经各级政府批准后，上报省级财政部门。二是省级财政部门汇总统筹后报省级政府批准，报财政部备案。省级财政部门应在收到各级财政部门项目调整方案后，进行集中评估，在 10 月底前报省级政府批准，并报财政部备案。

（3）项目调整执行管理

在省级政府批准调整项目后，各级财政部门需按照《预算法》等规定，编制在调整用途时涉及的预算调整部分的预算调整方案，并报同级地方人大审议。按照《财政总预算会计制度》规定，在专项债券用途调整后，地方各级财政部门要调减原项目对应的预算科目收支，调增调整项目涉及的预算科目收支。应按照现收现付制原则调整跨年专项债券项目。

（4）信息公开

地方各级财政部门应在获得各级政府批准后的十个工作日内，在对应的地方政府债务信息公开平台以及地方财政部门门户网站等平台公开相关预算调整和项目调整信息。信息公开时需注意，不得改变被调整项目的注册信息，应在原有信息的基础上，重新公布调整信息，重点对调整前后项目信息和金额，以及调整后项目状况、收支、风险、主管部门责任和第三方评估信息进行公布。

（5）监督管理

按照预算管理一体化要求，地方各级财政部门在信息管理系统中应全面登记专项债券项目调整情况；地方各级监管局应依法对专项债券项目调整情况以及调整项目执行情况、成本和收益情况等进行监管，严禁假借专项债券用途名义挪用、套取专项债券资金。

（三）强化政府预算监督

1. 加强政府预算管理

《意见》从预算收入、预算支出、预算编制、风险防控和财政透明五个方面对政府预算管理提出改革意见。其中，《意见》中与政府债务预算管理相关的政策主要有以下两个方面。

第一，合理安排预算规模，强化预算跨年度平衡。一方面，财政预算安排不再与当地 GDP 挂钩，应按实际情况安排预算规模，保证政府杠杆率保持在合理区间；另一方面，坚持跨周期和逆周期管理，加强跨年度财政预算平衡，加强以中期财政规划约束年度预算。

第二，推进预决算公开，强化风险防控，保证政府财政的稳健性和持续性。一方面，各级政府应加大预算公开力度，扩大预算公开范围，依法将各预算单位预决算情况向全社会公开，提高财政预算透明度；另一方面，加大政府预算执行过程中的风险防控力度，严格控制隐性债务增加，降低地方政府债务风险。

2. 加强全国人大对中央预算的审查监督

为规范预算行为，提高预算绩效，2021 年 4 月 29 日，第十三届全国人大常委会第二十八次会议审议通过《全国人民代表大会常务委员会关于加强中央预算审查监督的决定（修订草案）》（以下简称《草案》），对中央预算的编制、审查、执行、调整、决算审查等做出重要规定。《草案》旨在加强全国人大及其常委会对政府预决算的全口径审查和全过程监管，以保障党和国家方针政策和决策部署的贯彻落实。所谓全口径审查，是指在预决算审查工作中，全面审查政府预算的“四本账”。开展全过程监管，则是对预算以及执行情况进行“事前”“事中”“事后”全过程监管，形成监管闭环。

《草案》要求，全国人大加强对政府债务及其构成的审查监督。

第一，加强对政府债务的审查监督。对政府债务的监督分为中央和地方两部分，主要监督内容为政府债务余额和政府债务风险。一方面，加强对中央政府债务的监管，根据中央财政赤字预算安排和国债余额情况确定当年国债限额，既保证经济稳增长，又满足金融防风险的需要；另一方面，在预算管理中加入地方政府债务情况，对地方政府债务限额、地方政府债务风险以及地方政府债务偿还情况进行监督审查，降低政府债务风险。

第二，全面监督审查政府性基金预算、国有资本经营预算和社会保险基金预算，保证政府债务来源清晰可控。首先，对政府基金的设立、征收、使用和绩效进行评估，以保证政府性基金预算合规合理；其次，全面监督审查国有资本利益上缴和产权合法合规转让情况、国有资本经营预算调入一般公共预算的情况和政府投资基金情况，保证国有资本经营预算科学合规；最后，全面监督审查社会保险基金运行情况、社会保障政策贯彻情况，保证社会保险基金长期平稳运行。

（四）发挥地方人大对地方政府债务的审查监督作用

发挥地方人大对政府债务的审查监督作用，是降低地方政府债务风险的重要举措。2021 年 7 月 21 日，中共中央办公厅印发了《关于加强地方人大对政府债务审查监督的意见》（以下简称《审查监督意见》）。《审查监督意见》坚持在党的领导下依法依规对重点问题进行全过程监管，坚持硬化预算约束，坚决遏制违法违规和变相举债行为。《审查监督意见》在地方政府债务限额管理、专项债务管理以及债务风险管控三个方面对地方人大的监督审查做出明确规定。

1. 加强对地方政府债务限额的审查监督

确定地方政府债务限额，是防范化解地方债务风险的核心。地方政府债务限额指的是允许地方政府举借的债务总额。地方各级政府应在下达的债务限额指标内，按照本地经济和财政状况，合理安排债务水平。地方各级人大及其常委会应按照上级要求，以债务率、偿债资金保障倍数等指标，评估审查地方政府债务风险，对地方政府举债额度做出合理评价。

2. 加强对专项债务的审查监督

按照《绩效管理办法》和《操作指引》等规章制度要求，地方各级人大应对地方政府专项债务进行科学性审查。审查的主要内容有：本级政府新增专项债务规模，专项债券项目的公益性、收益性、可行性、现金流和偿还能力等。

3. 加强对地方政府债务风险管控的监督

《审查监督意见》提出从监督问责，风险评估、预警及相应应急处置，债务信息公开三个方面强化地方人大对债务风险的监督。第一，加强对债务来源、下级人大违规变相担保以及地方政府通过国有企业变相融资行为的监督，对违法违规行为进行问责。第二，完善债务风险评估和预警体系，制定完备的债务处置应急预案，对地方政府债务风险进行实时监控和预警，对可能出现的违约行为做出应急处置。第三，加强地方政府债务信息披露，明确责任主体，推动政府建立统一的债务公开机制，进一步推进政府债务信息公开化透明化。

三　政策建议

（一）避免隐性债务治理“一刀切”，合理有序清理隐性债务

严控隐性债务增量是政府治理隐性债务的重要举措，面对国内外严峻的

经济形势，该项举措有利于快速降低地方政府实际债务增速，逐步降低地方政府债务风险。但是坚决反对地方新增隐性债务上新项目、铺新摊子的政策并未考虑不同地方政府的实际情况，容易造成地方财政突然停滞，不利于短期经济的平稳发展。

具体而言，应从以下几方面入手：第一，出台政策清查地方政府隐性债务规模，按照债务规模和地方经济、财政收入水平匹配原则对地方政府债务风险进行打分，将其划分为低风险、中风险和高风险三档，彻底摸清地方政府债务风险；第二，在充分了解各地区隐性债务风险等级情况的基础上，针对不同风险程度的地方政府出台不同的治理政策，坚决遏制中高风险地区债务增量，适度遏制低风险地区债务增量，合理有序地清理地方政府隐性债务；第三，在遏制隐性债务增量的同时，出台其他补充政策以保证财政政策不缺位，短期经济平稳运行。

（二）加快推进地方政府融资平台转型发展

地方政府隐性债务的主要存在形式是各类以地方政府融资平台为主体发行的债券，严格控制隐性债务风险，应当加快推进融资平台的转型发展。第一，确立地方政府融资主体的地位，不再以融资平台为主体发行债券。第二，在合法合规和风险可控的基础上，加快推进融资平台向市场化方向转型。第三，进一步实现融资平台的发展经营模式规范化，在保证债务风险可控的基础上，通过盘活存量资产、注入优质资产等多项措施，逐步实现融资平台的转型发展。

（三）充分发挥专项债券资金带动社会资金作用

提高政府专项债券使用效益有助于带动社会投资，产生挤入效应，进而达到支持国家发展战略、促进经济增长的作用。提高专项债券资金使用效率，一是要明确经济社会发展需要和各地实际情况，根据区域协调发展要求，合理分配地方政府专项债券额度，满足地方重点领域建设需要。二是要加强对专项债券资金使用的审核管理，注重实际经济社会效益，一方面要防止资金用于楼堂馆所和形象工程，防止资金使用在对经济社会发展助力不大的领域；另一方面要防止资金被挤占挪用、违规拨付和长期闲置，防止资金不规范使用。三是要加强专项债券资金审计监督、全面核查和绩效评价等监督管理，建立完善全生命周期跟踪问效机制，及时解决专项债券资金使用过程中出现的问题，提高地方政府专项债券资金使用效益，促进经济社会发展。

（四）加快政府财税、投融资、行政体制改革

地方政府债务的快速扩张有深层次的财税、投融资和行政体制原因。在分税制改革之后，地方财政支出责任不断增加，而财政收入提高面临诸多约束，地方政府为了筹措财政资金迫切需要扩展融资渠道，不得不选择发行债券。为有效应对 2008 年全球金融危机带来的冲击和挑战，我国实行了扩张性的财政政策和货币政策，金融监管政策相应放松，以地方政府融资平台为主导的各类融资工具大量出现，形成了当前地方政府隐性债务的投融资模式。地方晋升要求政绩的行政体制，导致地方干部为了谋求晋升不顾地方政府财力的约束，大量增加建设和支出项目，债券发行量因此不断增加，加剧了地方政府债务风险。应当加快政府财税、投融资和行政体制改革，使地方政府财力与政府财政支出相匹配，降低债券发行需求，提高政府投融资模式市场化程度，减少政府不当干预，推动政府官员晋升机制向多元化方向转变，将债务风险纳入晋升考核评价体系，加大对政府债务风险防控责任的问责力度。

（五）应注意政府债务风险向金融领域的跨界传染

地方政府债务风险与银行业（尤其是地方中小金融机构）风险、房地产业风险有着天然的联系。在对地方政府债务进行严厉监管的过程中，需要注意遏制政府债务风险引发的银行业风险。政策明确规定，融资平台经营要规范化，要不断剥离其政府融资职能，这一方面显示出国家治理地方政府隐性债务、防范化解地方政府债务风险的决心，也有助于在短期内快速遏制地

方政府隐性债务发展；但另一方面庞大的地方政府融资平台如同“堰塞湖”一般存在着较大的传染效应，需要格外加以关注。首先，失去政府兜底后的平台融资成本将大幅上升；其次，缺乏政府托底的隐性债务如果出现问题将会引发地方中小金融机构破产清算风险，进而对当地民生、金融信誉等造成严重影响。因此，在处理地方政府隐性债务的过程中，应采取适当措施最大限度地遏制财政风险传染到金融、实体经济领域。

参考文献

［1］马金华：《地方政府债务：现状、成因与对策》，《中国行政管理》2011 年第 4 期。

［2］张明、孔大鹏：《中国地方政府债务：特征事实、潜在风险与化解策略》，《辽宁大学学报》（哲学社会科学版）2021 年第 4 期。

［3］毛振华、孙晓霞、闫衍主编《中国地方政府债券发展报告（2021）》，社会科学文献出版社，2021。

［4］刘尚希：《地方政府债务风险的本质与防范》，《清华金融评论》2020 年第 8 期。

［5］昌忠泽、李汉雄：《政府债务与经济增长影响效应研究文献述评》，《财政科学》2021 年第 4 期。

［6］毛捷、刘潘、吕冰洋：《地方公共债务增长的制度基础——兼顾财政和金融的视角》，《中国社会科学》2019 年第 9 期。

［7］陈颖：《我国地方债发展历程、成效及问题》，《金融与经济》2021 年第 10 期。

［8］周世愚：《地方政府债务风险：理论分析与经验事实》，《管理世界》2021 年第 10 期。

［9］类承曜：《代理成本、外部性与我国地方政府投融资平台过度举债》，《宏观经济研究》2011 年第 10 期。

［10］宋傅天、姚东旻：《“城投部门”议价能力与地方政府债务扩张》，《管理世界》2021 年第 12 期。

［11］夏诗园：《防范新时代的“灰犀牛”——地方隐性债务风险及防控》，《金融市场研究》2020 年第 10 期。

［12］夏诗园：《地方隐性债务风险传染路径、影响和应对措施》，《金融经济》2021 年第 10 期。

[13] 唐云锋、刘清杰：《地方债务与房价风险联动的理论维度、历史逻辑与现实路径》，《现代财经（天津财经大学学报）》2021 年第 9 期。

[14] 徐军伟、毛捷、管星华：《地方政府隐性债务再认识——基于融资平台公司的精准界定和金融势能的视角》，《管理世界》2020 年第 9 期。

[15] 袁海霞、汪苑晖、卞欢：《专项债兼顾扩容提效，助力基建托底稳增长——地方政府专项债 2019 年回顾与 2020 年展望》，《财政科学》2020 年第 1 期。

附　录

2021 年政府债务管理规范性文件目录

序号	发布时间	名称	制定部门(文号)
1	2021 年 2 月 18 日	《地方政府债券信息公开平台管理办法》	财政部(财预〔2021〕5 号)
2	2021 年 4 月 13 日	《国务院关于进一步深化预算管理制度改革的意见》	国务院(国发〔2021〕5 号)
3	2021 年 4 月 29 日	《全国人民代表大会常务委员会关于加强中央预算审查监督的决定(修订草案)》	全国人民代表大会常务委员会
4	2021 年 6 月 28 日	《地方政府专项债券项目资金绩效管理办法》	财政部(财预〔2021〕61 号)
5	2021 年 7 月 21 日	《关于加强地方人大对政府债务审查监督的意见》	中共中央办公厅
6	2021 年 9 月 8 日	《地方政府专项债券用途调整操作指引》	财政部(财预〔2021〕110 号)

B.10
资产管理公司监管研究

刘雨诗*

摘　要： 2021年，在防范化解金融风险的背景下，监管机构对于资产管理公司合规展业、稳健经营的监管力度大幅增加，推出了一系列政策引导行业机构聚焦主业经营、创新处置手段。这些政策聚焦涉地涉房业务、地方政府隐性债务、关联交易、地方资产管理公司监管等重要议题，细化了在主业经营、投资业务、内部治理等方面的规范要求，体现出“实质重于形式、机构监管与功能监管结合”的监管原则，通过审慎监管和行为监管、法人并表监管和穿透式监管，对资产管理公司的资本、行为及风险进行全面、持续和穿透性把控。展望2022年，金融风险防范任务仍然艰巨，房地产市场仍是系统性风险的潜在威胁、地方融资平台债务风险未得到实质性缓释、中小金融机构受城投债违约影响风险加剧，这些都需得到及时有效应对与处置。在中央经济工作会议“稳字当头”的要求下，预计2022年资产管理行业监管政策将更注重“合规与创新”的平衡，建议通过“管、助、学、试”建设监管制度、保障监管资源、夯实监管技术、优化监管路径。随着资产管理行业监管思路不断明确与细化，可预期资产管理机构将在维护经济稳定、化解金融风险和盘活存量资金方面发挥更重要的作用。

关键词： 资产管理公司　不良资产　监管体系

---

* 刘雨诗，博士，现任职于中国东方资产管理股份有限公司，主要研究方向为金融机构与市场、反垄断监管。

一　行业发展与监管举措回顾

（一）2020~2021年行业发展情况

1. 市场规模

不良资产管理行业同时具有顺周期和逆周期特征，其行业规模和发展周期取决于经济环境的双重影响。从一级市场（收购市场）来看，不良资产管理行业具有较显著的逆经济周期特点：经济形势较差时，企业偿付能力弱，不良资产供给增加；从二级市场（处置市场）来看，不良资产管理行业又是典型的顺经济周期行业：经济不景气使二级市场买家对资产包的估值降低，需求随之减少，不良资产处置难度增大。从一级市场（收购端）可以判断不良市场规模：不良资产管理公司主要承接金融机构，包括银行、信托公司、金融资产管理公司、金融租赁公司、保险公司、证券公司、银行子公司及金融业保障类机构的不良资产。相对应的，我国不良资产主要来源大致分为银行业不良资产、非银金融机构不良资产、非金融企业坏账。其中，银行业和信托业是两大主要收购来源。

（1）银行业不良资产包括商业银行、政策性银行、外资银行等各类银行因贷款业务、投资业务等形成的评级为次级、可疑或损失类的资产或已纳入不良资产管理的资产。2021 年，受强监管和弱经济叠加影响，银行业不良资产再度攀升。据银保监会披露数据，截至 2021 年末，我国银行业金融机构本外币总资产为 344. 8 万亿元，同比增长 7. 8%；其中，商业银行不良贷款余额 2. 85 万亿元（含次级类贷款 1. 28 万亿元，可疑类贷款 1. 14 万亿元，损失类贷款 0. 43 万亿元），不良贷款率 1. 73%，拨备覆盖率 196. 91%。2021 年银行业共计处置不良资产 3. 1 万亿元。虽然 2021 年商业银行信贷资产质量基本稳定，但不良贷款暴露存在一定的滞后性，即期资产分类和账面利润不能准确反映真实风险（郭树清，2020）；且近年来，中小商业银行负债增长速度高于国有商业银行，带来的增量风险不可忽视。因此，在新冠肺炎疫情冲击、延期还本付息政策到期、银行机构“两道红线”政策压力影响下，银行资产风险有可能将继续暴露。

此外，2022 年不良资产增量还将包括来自各银行理财子公司的业务。银行理财子公司诞生于 2018 年资管新规发布时，2022 年资管新规结束过渡期开始正式实施后，理财业务加速回归资管本源。根据 2022 年初数据，大型商业银行和部分股份制银行仍然有相当规模产品未整改完成，而根据银保监会要求，2022 年 9 月底前必须完成清理工作，即老产品不能再存续。这类产品规模合计在 1.5 万亿~2 万亿元，占总理财规模的 5%~6%，可能也会成为不良资产的业务来源。

（2）非银金融机构不良资产以信托业不良资产为代表，指信托公司使用自有资金开展业务形成的和已由信托公司通过自有资金兑付形成的，已发生价值贬损或已纳入不良资产管理的资产。自 2018 年第一季度以来，信托业资产风险率持续攀升，由 1%左右上涨至 2020 年第一季度的 3.02%，风险资产规模高达 6431 亿元。[①] 2021 年 1~11 月信托行业共发生 250 起违约事件，涉及违约金额 1250.72 亿元，其中房地产信托涉及违约金额超 700 亿元。2021 年 4 月银保监会发布的《关于推进信托公司与专业机构合作处置风险资产的通知》提出，加速信托行业对不良资产和风险资产的处置。伴随信托行业监管趋严，以及近年来国家对房地产调控的逐步升级，地产类信托出现风险事件的数量和金额也快速提升，来自信托公司的资产管理业务机会将有所增加。

不良资产管理公司是为数不多的存量调节型、逆周期调节功能型机构，展业方向多元、服务客户广泛，具有区别于其他金融机构的业务机会和职责使命。当前，中国经济处于产能出清、利润修复、产业结构重塑的新旧动能转换期，传统不良资产业务、个贷不良转让业务、信托不良处置业务已构成三个万亿级市场。由于新冠肺炎疫情导致全球多个经济体陷入负增长，国内外经济政治形势日趋复杂，商业银行体系贷款核销力度逐年增大、非银金融

---

① 中国信托业协会在 2014 年第三季度末首次披露信托公司持有的风险项目情况，2020 年第一季度至今均未披露。

机构体系资管规模逐年上升、部分产能过剩和结构转型行业企业偿债能力有所下降、地方债务逐渐暴露等趋势都引起不良资产总供给的扩大。结合存量规模和新增趋势，我国不良资产管理市场将在较长时间内拥有广阔展业空间。

2. 竞争格局

随着资产风险逐渐暴露，不良资产的服务供给也不断丰富。目前中国不良资产管理市场已经从过去的“四大资管”寡头市场演变为“5+N+外资+民营非持牌”的多层次市场。

“5”指五大全国性的资产管理公司，包括中国信达资产管理股份有限公司（以下简称“信达”）、中国华融资产管理股份有限公司（以下简称“华融”）、中国东方资产管理股份有限公司（以下简称“东方”）、中国长城资产管理股份有限公司（以下简称“长城”）及2020年获批牌照的中国银河资产管理股份有限公司（以下简称“银河”）。五大资产管理公司（AMC）由财政部直接控股，在全国范围内展业，主要参与一级市场业务。发展至今，信达、华融、东方、长城等四家全国性AMC已开展资管、银行、证券、保险、基金、金融租赁等多元业务，成为全牌照金融控股集团，同时还广泛涉足私募基金、房地产开发等业务。①

地方AMC自2012年设立以来经历了多次扩容。2021年12月，大连国新资产正式注册成立，至此获银保监会批复开展不良资产管理业务的地方AMC扩容至62家，成为区域不良资产管理市场的中坚力量。相较于全国性AMC，地方AMC股权结构更为灵活，近68%的地方AMC实际控制人为省级政府，13%的地方AMC实际控制人为自然人，9%的地方AMC股权分散无实际控制人。但是，地方AMC普遍资金实力较弱，注册资本在100亿元以上的仅占7%。

此外，“外资系”指2020年2月完成注册的首家外资AMC橡树资本；民营非持牌AMC，主要参与二级市场业务，从持牌机构处收购不良资产。

① 除中国东方外，中国信达、中国华融和中国长城旗下均设有房地产开发平台。

不同于全国性AMC和地方AMC定位为“由国家、地方政府及金融机构参控股的以盈利为目的的资产管理公司”，非持牌机构的市场定位则是在市场中寻找特殊机会以盈利为目的的公司。正是因为众多非持牌的存在，中国不良资产管理市场才形成了一、二级市场互通，交易活跃，规模巨大的市场格局。

3. 业务模式

中国不良资产管理行业发展至今已走过20余个春秋[①]，四大资产管理公司从专注于政策性不良资产处置业务逐步发展成市场体量达数十万亿元的重要金融子行业。回顾发展历程，资产管理公司通过科学高效的处置方式实现风险资产转移，在推动国有银行和国有企业改革过程中发挥了重要作用。为保障国内重大风险防范和化解，AMC也在转型发展中培育出更丰富多样的业务模式。

AMC一般通过公开竞标或协议转让方式承接不良资产包，然后通过二次出售、债权重组、破产清算、诉讼追偿、债转股等方式对其进行处置。从收购端看，不良资产可以分为“金融不良”和“非金不良”，前者可进一步分为“银行不良”和“非银金融机构不良”。随着经济金融环境发生变化，不良资产从最初的“单一银行不良贷款”拓展至各种财务陷入困境且自身不能进行信用修复的困境资产和特殊资产，包括存在风险的债权、股权和实物资产。从处置端看，源自信托、证券、基金、上市公司、地方政府平台的不良资产有不同特点，为与之相适应，AMC展业模式从单纯接收银行不良贷款扩展到股权投资、参与企业重组、提供综合金融服务。

市场化竞争格局下，“通过低买高卖赚取价差收益”的通道型业务模式难以为继。2016年3月，银监会发布《关于规范金融资产管理公司不良资产收购业务的通知》，强调“资产管理公司收购银行业金融机构不良资产时需要通过评估或估值程序进行市场公允定价，以实现资产和风险的真实、完

① 1999年，东方、信达、华融、长城四大AMC相继成立，四大AMC的设立是行业发展的起点。

全转移”，这释放出“限制通道类业务”的政策信号。自此，四大 AMC① 开始探索并购重组、市场化债转股、为企业纾困，在合规前提下以投行化思维升级业务模式，建立“大不良”生态圈。2019 年银保监会印发《关于推动银行业和保险业高质量发展的指导意见》（银保监发〔2019〕52 号），鼓励 AMC 做强主业，合理拓展与企业结构调整相关的兼并重组、破产重整、夹层投资、过桥融资、阶段性持股等投资银行业务（见表 1）。

表 1　不良资产管理行业主流展业模式

展业模式	业务特点
不良资产收购+转让	资产管理公司直接从金融机构收购相关不良资产，收购后自行进行处置或重组
资产收购+反委托	资产管理公司从金融机构收购不良资产后，反委托出让金融机构进行处置，支付委托处置费用或进行处置分成
资产收购+延期收款	资产管理公司在收取意向投资人一定保证金后，独立从金融机构收购不良资产，收购后进行公开处置。资产管理公司收取中标投资人不低于 30%的首付款后，延期收取剩余价款，并收取一定的资金占用费
资产合作收购	资产管理公司联合意向投资人、产业投资人等合作方，通过 SPV（特殊目的载体）进行风险收益和处置管理约定，共同从金融机构收购不良资产
资产逆向收购	资产管理公司在夯实资产的金融不良属性和做好资金监管的基础上，将资金支付给债务企业相关方，由债务企业相关方定向偿还金融机构不良债权，或由资产管理公司直接代偿给金融机构，与债务企业相关方确立债权债务关系
资产收购+委托处置	资产管理公司从金融机构收购不良资产后，将资产委托给相关机构（非出让金融机构）进行处置，可通过收取相关机构一定保证金、设置清收目标、设置累进处置费用、进行处置分成等方式设计激励约束机制
参与资产法拍	资产管理公司通过设立 SPV 的方式，单独或联合合作伙伴，参与不良资产法拍，法院用投资资金偿还相关金融机构不良债权
参与企业破产重整	资产管理公司通过设立 SPV 的方式，单独或联合合作伙伴，参与企业破产重整，重整管理人将投资资金分配给相关金融机构不良债权
债权收购+债转股	资产管理公司通过设立 SPV 的方式，在收购前确定意向转股企业后，从金融机构收购该企业不良债权，达到转股条件后，进行债权转股权
资产收购+追加投资	资产管理公司从金融机构收购不良资产后，对相关债务企业或抵债后的抵押物进行追加投资，达到盘活企业和修复资产瑕疵的目的

① 因为第五家 AMC 中国银河资产管理股份有限公司尚未大规模开展业务，暂不纳入本报告的举例和分析范畴。

2021年1月，银保监会发布《关于开展不良贷款转让试点工作的通知》（银保监办便函〔2021〕26号），正式批准单户对公不良贷款转让和个人不良贷款批量转让，拓宽个人不良贷款的处置路径；2021年5月，银保监会发布《关于推进信托公司与专业机构合作处置风险资产的通知》，同意信托公司与中国信托业保障基金有限责任公司、金融资产管理公司和地方资产管理公司等专业机构合作处置固有不良资产和信托风险资产；2021年8月，银保监会发布的《地方资产管理公司监督管理暂行办法（征求意见稿）》允许地方AMC在参与信托风险资产处置时直接收购相关资产。AMC买断信托业风险资产包后，可以通过机构救助、资产剥离或盘活、法拍资产盘活、破产重整（和解）等方式进行处置（见表2），体现了不良资产行业可观的市场前景，后文将对此进行详细分析。

表2 信托风险资产化解过程中发展出的业务模式

处置方式	特点
机构救助、资产剥离或盘活	信托公司和AMC合作聚焦问题信托机构和问题资产，通过运用债权、股权、夹层资本等方式，对在不良资产经营过程中发现的、存在价值提升空间的资产和存在短期流动性问题的机构进行投资，实现问题企业救助及问题资产剥离与盘活
法拍资产盘活	目前，通过法拍处置实现回款的业务模式已成为银行业不良资产收购处置的常用手段，伴随着信托行业风险项目的增多，法拍也将成为信托风险资产处置的重要方式。针对具有价值修复潜力且升值空间大的法拍信托资产，一般可包括信托机构开展信托业务时，要求交易对手增信、抵押的各类资产，例如，未开发土地、在建工程（烂尾楼）等实物资产，信托公司和AMC可通过联合产业投资方设立有限合伙型法拍基金的方式进行风险处置。在该模式中，信托公司和AMC需主动寻求有价值的法拍资产，然后联合产业投资方设立法拍基金（也可在法拍基金之上设立母基金）直接参与法拍资产收购，并通过产业方盘活或利用银行AMC的处置优势对其进行资产重组，最终通过盘活后收益、合伙份额回购、打包出售资产等方式退出
破产重整	“债权收购+有限合伙型破产重整基金+SPV+共益债务投资+企业重组”的业务模式是目前企业破产重整领域常采用的共益债务投资方案，相对于股权等权益类融资、债转股、资产出售等混合融资模式，其投资风险相对较低。信托公司和AMC可通过借鉴（类）共益债务投资方案为企业破产重组提供支持。首先，由信托公司和AMC从破产企业债权人处收购全部或部分债权（一般是普通债权）。其次，设立符合当下政策支持的破产重整基金，以便参与破产企业的破产重整。再次，由破产重整基金出资设立SPV，参与后续（类）共益债务投资等事宜。此外，信托公司和AMC也可直接设立集合资金信托计划，作为设立有限合伙型破产重整基金和SPV的替代性方案。最终通过参与共益投资和企业重组等，帮助企业增加恢复正常的概率，并实现退出

（二）2020~2021年监管举措

1. 针对全国性 AMC 的监管措施

近二十年来，监管部门陆续发布文件对金融资产管理公司进行规范。2019 年银保监会印发《关于推动银行业和保险业高质量发展的指导意见》（银保监发〔2019〕52 号），首次将不良资产管理市场与信贷、保险、信托、金融租赁等市场并列，显著提升其在我国金融市场的地位。2021 年在防范化解金融风险大背景下，监管机构对于资产管理公司合规展业、稳健经营的监管力度也大幅增加，推出系列政策推动其聚焦主业经营、创新处置手段，积极发挥其维护金融稳定、盘活存量资金的重要作用。本报告第二部分将对 2021 年部分重要政策进行具体分析。

2. 针对地方 AMC 的监管措施

2012 年以来，四份政策文件构成针对地方 AMC 的基本监管框架。

①2012 年 1 月，财政部和银监会联合印发《金融企业不良资产批量转让管理办法》（财金〔2012〕6 号，下文简称“6 号文”），明确地方 AMC 仅限在省内且只能以债务重组方式开展业务，这是我国第一份关于地方 AMC 的规范文件。②2013 年 11 月，银监会印发《关于地方资产管理公司开展金融企业不良资产批量收购处置业务资质认可条件等有关问题的通知》（银监发〔2013〕45 号），在 6 号文基础上进一步明确地方 AMC 的设立资质：注册资本至少 10 亿元，并鼓励民间资本投资入股地方资产管理公司。③2016 年 10 月，银监会印发《关于适当调整地方资产管理公司有关政策的函》（银监办便函〔2016〕1738 号），放宽 6 号文对地方 AMC 的业务限制，如允许各省增设地方 AMC、允许地方 AMC 以债务重组、对外转让等方式处置不良资产，且对外转让的受让主体不受地域限制。但这次松绑也使得地方 AMC 大肆开展“类信贷”“通道类”业务。④2019 年 7 月，银保监会印发《关于加强地方资产管理公司监督管理工作的通知》（银保监办发〔2019〕153 号，以下简称“153 号文”）。153 号文作为首部针对地方 AMC 的统一监管文件，从市场准入、专注主业、压实监管责任、治理市场乱象等四个方面初步

搭建起监管框架，并明确了监管主体。

除银保监会印发的全国性监管文件外，江西省、北京市、贵州省、福建省也陆续出台了监管办法。如表 3 所示，地方监督管理办法均以监管部门对全国性 AMC 的相关规定为引领，体现出政策的传导性。但是尽管如此，这一系列文件均未能明确地方 AMC 的法律地位，即银保监会无权将其纳入监管范围并为其颁发金融许可证①。长期处于监管的灰色地带一定程度上纵容了地方 AMC 违规开展大量类信贷、通道类业务，导致风险可以跨行业、跨市场、跨地域传导。2019 年出台的 153 号文作为首部针对地方 AMC 的统一监管文件，虽然体现了监管部门对于地方 AMC 主体身份界定和经营范围界定的支持态度，但是不够系统。随着个人不良贷款批量转让、单户对公不良贷款转让等业务面向地方 AMC 逐渐放开，未来我国仍需强化、细化监管体系，压实地方政府监管责任。

表 3　地方对于地方资产管理公司的监管办法

地区	发布/征求意见时间	主要内容
江西	2017 年 10 月 25 日	注册资本最低 10 亿元、资本充足率不得低于 12.5%、主发起人出资额不高于净资产的 50%、单个股东出资或者持股比例不得超过注册资本总额的 40%以及一些禁止性规定
北京	2020 年 4 月 7 日	注册资本最低 10 亿元、核心一级资本充足率不得低于 9%、一般准备余额原则上不得低于风险资产期末余额的 1.5%以及一些禁止性规定
贵州	2020 年 12 月 7 日	一些监管要求以及一些禁止性规定
云南	2021 年 6 月 15 日	注册资本最低 10 亿元、资本充足率不得低于 12.5%、发起人发起时资产负债率不超过 70%、一般准备余额原则上不得低于风险资产期末余额的 1%、用于金融机构和非金融机构不良资产收购处置的资金不低于公司资本金的 60%以及一些禁止性规定
山东	2021 年 7 月 22 日	注册资本最低 10 亿元、资本充足率不得低于 12.5%、流动性比例不得低于 25%、流动性覆盖率不得低于 100%、用于经营金融机构和非金融机构不良资产的资金不低于公司资本金的 60%

① 关于地方 AMC 无法取得金融许可证，可参考银保监会对十三届全国人大二次会议第 6694 号建议的答复。

2021 年，银保监会在现行政策基础上研究起草《地方资产管理公司监督管理暂行办法（征求意见稿）》，拟对地方 AMC 主业经营、公司治理、风险管控、信息披露、融资渠道等方面提出要求，同时明确地方监管职责，鼓励地方政府及相关部门研究出台税收、资产处置、信贷支持、产业发展、司法和人才引进等方面的扶持政策。后文将对此进行详细分析。

3. 针对外资/合资 AMC 的监管措施

随着市场新周期的开启，境外投资机构在中国不良资产管理市场上的参与度不断提升。2017 年 12 月，银监会放宽对金融资产管理公司的外资持股比例限制。2018 年 8 月，银保监会发布删除《中国银行业监督管理委员会非银行金融机构行政许可事项实施办法》中有关外资金融机构向金融资产管理公司投资入股比例的限制①。2020 年 2 月，知名不良资产投资管理公司橡树资本的全资子公司——Oaktree（北京）投资管理公司完成工商注册。近年来，黑石、高盛等知名外资机构还通过成立基金、与内资机构合作等渠道参与中国不良资产收购与处置。然而，在行业加速对外开放的同时，有关部门却并未同步出台对于外资 AMC 的正式监管规则，外资 AMC 在中国的后续发展需要依赖相应的监管指引。

二　四大政策聚焦点分析

2020 年 6 月，银保监会印发《关于开展银行业保险业市场乱象整治“回头看”工作的通知》（以下简称《通知》），要求对持续三年的市场乱象整治工作进行回顾总结。《通知》针对资产管理公司的监管要点包括：是否违规开展房地产业务；是否违规向地方政府及融资平台提供融资；是否未按规定做实资产质量；是否违规通过分公司之间、分公司与子公司之间内部交易掩盖风险；是否存在风险资产处置化解不力，未有效执行集中度风险和限额管控；

① 2018 年以前，对金融资产管理公司的外资单一持股比例不超过 20%，合计持股比例不得超过 25%。

是否业务开展不合规、不审慎，为银行业金融机构规避资产质量监管提供通道，以收购金融或非金不良名义变相提供融资等。我们从中可归纳出资产管理行业的监管聚焦点，2022 年监管政策也将在这些方面继续发力。

（一）关注点1：涉地涉房业务

1. 监管文件/事件

近两年针对地产领域的金融政策密集出台，如“三道红线”、房地产贷款集中度、防止经营用途贷款违规流入房地产领域等。2021 年，监管部门严控房地产金融市场的信号更加明显。截至 2021 年 8 月 30 日，银行业金融机构领到的 1024 张罚单中有 67 张处罚案由与违规涉房贷款相关，罚单金额不乏百万元级别。监管部门对 AMC 的“涉地涉房类”业务格外关注，不仅对四大 AMC 严格审查，还明确要求地方 AMC 专注主业。153 号文明令禁止地方 AMC“以收购不良资产名义为地产企业或项目提供融资”。2021 年 9 月初，审计署针对地方 AMC 的审计工作关注了与地产融资密切相关的非金不良类融资产品。

值得注意的是：2021 年下半年以来，受恒大等个别房企风险暴露的影响，金融机构出现一致性收缩信贷的避险行动，误伤部分房企的合理融资需求。因此，从 2021 年第四季度开始监管思路有所调整：12 月召开的中央经济工作会议虽然仍坚持“房住不炒”定位，但是表述明显温和，提出“因城施策维护房地产业良性循环和健康发展”；同月，人民银行、银保监会联合印发《关于做好重点房地产企业风险处置项目并购金融服务的通知》，鼓励银行业金融机构稳妥有序开展房地产项目并购贷款业务，支持风险房企的优质项目。2022 年 1 月，金融管理部门召集五家全国性资产管理公司开会，鼓励其参与风险房企资产处置、项目并购以及提供相关金融中介服务，鼓励其从央行编制的开发商名单①中挑选资产。

---

① 开发商名单包括 11 家企业，分别是绿地控股、融创中国、世茂集团、中梁控股、荣盛发展、奥园、阳光城、融信中国、佳兆业、广州富力和江苏中南建设。如果市场出现更多出险企业，名单上的企业数量可能会酌情增加。

2. 出台背景

监管层对资产管理公司涉地涉房业务提出严格要求的原因在于：两个行业的深度绑定。因地产相关债权有实体抵押容易估值，AMC 机构的商业化项目均不同程度涉足房地产领域，主要合作模式包括重组再开发、成立不良资产处置基金、合作拿地联合开发、代建等（见表 4）。涉房地产类不良资产以信托贷款、委托贷款和各类应收账款的债权资产为主，属于收购重组类业务，激进时期，这种类信贷业务模式被广泛复制。将收购重组类不良资产按行业分类，根据华融和信达的财报数据①，截至 2020 年上半年，其房地产业务占比分别为 53.5%和 51.7%。至 2021 年上半年，房地产业务集中度虽然得到控制，但占比仍然非常高，如尽管华融房地产业务占收购重组类业务的比例同比减少 2%，但整体规模仍高达 1651.13 亿元。AMC 与房地产企业的深度绑定导致：在宏观政策房企端和融资端双双收紧的环境下，一旦被纾困的房地产企业无法向 AMC 偿还利息及贷款，AMC 前期投入的资金就会无法收回，成为新增不良资产。事实证明，华融 2020 年度亏损 1029 亿元的重要原因之一，就是与房地产相关的收购重组类业务产生了大量不良资产。而 2021 年下半年以来，随着恒大、泰禾、华夏幸福等大型房企频频暴雷，与房地产相关的收购重组类业务更是快速暴露出其脆弱性。

表 4　AMC 与房地产企业合作模式简介

重组再开发	AMC 负责不良资产的处置和重组，房地产企业作为重组方负责再开发和运营，这类合作模式最为普遍
成立不良资产处置基金	出于灵活性和免税的考量，不良资产处置私募基金主要涉及合作制和信托制两类。这一模式可以放大资金优势，提高处置效率，是 AMC 探索出的新处置模式
合作拿地联合开发	房地产企业与 AMC 旗下的地产子公司直接合作，合作开发经营或进行品牌代建与小股操盘，获得共同开发收益（由于目前只有信达、华融和长城旗下设有地产开发平台，该模式只涉及以上三家资产管理公司旗下的地产公司）。

① 由于四大 AMC 中，华融和信达为上市公司，因此此处选取这两家机构的财务数据（经审计）进行分析。

续表

代建	房地产企业作为服务商，为 AMC 旗下地产平台提供设计规划、建设管理、销售等开发管理服务，房地产企业收取一定管理费用，而风险和收益均由 AMC 承接（这类模式相比合作拿地联合开发属于轻资产模式，AMC 无需承担太多资金压力和市场风险即可获得投资收益）

而监管态度出现缓和甚至趋向鼓励五大资产管理公司主动开展房企纾困业务的原因是：在经济基本面持续承压的现实情况下，在严控系统性金融风险的目标下，需要既能够提供流动性，又有专业能力的机构解决问题。AMC 过去二十年在项目风险化解、企业重组纾困、危机救助等方面积累了丰富经验，尤其是其收购的银行不良资产涉及大量不动产抵押，因此对房地产不良资产的处置盘活拥有较丰富的业务模式、产品类型和实战经验。且全国性 AMC 具有银行、证券、信托等综合金融功能，可以借助旗下地产平台或联合优质房企，通过参与风险房地产企业的资产处置、项目并购及提供相关金融中介服务等方式，加快对已违约或已出险企业的资产处置进度。

3. 行业影响

房地产金融监管政策实施以来成效显著，AMC 表现出快速的业务结构调整能力。

一是涉房业务规模缩量：AMC（尤其是四大 AMC）均暂停或收缩了房地产投资业务。具体包括：①逐步清理存量房地产业务，且原则上不新增直接涉房业务，回归主业并专门操作不良；②在监管收严背景下仍有部分投放额度的，目前在重点修正房地产投资业务的操作模式，包括对交易架构和放款模式的调整；③已踩雷恒大等房企的，集中精力处理踩雷事件，基本无新增业务。即，“通过收购重组类业务为地产输血”的业务模式所对应的风控要求也已越来越高。

二是涉房业务模式创新：有效市场中，房地产企业之间的项目并购是实现优胜劣汰、市场出清的主要方式，从中也催生了合理的金融服务需求。房地产金融监管背景下，AMC 一方面对房地产类存量业务做好预案、加快处置；另一方面对新增业务严控规模进行重新部署：如将产品模式调整为真股融资、优先股融资、明股实债融资等，关注出险和困难大型房企优质项目并购、城市更新等业务，探索长租房和保障性住房业务的展业途径。展业过程中须重点关注底层资产的区位和业态，分析项目的安全边际、运营和管控能力，分辨房地产企业集团财务报表的真实性和健康程度，严控债务集中到期的高杠杆房地产企业风险，助力房地产行业良性循环。

4. 政策评价

房地产企业的流动性危机是系统性金融风险发生与传导的重要导火索。房地产企业违约或房地产市场任何重大调整都可能引发金融市场风险溢价提高、银行部门面临资产重估、外部融资陷入困境、地方政府债务风险加速暴露等问题，为宏观经济稳定带来重大挑战。AMC 作为专门从事不良资产管理的另类金融机构，需要做到既不“助长火势”又不“引火烧身”，真正“承担救火职责”。因此，监管一方面要不断完善政策工具箱，加快制定房地产金融的审慎管理制度，提高房地产企业融资市场化、规范化水平和透明度；另一方面，房地产行业目前已经进展到信用重构的关键阶段，为保证房地产市场必要的流动性，金融政策需要注重逆周期调节。具体来看，监管方面应该鼓励 AMC 遵循“市场化、法治化”原则，通过债务重组、破产重整、引入战略投资方进行资产盘活、提供专业运营服务提升困境物业价值等方式，参与风险房地产企业的资产处置和项目并购。同时，考虑到部分房地产企业在短期内还面临着较大的偿债考验，整体纾困伴随一定市场风险和资产集中度风险。因此，监管方还应引导 AMC 有序推进处置，控制新增项目风险和单体项目规模。对于 AMC 已开展的房地产类业务，要判断其业务类型和实质，如果项目实质是“从问题资产出发盘活资产”，则具有化解区域风险的积极意义，应该给予鼓励。

（二）关注点2：地方政府隐性债务

1. 监管文件/事件

近年来，国家有关部门不断推出涉及政府基建领域的政策，旨在规范地方政府融资行为。自2020年中央经济工作会议提出了“抓实化解地方政府隐性债务风险工作”后，化解地方政府隐性债务风险更是成为政策层面的主基调。2021年12月，中央经济工作会议强调“坚决遏制新增地方政府隐性债务”，进一步表明政策层面的严控决心。同月，财政部在国务院新闻办公室举行的政策例行吹风会上表示“一方面将坚决遏制隐性债务增量，另一方面稳妥化解隐性债务存量”，并要求“自2022年1月1日开始对专项债券项目实行穿透式监测，防患于未然”。

不同于财政部对地方政府的实时监测，银保监会主要以金融机构为抓手。2021年7月，银保监会发布《银行保险机构进一步做好地方政府隐性债务风险防范化解工作的指导意见》（以下简称“15号文”），明确要求严禁新增隐性债务和虚假化债。15号文在表述上延续之前政策文件的主要提法，在内容上除对地方政府变相举债行为提出严厉监管要求外，还面向金融机构着重提到“要管控好新增项目融资的金融闸门”：对没有稳定经营性现金流作为还款来源或没有合法合规抵质押物的项目，金融机构须严格按照商业化原则为其提供融资。文件首次提出“虚假化债”和“责任处罚”的问题，同时通过明确和规范细节大幅提升了政策的可执行性。

促使监管部门决意整顿地方政府隐性债务的理由有两个。首先是债务高企背后的巨大风险。隐性债务指地方政府在法定限额之外直接举借、违法承诺偿还或提供担保的债务；常见形式包括地方融资平台公司举借的城投债和银行贷款、约定回购本金或承诺保底收益的政府投资基金、PPP和政府购买服务（徐军伟等，2020）。隐性债务天然具有隐蔽性，其规模难以准确判定[①]，加之部分地方政府举债形式多样、债务底数不清、风险关联关系复杂，若不及时化解容易引发系统性财政金融风险。其次是部分金融机构的不合理展业。此前文件执行过程中，部分金融机构出于业绩考虑通过流动性贷款支持地方政府基建投融资主体的项目建设和日常经营周转，导致城投平台

① 全国地方政府隐性债务规模暂无权威统计数据，但市场研究机构普遍预估规模在30万亿至40万亿元。

逾期转化成新增不良资产，与政策初衷背道而驰，因此 15 号文的出台旨在进一步规范地方政府相关融资业务，防止新增地方政府隐性债务。

2. 行业影响

15 号文对不良资产管理行业和机构的影响表现在以下几方面。

一是更多展业机会。15 号文出台后，化解地方政府隐性债务的政策氛围更加紧张，执行压力加大，且文件传达了允许 AMC 参与地方政府隐性债务化解的信号，意味着 AMC 有更多展业机会。2019 年 12 月，监管部门允许 AMC 收购融资平台到期债务，既为地方政府隐性债务风险化解提供了新路径，也为 AMC 业务开展指出新方向。2019 年 12 月，信达投放相关项目余额约 70 亿元，用于地方政府隐性债务风险化解；2020 年 8 月，湖南省资产管理有限公司牵头发起设立初始规模为 100 亿元的湖南省债务风险化解基金，通过集合信托方式防范化解融资平台债务违约风险。作为专业的资产处置机构，AMC 融资渠道多元且成本较低，拥有丰富的债务审核、资产确权、资产评估、债务重组和资产重组等方面的经验，其应当参与到地方政府隐性债务化解工作当中，有效发挥自身“经济安全网和金融稳定器”功能。

二是更多展业挑战。原因：第一，这类业务普遍伴随较高风险。各地的债务结构和资产质量往往千差万别，部分地区在供给侧改革中，“两高一剩”等传统行业面临较大的调整压力，给区域经济发展带来了较大的负面影响，进而影响资产质量，这不仅会拉长业务周期，降低整体收益，还将增加流动性管理压力。第二，部分机构的处置能力无法满足需求。复杂的地方资产要求 AMC 有更高的处置能力，但国内 AMC 的处置能力和人才力量还不能较好地满足市场需求，尤其是大量新成立的地方 AMC 公司经验尚少，业务模式还未成熟，缺乏专业处置能力。第三，不良属性认定存在困难。AMC 从金融机构承接不良资产的前提是金融机构将融资平台的贷款认定为“不良”，但是这种认定很难实现。在金融机构看来融资平台债务违约是技术性违约，因而不愿意将融资平台债务打折出售，或者即使出售也很难就债务收购价格与 AMC 达成一致。

此外，对于地方政府和城投平台而言，监管部门允许 AMC 参与地方政府隐性债务化解在一定程度上扩大了地方政府化债资金来源，有助于防范化解地方金融风险，同时以市场化原则收购融资平台债务也能够进一步推动融资平台信用分化，加速优胜劣汰。

3. 政策评价

将隐性债务清理整顿完毕是新一轮国企改革行动的重要组成部分。15号文在坚持银保监会监管思路的基础上进一步明确和规范了细节，提高了政策的可执行性和可操作性。如上所述，15 号文允许 AMC 参与地方政府隐性债务化解意味着给 AMC 带来大量业务机会。但是由于地方政府隐性债务的不良属性难以被认定，部分 AMC 开始通过变通方式展业，比如“成立债务化解周转金、通过过桥方式提供贷款”“折价收购城投公司的应收款、提供流动性支持”等。但是，前一种模式归根结底还是属于“流动性救急”，面临严格的风控要求约束因而无法大规模操作；而后一种模式存在变相提供融资的嫌疑，同样伴随一定的合规风险。也就是说，后续监管层要尤其关注 AMC 参与地方政府隐性债务化解的方式方法，警惕“从化解债务异化为助长债务”。此外，2022 年 1 月《国务院关于支持贵州在新时代西部大开发上闯新路的意见》（国发〔2022〕2 号）对地方政府隐性债务化解进行着重表述，提出“在落实地方政府化债责任和不新增地方政府隐性债务的前提下，允许融资平台公司对符合条件的存量隐性债务与金融机构协商采取适当的展期、债务重组等方式维持资金周转”，“债务化解必须是发展与解决问题的组合拳，而非单纯挪腾置换”。这代表了未来监管思路，也给地方政府与金融机构提供了长期化解债务的指引。

（三）关注点3：关联交易等公司治理问题

1. 监管文件/事件

关联交易是公司治理的重要组成部分。为规范银行保险机构关联交易行为，监管部门先后出台《商业银行股权管理暂行办法》《银行保险机构公司治理监管评估办法（试行）》《关于银行业保险业关联交易监管系统上线试运行的通知》等文件。2021 年 6 月，银保监会出台《银行保险机构关联交易管理办法（征求意见稿）》并征求意见。2022 年 1 月，《银行保险机构关联交易管理办法》（中国银行保险监督管理委员会令〔2022〕1 号，以下简称《办法》）发布，并自 2022 年 3 月 1 日起施行①。《办法》针对资产管理公司的规定如表 5 所示。

表 5 《银行保险机构关联交易管理办法》相关规定

针对银行保险机构的整体规定	①不得通过关联交易进行不当利益输送或监管套利，防止关联方利用其特殊地位，通过关联交易侵害银行保险机构利益 ②不得通过掩盖关联关系、拆分交易等各种隐蔽方式规避重大关联交易审批或监管要求 ③不得利用各种嵌套交易拉长融资链条、模糊业务实质，规避监管规定，为股东及其关联方违规融资、腾挪资产、隐匿风险等 ④公司治理评估结果为 E 级的银行保险机构，不得开展授信类或投资类关联交易，经银保监会认可的情形除外 ⑤关联方不得通过隐瞒关联关系等不当手段规避关联交易的内部审查、外部监管以及报告披露义务 ⑥不得聘用关联方控制的会计师事务所为其审计 ⑦应当按照实质重于形式和穿透的原则将其认定为关联方 ⑧持有银行保险机构 5%以上股权的股东质押股权数量超过其持有该银行保险机构股权总量 50%的，银保监会或其派出机构可以限制其与银行保险机构开展关联交易
针对资产管理公司的特殊规定	①不得与关联方开展无担保的以资金为基础的关联交易，同业拆借、股东流动性支持以及金融监管机构另有规定的除外。非金融子公司负债依存度不得超过 30%，确有必要救助的，原则上不得超过 70% ②金融资产管理公司及其子公司将自身形成的不良资产在集团内部转让的，应当由集团母公司董事会审批，金融子公司按规定批量转让的除外

《办法》涉及资产管理公司的条文包括：①分类监管：对银行保险类金融机构实施差别管理，监管部门可以根据公司治理状况、关联交易风险状况、机构类型特点等对其适用的关联交易监管比例进行设定或调整。②关联方：《办法》对关联方范围进行了较大幅度的修改，在实质重于形式的基础上，整合和调整了《保险公司关联交易管理办法》的相关规定。③非金融子

① 《商业银行与内部人和股东关联交易管理办法》（银监会令 2004 年第 3 号）与《保险公司关联交易管理办法》（银保监发〔2019〕35 号）同时废止。

公司负债依存度约束：规定金融资产管理公司非金融子公司负债依存度不得超过30%，确有必要救助的，原则上不得超过70%，并于做出救助决定后3个工作日内向董事会、监事会和银保监会报告。这意味着AMC非金融子公司的负债依存度被压缩至30%以内，有利于进一步推动AMC回归主业。

2. 出台背景

金融机构具有展业范围广泛、利益关联关系复杂的特征，关联方一旦通过关联交易进行利益输送损害金融机构利益，不仅将直接导致金融机构单体风险，还将引发群体性公众利益受损。近年来，银行保险机构通过隐匿关联关系、设计复杂交易结构、利用子公司违规提供资金等方式规避监管、套取利益等问题时有发生。此外，尽管关联交易始终处于监管部门关注范围内，但对关联交易的监管长期按照“分业监管”的方式进行，规定较为零散，且对于金融资产管理公司的适用性不足。从近年监管检查情况来看①，虽然公司能建立“三会一层（股东会、董事会、监事会、高级管理层）”的法人治理结构，但不能避免在实际治理过程中未严格执行公司章程规定进而导致公司治理机制运行失灵的现象。2021年1月，中央纪委国家监委发布《赖小民案以案促改工作启示》，为让AMC回归救助性金融主业，银保监会以开展子公司清理整合为切入口，择机退出与主业协同效应不高、经营效益较差的金融持牌机构，推动华融、长城、东方、信达4家AMC整合撤并56家子公司，非金融子公司资产规模缩减1884亿元。在此背景下，《办法》进一步修订完善关联交易的有关监管规定，有利于弥补制度短板，规范行业发展。2020~2022年涉及关联交易的政策如表6所示。

表6　2020~2022年涉及关联交易的政策

发文日期	发文机构	政策文件
2020年6月23日	银保监会	《关于开展银行业保险业市场乱象整治“回头看”工作的通知》
2020年8月17日	银保监会	《健全银行业保险业公司治理三年行动方案(2020~2022年)》
2021年5月20日	银保监会	《银行保险机构董事监事履职评价办法(试行)》

① 参考2020年银保监会发布的《关于开展银行业保险业市场乱象整治“回头看”工作的通知》。

续表

发文日期	发文机构	政策文件
2021 年 6 月 9 日	银保监会	《银行保险机构公司治理准则》
2021 年 6 月 9 日	银保监会	《关于开展银行业保险业“内控合规管理建设年”活动的通知》
2021 年 10 月 14 日	银保监会	《关于印发银行保险机构大股东行为监管办法(试行)的通知》
2022 年 1 月 14 日	银保监会	《银行保险机构关联交易管理办法》

3. 政策评价

此次发布的《办法》并非孤立文件，回溯到 2004 年出台的《商业银行与内部人和股东关联交易管理办法》以及 2019 年出台的《保险公司关联交易管理办法》发现，监管部门对银行保险机构的违规关联交易保持高压监管并严控利益输送，体现出政策的连贯性。相较过往文件，此次发布的《办法》进一步明确了银行保险机构监管的总体原则和禁止性规定，具体体现在以下几方面。

一是从分业监管到统一监管。此次《办法》将银保监会批准设立并直接监管的持牌金融机构尽数纳入监管范围，包括银行机构、保险机构、信托公司、金融资产管理公司、金融租赁公司、汽车金融公司、消费金融公司等，体现统一标准和全面覆盖。《办法》明确对金融资产管理公司的监管要求参照银行机构①，使得对 AMC 的治理开始有综合性规范文件可循。并且，《办法》对监管对象的全覆盖解决了机构间监管标准不统一的问题，能够有效防范监管套利，消除监管真空。

二是优化关联方识别。《办法》明确银保监会或其派出机构应将“实质重于形式”和“穿透监管”贯穿关联交易的识别、认定、管理和处罚过程，而此前《商业银行与内部人和股东关联交易管理办法》及《保险公司关联交易管理办法》仅明确允许监管采用“实质重于形式原则”认定关联方。这意味着监管部门自由裁量权扩大，而金融机构及其股东、关联方规避监管的空间非常小。

三是细化监管要求。此次《办法》结合不同类型机构特点实施差异化

① 适用范围不包括银保监会委托地方金融办监管的保理公司、融资租赁公司、典当行、小贷公司、地方 AMC。

监管，具体体现在“按照机构风险程度实施监管、加强重点领域监管、加强表外和资管业务管理”三方面。在具体要求方面，《办法》在关联交易的具体类型、关联交易金额的具体核算口径、重大关联交易标准方面进行了细化，并采取累计认定重大关联交易的方式避免拆分交易的漏洞。此外，《办法》还透露出一个明显的导向，政策文件对金融机构的约束不再局限于具体的量化监管指标，一些定性的禁止性规定也在表达政策含义。

基于以上分析，《办法》对健全公司治理、完善内部控制和强化风险管理有积极的推动作用。

（四）关注点4：地方资产管理公司监管

1. 相关文件

2021 年 5 月，银保监会公布《2021 年规章立法工作计划》，共提出制定或修订规章制度 19 项，包括《地方资产管理公司监督管理暂行办法》。2021 年 8 月，银保监会向行业内下发《地方资产管理公司监督管理暂行办法（征求意见稿）》。该征求意见稿从展业范围、业务类型和对外融资等方面对地方 AMC 进行全方面规范。内容包括：地方 AMC 收购、经营、管理、处置不良资产应限于本省、自治区、直辖市、计划单列市范围内①；每年新增投资额中主营业务投资额占比不低于 50%，其中收购金融机构不良资产投资额占比不低于 25%；对外融资须严格控制杠杆、谨慎选择渠道，未经批准不得向社会公众发行债务性融资工具，融资余额不得超过其净资产的 3 倍等。

继《地方资产管理公司监督管理暂行办法（征求意见稿）》公开征求意见后，2021 年 12 月 31 日，中国人民银行起草了《地方金融监督管理条例（草案征求意见稿）》，按照“中央统一规则、地方实施监管”原则将地方各类金融业态纳入统一监管框架，强化地方金融风险防范化解，其中与地

① 2021 年初发布的《关于开展不良贷款转让试点工作的通知》，明确参与试点的地方 AMC 受让单户对公不良贷款仅限于本省（自治区、直辖市）区域内，批量受让个人不良贷款不受区域限制。《地方资产管理公司监督管理暂行办法（征求意见稿）》为与之保持一致，明确单户对公不良贷款转让和个人不良贷款批量转让按试点工作安排进行。

方 AMC 相关的内容包括：明确地方监管职责，加强央地协调配合；明确地方金融组织[①]定义和监管规则；赋予地方金融监督管理部门履职手段，加大对违法违规行为的处罚力度。

2. 出台背景

尽管地方 AMC 是被特许从事金融不良资产批量收购业务的准金融机构，但其与全国性 AMC 的属性不同，监管模式也存在本质差别。后者隶属于银保监会所管辖银行业金融机构的一类，接受全面机构监管，而前者由地方政府批准设立和履行监管，没有金融许可证，因此不适用针对金融机构的审慎监管要求。在缺乏有效监管的背景下，一旦放开牌照资质和展业范围就很容易引发风险。尽管政策的本意是鼓励地方 AMC 参与不良资产收购与处置业务，防范和化解区域性金融风险，但是不少机构在“监管主体不明确、监管措施不完善”的宽松环境下开启多元化尝试，存在业务缺乏焦点、能力尚有欠缺，投资业务占比居高不下，业务探索中的伪创新层出不穷等问题，不仅无法完成“化解不良”的使命，还险些成为“滋生不良”的主体。

3. 行业影响

地方 AMC 作为我国不良资产管理市场的重要主体和维护地方金融稳定的核心力量，对其加强监管是有必要且有意义的。必要性体现在：由于地方 AMC 有“批量收购和处置金融机构不良资产”的特殊业务资质，因此有必要对其主营业务占比（尤其是金融不良资产业务占比）提出要求[②]。由于不良资产业务占用资金量大，处理和回收周期较长，为控制风险外溢，有必要在允许其适度对外融资的同时关注融资上限，避免过度加杠杆。

文件出台的行业意义体现在以下几方面。

---

① 指依法设立的小额贷款公司、融资担保公司、区域性股权市场、典当行、融资租赁公司、商业保理公司、地方资产管理公司及法律、行政法规和国务院授权省级人民政府监督管理的从事地方金融业务的其他机构。

② 这一解释是监管部门在《地方资产管理公司监督管理暂行办法（征求意见稿）》起草说明中提出的。起草说明还披露了对 6 家代表性地方 AMC 的调研结果：2018 年至 2020 年平均每年新增金融不良资产业务占比为 31.07%，呈下降趋势。2020 年全国地方 AMC 新增收购金融机构不良资产投资额占新增收购不良资产投资额比例为 52.59%。

①扩大了地方AMC的经营业务范围。《地方资产管理公司监督管理暂行办法（征求意见稿）》罗列了九种地方AMC可以经营的业务范围：不良资产的收购、处置、管理、经营，即整合资源盘活不良资产；问题企业的重组、清算、托管、经营，即助力实体企业解围纾困；问题金融机构托管，即助力地方政府化解区域金融风险。更为明确地为地方AMC指明业务拓展方向，且对比此前文件，此次将企业纾困、破产管理人、信托风险资产处置等纳入其中，扩大了地方AMC的主营业务。

②规范了地方AMC的经营业务区域。央行、银保监会两大监管机构的征求意见稿均明确地方AMC不得违规跨省展业，具体指对公批量转让不良一级市场禁止地方AMC进行跨省展业；对公批量转让不良二级市场虽政策上允许地方AMC参与，但是通过“风险准备金计提标准及资金占用成本”与一级市场项目的区别起到限制地方AMC对不良二级市场投资比例的作用[①]。上述约束体现了地方性AMC与全国性AMC牌照在展业区域方面的天然区别，十分必要。否则，若两类牌照在经营范围上界限模糊，而全国性AMC的监管规则明显更严于地方AMC监管规划，将导致部分地方AMC利用中央与地方政府的监管规则差异进行政策套利。

两份征求意见稿的业内发布意味着统一监管近在咫尺，此前因地域属性差异而粗放发展的地方AMC即将在设立流程、经营范围、禁止性规定等方面有纲领性文件作为指引，告别各自为政、业务混乱、法律定位不明的现状，为“将地方AMC纳入统一监管”做好制度铺垫。

4. 政策评价

此次《地方资产管理公司监督管理暂行办法（征求意见稿）》整体思路与此前文件一致，但相关规则更加明确。针对该文件有必要思考，地方AMC与五大全国性AMC监管的一致性和差异性。目前，对地方AMC的监管框架完全参考全国性AMC的监管思路（《地方资产管理公司监督管理暂

① 例外的是，地方AMC受让个人不良贷款则不受地域限制，或出于提高市场成交率和后期清收处置效率的考虑。

行办法（征求意见稿）》关于资本管理、风险准备金计提、五级分类、具体负面清单的说明与针对四大 AMC 的 56 号文[①]相似）。但笔者认为：地方 AMC 展业具有区域属性，全国性 AMC 的监管标准只能提供参考原则，而不能全盘复制操作层面上的具体细则，而且由于执行层面仍由各地方监管部门来把握，管理尺度很难统一。

因此，对于地方 AMC 既要“统一监管”也要“区别监管”。一方面，根据《金融企业不良资产批量转让管理办法》（财金〔2012〕6 号）的规定，地方 AMC 在职能定位、公司治理、风险管理等方面与全国性 AMC 并没有显著区别，因此可参照资产管理公司过往实践，探索设定符合实际的风险监管指标并逐步调整完善。另一方面，地方 AMC 在机构属性、业务准入、展业优势等方面与全国性 AMC 又有较显著的差异，需要各级各地监管部门统一对行业特征的认知、细化对行业标准的研究，有针对性地补齐地方 AMC 监管制度短板。此外，由于地方 AMC 遵循属地管理（从现有规定看，各地金融监管部门具体负责对本辖区地方 AMC 的日常监管），在对行业有统一认知的前提下，因地制宜地制定区域性的监管细则是未来发展的趋势。地方 AMC 的资产收购处置业务应当接受财政部和银保监会监管，同时地方政府具有独特的信息优势和监管资源，需要根据区域特征具体化准入门槛、经营范围、风险管控要求，加强与银保监会等监督机构的沟通，建立监管信息共享机制。

表 7　关于地方 AMC 的监管重点梳理

政策文件	监管维度	监管重点
《地方资产管理公司监督管理暂行办法（征求意见稿）》	展业范围	要求地方 AMC 开展收购、经营、管理、处置金融机构和非金融机构不良资产仅限于本省、自治区、直辖市、计划单列市范围内
	业务类型	在主营业务基础上增加了“破产管理、对问题金融机构和非金融企业进行阶段性股权投资或提供短期资金支持”；要求每年新增投资额中主营业务投资额占比不低于 50%，收购金融机构不良资产投资额占比不低于 25%

① 《中国银监会办公厅关于规范金融资产管理公司不良资产收购业务的通知》（银监办发〔2016〕56 号）。

续表

政策文件	监管维度	监管重点
《地方资产管理公司监督管理暂行办法(征求意见稿)》	经营管理	要求建立健全公司治理、内部控制、风险管理、资本管理、关联交易、信息披露、债务追偿、财务管理、统计、重大风险报告等方面的制度和机制
	融资限制	允许对外融资,但必须严格控制杠杆、谨慎选择渠道,未经批准不得向社会公众发行债务性融资工具,融资余额不得超过其净资产的3倍
《地方金融监督管理条例(草案征求意见稿)》	监管职责	由国务院金融监管部门制定地方金融组织监管规则,对地方金融监管部门予以业务指导;省级人民政府履行对地方金融组织的监督管理和风险处置职责
	组织定义	地方金融组织指依法设立的小额贷款公司、融资担保公司、区域性股权市场、典当行、融资租赁公司、商业保理公司、地方资产管理公司及法律、行政法规和国务院授权省级人民政府监督管理的从事地方金融业务的其他机构
	监管规则	持牌的地方金融企业预将列入金融业管理,地方金融组织原则上不得跨省开展业务,跨省开展业务的规则由国务院或国务院授权金融监督管理部门制定

三 监管政策评述

(一)值得肯定之处

1. 2021年的监管特点

成立资产管理公司的目的是防范和化解金融风险，这一特点也是强化监管的决定性因素。政府监管具有时效性、主动性和预防性，机构转型发展过程中，当市场不能有效发挥作用时，就需要“看得见的手”进行规范、约束和调控。资产管理行业发展二十多年以来，监管机构陆续出台多项文件对其进行规范和引导。2021年在“守住不发生系统性金融风险底线”的强监管背景下，监管机构持续补齐制度短板，对资产管理公司的约束从“范围”到“力度”都予以强化，尤其细化了在主业经营、投资业务、内部治理等方面的规范。

2. 强监管的重要意义

推动资产管理行业健康发展，是“十四五”时期我国构建新发展格局、实现高质量发展的重要着力点。全面强化资产管理行业监管在“宏观”和“微观”层面均有深刻的现实意义。

微观层面对于AMC机构而言，强监管一是助其在金融开放的趋势下锤炼内功。金融扩大开放在增加内循环通畅性的同时，也使本土金融企业直面全球挑战、加速优胜劣汰。面对激烈的市场竞争，国内企业应努力“练好内功”使自身符合审慎监管原则。二是在金融反腐的需求下正本清源。在金融诸多子行业中，资产管理公司地位特殊，由于资产质量差、项目周期长、信息不透明程度高，其在展业过程中面临更多不可控风险。因此，资产管理公司必须警惕“从化解不良变形为制造不良”的风险，而强监管对防范相关金融风险具有威慑作用。

宏观层面对于AMC行业而言，强监管一是能够防范化解系统性金融风险。随着中国经济步入增速换挡期，实体企业和金融体系备受考验，不良资产管理行业作为唯一具有“逆周期调节”特征的金融子行业将承担更多社会责任。监管政策及时纠偏能够引导资产管理公司反思业务结构，摆脱对房地产业务的路径依赖，转而拓展实质性问题企业重组、高风险中小金融机构风险处置等业务，真正发挥逆周期调节工具和救助性金融功能。二是能够促进实体经济高质量发展。支持实体经济发展始终是金融业的工作重点，在监管部门“回归本源、聚焦主业”的政策指导下，资产管理公司应加快转型，运用“投资+投行”手段精准支持“十四五”重大项目建设和国家发展战略实施。尤其是经济增长相对乏力的情况下，加大对小微企业、科技创新、绿色发展的支持力度，具有重要的现实意义。

（二）有待改进之处

“十四五”时期金融安全形势依然复杂，尤其是相对小众的不良资产管理行业由于没有得到足够重视，监管套利、治理失灵等现象依然存在。不良资产管理市场和资本市场、信贷市场、保险市场一样都属于市场经济的有机组成部分，有必要确立正确的金融监管政策价值取向，强化规范和引导。

1. 政策文件法律层次较低且较为分散

目前不良资产管理行业参考的主要法律规范是《金融资产管理公司条例》，（以下简称《条例》），但是《条例》对于 AMC 机构的监督管理仅在总则和附则中简单涉及①，仅对全国性 AMC 做出规定且将 AMC 定位为收购、管理和处置国有银行不良贷款的政策性机构，具有明显的时代局限性。除了《条例》，监管部门曾陆续出台《金融资产管理公司资产处置管理办法（修订）》（财金〔2008〕85 号）、《金融企业不良资产批量转让管理办法》（财金〔2012〕6 号）及《金融资产管理公司监管办法》（银监发〔2014〕41 号），但均属于规范性文件，法律层级较低且体系性较弱。相较美国、英国、新加坡，中国资产管理行业部分领域基础法律关系模糊，可能成为行业发展隐患。因此，有必要启动相关法规的制定和修订工作，通过厘清业务边界、疏通政策堵点，为管控行业风险夯实法律基础，为提高金融体系稳健性创造有利条件。

2. 虽已探索统一监管但仍存在监管真空

我国不良资产管理行业已形成“5+N+外资+民营非持牌”的多主体、多层次市场竞争格局。目前监管部门对五大 AMC 定位较为明确，监管制度也相对完善，而对地方 AMC 的法律定位不明晰。这不仅直接导致监管体系不完善②，滋生类信贷等违规经营行为，还使得政策红利无法在实践中得到延伸应用，地方 AMC 在税收优惠政策、司法支持政策、抵押登记办理等方面相较全国性 AMC 仍面临掣肘。资产管理公司是防范化解金融风险的重要力量，对其监管不能存在真空地带。如今，阻碍地方 AMC 发展的结构性瓶颈仍然存在，有必要健全央地监管体系，压实地方监管责任，推动资产管理行业监管框架向“机构监管与功能监管结合”方向完善。

① 总则规定“中国人民银行、财政部和中国证券监督管理委员会依据各自的法定职责对金融资产管理公司实施监督管理”。附则规定“金融资产管理公司违反金融法律、行政法规的，由中国人民银行依照有关法律和《金融违法行为处罚办法》给予处罚；违反其他有关法律、行政法规的，由有关部门依法给予处罚；构成犯罪的，依法追究刑事责任”。

② 银保监会仅以发布通知函的形式确认其具有批量处理不良资产等资格，但通知函不能确认金融机构身份。

3. 严监管的同时没有解决机构发展痛点

我国资产管理行业始于国有银行不良资产剥离，经历了政策性阶段、市场化转型阶段和全面市场化阶段。全面市场化意味着更激烈的竞争和更高的处置难度。尤其是部分欠发达区域的资产禀赋和司法环境欠佳将导致管理成本上升，部分地方 AMC 由于资金实力薄弱、业务经验欠缺，在当前监管环境下会感到发展压力。现有监管政策（如限制跨区展业等）尽管有杜绝政策套利的必要性，但是也对那些先天条件较差的地方 AMC 提出更大挑战。考虑到现阶段地方 AMC 跨区域收购现象比较普遍①，此时监管政策不仅要落实严格监管，还应当根据从业机构的客观实际为其提供明确引导和有力扶持，助其找到契合自身特点的发展路径。

4. 尚未实现鼓励创新和控制风险的平衡

如何实现“探索金融创新”和“控制金融风险”的平衡是监管政策制定长期面临的问题。强监管可能对金融创新形成压制，而政策松绑之后又容易出现投机乱象，即所谓“一抓就死，一放就乱”。比如，“投行化处置等新型展业方式”亟待打破重复式循环，监管如何在压降风险的同时给企业腾出弹性发展、优质竞争的空间，需要逐步探索。再如，由于 AMC 在地产前融业务中参与度较高，大规模暂停和收缩业务势必使房地产企业陷于流动性困境而无法重振，进而对市场造成重大冲击。在房地产风险持续暴露、其他金融机构严控信贷情况下，AMC 应该全身而退还是迎难而上？监管如何对 AMC 涉房类业务进行精准识别和合理引导，也需要审慎把握。

四　监管政策建议

（一）具体改进方案

通过“管、助、学、试”建设监管制度、保障监管资源、创新监管技

---

① 《中国地方资产管理行业白皮书 2020》数据显示：截至 2020 年底，超 80%的地方 AMC 开展跨区域收购，且主要集中于经济较发达区域；2021 年，多数机构通过开设分支机构方式将不良资产购买处置延伸到区域外。

术、优化监管路径。

1. 管：修订和完善立法，通过立法技巧提高监管威慑力

启动适用于资产管理公司的法律法规研究，加快条例修订。一是界定适用对象。将《条例》所指的 AMC 重新界定为“经国务院银行保险业监督管理机构批准设立，主要或专门从事不良资产收购管理和处置等业务的非银行金融机构”，将地方 AMC 也纳入《条例》监管对象并做出单独规范；二是明确职能定位。明晰 AMC 的市场定位、展业边界和治理规则，引导梳理存量业务，规范新增业务，在防范化解金融风险、服务实体经济高质量发展中发挥职能作用。三是明确监管范围和处罚措施。通过信息报送、现场检查等多样化手段对 AMC 进行全覆盖、穿透式审查，加大对 AMC 金融违法行为的处罚力度，增强监管威慑力。

2. 助：完善配套措施，为 AMC 正常运营创造良好的外部条件

从“管制型监管”向“服务型监管”转型，通过完善社会信用、融资渠道等配套设施，保障资产管理公司运行。良好的信用环境可优化不良资产收购和处置流程，目前多数地方 AMC 因缺乏征信权限导致尽调困难、催收无效、诉讼受阻，建议鼓励地方 AMC 建立征信报送机制，探索接入人民银行征信系统，这样既可为 AMC 开展尽调工作提供技术支持，也可通过征信回复督促交易对手按时履约。① 此外，财政资金是不良资产重组的有力支持。目前五家全国性 AMC 背靠财政部股东力量且享有银行间融资便利，但是多数地方 AMC 融资渠道狭窄。建议监管部门允许符合条件的地方 AMC 利用银行贷款、公司债、企业债、非金融企业债务融资工具、理财直接融资工具、资产证券化等多种渠道融资，支持银行对地方 AMC 收购不良资产予以信贷支持，鼓励开发专项贷款或资管产品，扩大地方 AMC 资金实力。

3. 学：借鉴国际经验，提升数字化智能化监管水平

尽管中外资本市场发展程度迥异，但发达国家在完善监管机制方面的

① 2021 年 12 月，广西广投资产管理公司接入人民银行征信系统，成为全国首家接入央行征信系统的地方 AMC，以此为试点后续可推广至更多地方 AMC 机构，建立覆盖全域的信用市场。

技术经验仍值得学习。比如，目前资产管理公司接受“一行两会”及财政部多头监管，地方资产管理公司接受中央和地方双层监管，不同监管部门间存在信息分割，有必要夯实数据基础、共享信息资源以提升智能化监管水平；又如，目前监管部门多以实地参与、现场调查、事后监管等形式约束 AMC 经营行为，监管效率和效果有限，建议充分运用大数据、区块链等数字技术优化监管手段和程序，或可实现远程监管、实时追踪甚至精准预测，提高监管活动的及时性、前瞻性和科学性。再如，目前资产管理领域各大交易平台各自运行、信息分散，导致处置效率低下，建议统一信息披露标准，并对信息披露的准确性、完整性和及时性提出量化要求。这不仅能够帮助 AMC 机构提升处置效率，也有助于夯实智能化监管的基础工作。

4. 试：巧用监管沙盒，实现合规和创新的动态平衡

一项政策的前瞻性和有效性体现为，可以通过政策层面的研判和调整及时规避风险，进行政策调整的过程中如何低成本试错，需要金融主体与监管主体以合作方式进行金融创新试验。监管沙盒作为一种新型监管政策工具和制度手段，借助仿真环境下的测试方式，能够有效平衡金融科技创新和风险。一种可行思路是“预调微调、试点先行”，即允许部分金融机构在安全范围之内尝试创新，由监管机构获得实时数据，为该创新的复制和推广提供支持。

（二）监管思路展望

2021 年，监管机构针对不良资产管理行业推出一系列新监管政策，要求不良资产管理公司全面回归主业、创新处置手段。这些政策体现出“实质重于形式、机构监管与功能监管结合”的原则。随着聚焦主业监管导向愈发明确，不良资产管理机构坚持聚焦主业、合规发展，将在维护经济稳定、化解金融风险和盘活存量资金等方面发挥越来越重要的作用。2022 年，金融风险防范任务仍然十分艰巨。房地产市场是系统性风险的潜在威胁，地方融资平台债务风险未得到实质性缓释，中小金融机构受城投债违约影响风险加剧，这些都需得到及时有效的应对与处置。在中央经济工作会议“稳字当头”要求和即将召开全国金融工作会议的背景下，预计 2022 年资产管理行业的监管政策将更注重“合规与创新”的平衡①。

一是监管力度持续提升。预计 2022 年金融监管将继续围绕“推进重点领域风险化解处置”和“提升服务经济高质量发展能力”两方面发力。在稳增长主题下，尽管实践中对“涉地涉房纾困业务”和“地方隐债化解业务”的监管尺度有待观察，但资产管理机构调整业务结构已是确定趋势。对于地方资产管理公司，金融强监管或将表现为对《地方资产管理公司监督管理暂行办法》的贯彻落实，在将地方资产管理公司纳入统一监管的同时，针对区域性资产管理公司提高准入门槛、明确经营范围、开展风险管控等，并逐步落实完善配套措施。对于金融资产管理公司，金融强监管会继续强调回归主业，鼓励通过破产重整、法拍等司法程序展业；加强对非金业务的监管约束，防范非金不良“认定不审慎、债权不真实、变相为企业融资”等问题；强化对关联交易、内部交易等公司治理问题的检视。除推进重点领域个案风险化解外，还需疏通资产核销转让、抵债资产处置等方面的政策堵点，对资产估值、跨区展业等细节问题进行整治，消除监管真空。

二是监管手段持续升级。金融与科技的加速融合将催生资产管理行业的新业务、新产品、新服务，但同时，业务伪装监管套利、个人隐私违规使用等问题也将逐渐暴露。数字经济时代，监管手段也需要与时俱进。预计 2022 年金融监管将全力向数字化、智能化方向转型，以统一数据报送标准、搭建全域覆盖网络等基础工作为起点，利用人工智能和大数据等技术手段，逐步实现监管工具升级、审批流程优化和数据价值体系重塑等目标，增强对风险预警的研判能力和对监管科技的运用能力。有理由相信在数字技术赋能的监管环境中，信息泄露、暴力催收等违法行为可得到有效遏制，伪创新、乱创新将被穿透式识别，合规风险可得到及时化解。

① 合规与创新体现在：鼓励发展多元化展业模式，但核心仍然坚持聚焦主业化解金融风险、支持实体经济。

参考文献

[1] 巴曙松、王琳：《资管行业的功能监管框架：国际经验与中国实践》，《清华金融评论》2018 年第 4 期。

[2] 常健：《论“穿透式”监管与我国金融监管的制度变革》，《华中科技大学学报》（社会科学版）2019 年第 1 期。

[3] 苟文均：《穿透式监管与资产管理》，《中国金融》2017 年第 8 期。

[4] 郭树清：《坚定不移打好防范化解金融风险攻坚战》，《中国保险》2020 年第 9 期。

[5] 李玲：《我国金融不良资产的发展趋势、监管政策与处置机制——兼论大型资产管理公司的战略取向》，《新金融》2015 年第 11 期。

[6] 李扬、张晓晶：《“新常态”：经济发展的逻辑与前景》，《经济研究》2015 年第5 期。

[7] 沈晓明：《金融资产管理公司理论与实务》，中国金融出版社，2014。

[8] 徐军伟、毛捷、管星华：《地方政府隐性债务再认识》，《管理世界》2020 年第 9 期。

[9] 郑超愚、蔡浩仪、徐忠：《外部性、不确定性、非对称信息与金融监管》，《经济研究》2000 年第 9 期。

[10] 周小川：《金融政策对金融危机的响应——宏观审慎政策框架的形成背景、内在逻辑和主要内容》，《金融研究》2011 年第 1 期。

[11] Edward L. Glaeser and Andrei Shleifer, “The Rise of the Regulatory State,” *Journal of Economic Literature*, 2003.

[12] K. Arrow, *The Economics of Agency*, Harvard Business School Press, 2006.

[13] M. Jensen and W. Meckling, “Speciflc and General Knowledge Organizational and Structure,” *The Journal of Law and Economics*, 2002.

B.11

宏观审慎政策的国际协调

刘 亮　李仕琦*

摘　要： 2008年金融危机后，世界各国越发意识到防范系统性金融风险的重要性，因此各国金融监管当局在注重微观审慎的同时，也开始强调宏观审慎管理框架的构建。随着世界经济金融一体化的发展，各国之间的联系更加紧密，一国的政策实施可能会对他国产生影响，即产生政策的溢出效应，此时政策的国际协调就显得尤为重要。目前，宏观审慎政策的国际协调还未受到足够重视。本报告在分析宏观审慎政策的国际溢出效应以及宏观审慎政策国际协调的现有途径与问题后，对完善宏观审慎政策的国际协调、维护国际金融市场稳定提供了政策建议。

关键词： 宏观审慎政策　溢出效应　国际协调

一　引言

宏观审慎是相对于微观审慎的概念，宏观审慎政策指的是金融监管当局为了防范由金融体系顺周期波动和跨部门传染导致的系统性风险，维护货币和金融体系稳定，从金融市场整体而非单一机构角度实施的各种制度安排。宏观审慎的概念最早由巴塞尔银行监管委员会（BCBS）的前身库克委员会（Cooke Committee）在1979年的一次会议上提出。此后，国际组

---

* 刘亮，经济学博士，苏州大学东吴商学院金融系教授，主要研究方向为金融管理；李仕琦，苏州大学东吴商学院在读硕士研究生，主要研究方向为金融理论与政策。

织在会议和报告中逐渐明晰宏观审慎政策的概念，但宏观审慎管理一直没有得到各国重视。直至2008年，美国次贷危机引发的全球金融危机让各国意识到仅靠微观审慎管理无法预防系统性风险，宏观审慎管理才得到各国政府和学术界的重点关注。

目前，国际上主要国家都已建立宏观审慎政策框架，宏观审慎政策已被纳入各国政府的政策工具箱。一些国际组织也为建立健全宏观审慎政策框架推出了一系列国际标准和最佳实践。在本次新冠肺炎疫情冲击下，各国政策当局为了应对金融体系的顺周期效应和金融机构间的关联所引致的系统性风险，相继使用了宏观审慎政策工具，以维持金融体系的稳定。由于宏观审慎政策实施的时间较短，各界对宏观审慎政策的工具、传导机制和效果的研究仍在持续深化中。中国在宏观审慎政策的实践方面，走在世界前列。2017年的第五次全国金融工作会议明确提出中国人民银行将牵头建立我国的宏观审慎管理制度框架。党的十九大报告将以宏观审慎管理和货币政策控制为主的“双支柱”框架，进一步提高到了防范系统性金融风险和维护金融市场稳定的战略高度。2021年12月31日，中国人民银行发布了《宏观审慎政策指引（试行）》，旨在建立运转顺畅的宏观审慎治理机制，推进宏观审慎政策全面落地见效，守住不发生系统性金融风险的底线。

不容忽视的是，由于各国间联系日益紧密，一国政策当局在实行宏观审慎政策时，会对他国产生政策的溢出效应。目前学术界对宏观审慎政策溢出效应的理论研究较为匮乏，以实证研究居多。一方面，越来越多的研究成果指出，宏观审慎政策可以通过跨境银行信贷产生溢出效应（Buch & Goldberg, 2016; Avdjiev et al., 2016; Kang et al., 2017; Akinci & Olmstead-Rumsey, 2018）。另一方面，部分研究发现由于不同国家的监管强度和监管理念存在较大差异，监管套利问题日益严重（Temesvary, 2015; Reinhardt&Sowerbutts, 2015; Frame et al., 2016）。目前，20国集团（G20）、国际货币基金组织（IMF）、国际清算银行（BIS）等国际组织都在尝试将宏观审慎政策框架及其国际协调列入公报文件。习近平总书记在2019年也提出，要加强国际宏观经济政策的协调。随着宏观审慎政策的实施频率不断提高，政策工具种类越来越丰富，未来各国宏观审慎政策间的影响也会相应增强，因此研究宏观审慎政策的国际协调就显得十分重要。

二　宏观审慎政策的跨国溢出效应

与其他经济政策相似，一国宏观审慎政策的实施也会通过多种渠道对他国产生溢出效应。目前学术界对货币政策等经济政策溢出效应的研究比较丰富，但对宏观审慎政策溢出效应的研究主要集中于跨境银行渠道方面。宏观审慎政策通过跨境银行溢出会产生信贷再分配效应，其具体表现为：当 A 国实施紧缩性宏观审慎政策时，会限制境内贷款规模。一方面，A 国银行为保持总体收益，会将剩余流动性转移到其他国家的分支机构，增加其境外贷款规模。另一方面，B 国跨境银行在 A 国分支机构的贷款规模会受到限制，致使 B 国跨境银行将剩余流动性收回境内。[①] 如果增加的贷款导致贷款流入国信贷繁荣或资产价格上涨，则贷款流入国的金融监管机构也可能采取相应的宏观审慎政策，以减轻他国政策带来的金融风险，这种反应在贷款流入国处于金融周期的扩张阶段时尤为明显。此外，一国实施宏观审慎政策，防范自身金融风险，从而减少通过金融风险跨境传染渠道产生的相互传染风险，具有一定的正溢出效应。宏观审慎政策的国际协调便是为了减少单个国家宏观审慎政策带来的负面冲击，减少以邻为壑的政策，从而有利于各国的金融稳定。

一国宏观审慎政策跨境溢出效应会受到其采用的宏观审慎政策工具的影响，这主要是由宏观审慎政策工具作用方式的差异所导致的。目前，根据不同的标准所划分的宏观审慎政策工具如表 1 所示。

---

① 赵艳平、秦力宸、黄友星：《外部宏观审慎政策对我国企业杠杆率的溢出效应研究》，《国际金融研究》2021 年第 2 期。

表1 各类宏观审慎政策工具

分类依据	工具名称
是否专门针对系统性风险	专属类工具:动态拨备;贷款价值比率、债务收入比率限制;对经营范围的限制;货币错配或敞口限制;存贷比限制;信贷增速上限
	校准类工具:逆周期资本缓冲;对非核心负债征税;对特定部门风险权重的调整;系统重要性金融机构资本附加要求;对未通过中央对手方清算的交易提出更高资本要求
作用渠道	资本类工具:逆周期资本缓冲、动态拨备和限制利润分配等
	信贷类工具:贷款价值比率、债务收入比率、外币贷款上限控制和信贷增长控制等
	流动类工具:净稳定融资率、核心融资比率、货币错配限制、期限错配限制和准备金要求等
横向和纵向	时间维度的管理工具和结构维度的管理工具
适用目标	应对信用过度扩张和高杠杆的宏观审慎工具:逆周期资本缓冲、杠杆率、动态贷款损失准备、信贷增速上限
	应对期限错配和流动性风险的宏观审慎工具:流动性覆盖率、净稳定融资率、存贷比上限、贷款与稳定资金比率、准备金要求、流动性费用
	应对系统重要性金融机构和金融体系内风险传染的宏观审慎工具:系统重要性金融机构附加资本要求、系统重要性金融机构附加杠杆率要求、系统重要性金融机构流动性要求、金融机构间敞口限制、差异化的风险权重、净稳定融资率、中央对手方清算机制、保证金要求
	应对部门性金融风险的宏观审慎工具:部门性资本要求、贷款价值比率、债务收入比率、贷款与收入比率、外币贷款风险权重、外汇风险敞口限制

注:《宏观审慎政策指引(试行)》中提到:时间维度的管理工具包括资本管理工具、流动性管理工具、资产负债管理工具、金融市场交易行为工具、跨境资本流动管理工具,结构维度的管理工具包括特定机构附加监管规定、金融基础设施管理工具、跨市场金融产品管理工具和风险处置等阻断风险传染的管理工具。http://www.pbc.gov.cn/goutongjiaoliu/113456/113469/4437051/2021123117181828138.pdf。

资料来源:笔者根据公开资料及相关文献整理。

宏观审慎政策工具间的差异主要体现在作用对象及传导机制上,此处以按作用渠道分类的工具为例来加以说明。资本类工具和流动类工具都作用于资金供给端。它们之间的区别是,资本类工具通过增加银行资本的安全性间接限制银行的贷款规模;而流动类工具,如较高的准备金要求,提高了银行资金成本,银行转向其他融资渠道,给予存款人的回报也将降低,会直接导致银行存贷款规模下降。因此资本类工具溢出效应相对于流动类工具更弱。相比之下，信贷类等基于需求侧的宏观审慎政策工具会直接影响微观个体的贷款需要，对银行在国内市场的信贷规模和信贷分配决策具有显著影响。因此，信贷类工具产生的溢出效应比资本类和流动类工具更强。

全球一体化的进程不可阻挡，各种冲击越来越体现出双向传导和多边传导的特征。政策的溢出效应会放大金融风险的传播效应，从而对全球金融市场稳定产生威胁，这在各国具有不同经济金融周期的情况下表现得更加突出。为了在发挥宏观审慎政策作用的同时减少对他国的不利影响，宏观审慎政策的国际协调应该得到各国政府和国际组织更多的关注。

三　宏观审慎政策国际协调现有途径和问题

（一）宏观审慎政策国际协调现有途径

1. 制定最低标准和协调原则

在最低标准方面，根据 Basel III 规定，银行应根据风险加权资产（既包括国内资产，也包括国际资产）的相应比例提取逆周期资本缓冲。全球各商业银行的一级资本充足率下限从 4%上调至 6%。其中，由普通股构成的核心一级资本占银行风险资产的下限从 2%提高至 4.5%；此外，各银行还需增设“资本防护缓冲资金”，总额不得低于银行风险资产的 2.5%。

巴塞尔委员会（BCBS）在使用逆周期资本缓冲的背景下提出了管辖权互惠的政策协调原则。国际银行的发源地为母国，而国际银行分支机构所在国或信贷业务发生国为东道国。在管辖权互惠原则下，若东道国对某一跨境信贷业务制定资本缓冲比例，需告知母国，母国的资本缓冲比例要求应与东道国保持一致。但如果母国认为东道国资本缓冲不足，也可以维持更高的缓冲比例。这一协调原则的目标是确保所有银行均在公平的竞争环境中运营。该原则不仅旨在解决监管套利问题，而且在信贷风险敞口很大时也能提供帮助。

2. 构建多边协调机制

目前，IMF、BIS 和 G20 等国际组织已经成为促进宏观审慎政策国际协调的重要平台。2009 年伦敦峰会后，G20 宣布成立金融稳定委员会（FSB），将其定性为对全球金融体系进行宏观审慎管理的国际组织。各国际组织之间密切合作，又分工明确。在它们的引导下，世界各国就宏观审慎监管政策进行平等参与、对话与磋商，形成了一系列宏观审慎政策国际协调机制，包括 IMF 的金融部门评估计划（FSAP）和磋商机制、FSB 的同行审查、BIS 的中央银行定期高层会晤、BCBS 和 FSB 等国际组织倡导设立的监管联席会议机制等。

亚洲金融危机爆发后，IMF 和世界银行（The World Bank）于 1999 年 5 月推出 FSAP。FSAP 以宏观审慎监测为核心，主要用来评估各国金融体系的稳健性。FSAP 遵循自愿参加原则，针对发达国家的 FSAP 评估由 IMF 执行，而针对发展中国家和新兴国家的评估由 IMF 和世界银行共同执行。2008 年金融危机后，IMF 要求成员国定期发布《金融部门评估计划——关于宏观审慎政策框架的技术说明》系列报告，如实披露宏观审慎政策的执行情况，且接受 IMF 的监督和指导。

2015 年 3 月 12 日，FSB 发布《FSB 同行审查手册》，给出了实施 FSB 同行审查的操作性指引。一方面，FSB 要求成员提交金融监管改革进展报告，并接受国际组织和其他成员对其政策执行情况的监督和评估；另一方面，针对不合作的国家或地区采取反制措施，FSB 鼓励非成员国和非合作国家和地区参与金融监管政策改革，从而促进更多国家与国际标准接轨。FSB 的同行审查制度是对 FSAP 的有力补充，重要价值在于其成员带来的跨行业、跨部门、全系统角度。

国际组织给各国沟通交流提供了多种途径。IMF 建立了磋商机制，通过定期组织多边高层领导人会议，促进成员国之间的政策协商。全球金融体系委员会（CGFS）由 BIS 成员国的央行行长组成，通过每两个月召开一次的央行行长会议，讨论金融体系稳定相关问题，协调各方制定相关政策措施和标准，达成国际共识，监督会员国央行落实相关政策。BCBS、FSB 等国际组织倡导建立的监管联席会议由所在国监管部门牵头，相关东道国参与，通过定期的面对面会议，就跨国金融集团的业务运营和风险水平等问题进行信息交流，实现各国之间的沟通和互信。

（二）宏观审慎政策国际协调的问题

1. 相机性协调为主，政策缺乏执行力

目前，国际组织牵头的国际协调以相机性协调为主。相机性协调所产生的政策建议没有强制约束力，更多的是一些构建多边主义所形成的松散模式，各国政府基于自身利益考虑，主动介入协调机制建立和实施的意愿相对较弱。[①] 相机性协调完全由各方自主选择，既不具有长期性和稳定性，也缺乏被各方充分关注的行动纪律。在一次性的合作博弈中，由于参加协调的各方都偏向于采取利己战略，因此合作均衡并不具有必然发生的条件。而规则性协调将所有参与国都引入具有一定超国家约束力的规则机制中，各国会在一定监督或违约的成本下进行宏观审慎政策的国际协调。

就全球协调的层面而言，监管当局需要实现规则性协调和相机性协调间的平衡，但相比于国内协调来说，复杂多变的国际协调更需要规则，同时也由于全球协调成员国数量增加，规则性协调方式显得更加合理。国际标准虽然具有自愿的性质，但它却是全球金融一体化的关键支柱。各国政策当局只有自觉维持国际最低政策标准的一致性，才能创造一个更加灵活、开放的全球金融体系。

2. 宏观审慎受重视程度不够，各国缺乏合作意识

目前，各方还没有就宏观审慎政策的监管主体问题达成一致，部分国家甚至仍未确立宏观审慎政策监管主体，这导致政策在落实过程中出现职责弱化、分工不明等问题，难以保障宏观审慎政策有效实施。另外，由于各国央行对宏观审慎政策国际协调的重视不足，对宏观审慎政策国际溢出效应的认

① 李霞、廖泽芳：《非常规货币政策、溢出效应与国际协调障碍》，《上海经济研究》2015 年第 11 期。

知程度不同，加之各国优先考虑本国利益最大化等各种因素的共同影响，形成世界层面的宏观审慎政策协同制度相当艰难。各地的宏观审慎政策总体目标不尽相同，各地在目标的选取和对目标关注程度、需要运用哪些政府管理手段上存在差异，宏观审慎政策国际协作中各国地位与话语权不统一，也都会影响宏观审慎政策国际协调的有效性。

3. 新兴市场国家缺乏话语权

中国、印度等新兴市场国家在世界经济发展中的作用越来越突出，但在国际协调中的代表性依然十分有限，仍然没有机会影响和领导国际政策协调。由此可见，新兴市场国家在 G20 和 IMF 中的地位仍有待实质性改善。尽管我国以 6.08%的 IMF 表决权从原来的第六位升至第三位，但中国、印度和俄罗斯作为新兴市场国家的代表，表决权之和仅占 11.3%，而美国、日本、德国、法国和英国等老牌发达国家占比达到了 42.09%。[①]

四　加强宏观审慎政策国际协调的建议

（一）国际组织进一步做好评估工作

第一，国际组织需继续开展资本跨境流动数据的国际统计工作，搜集和传递关于宏观审慎工具的种类和运用状况的信息。第二，国际组织需要改进建模工具并提高评估与溢出效应有关的跨国一般均衡模型的能力，开发更好的评价银行系统性风险状况的指标体系，以便理解宏观审慎政策国际协调对全球金融风险的影响渠道。第三，国际组织需要强化更多的理论和应用研究，尤其是要进一步明确需要什么样的数据，如何获取这些数据，以及什么样的分析需要什么样的模型框架。宏观审慎政策的国际合作不但需要建立在共享信息和共同分析的基础上，而且应当围绕宏观审慎政策工具及其全球协调展开更深入的理论阐述、经验研讨与实证分析。

---

① https：//www. imf. org/en/About/executive-board/members-quotas#C.

（二）重视规则性宏观审慎政策的国际协调

国际组织针对宏观审慎政策国际协调给出的建议，应更强调规则性协调，而非相机性协调。目前，相机性协调虽然灵活性强，但牺牲了一定的执行力，规则性协调的优点需要重新受到重视。IMF 和 G20 等重要国际组织应积极开展框架内的对话协作，以尝试形成具有较强约束力的、常态化的国际宏观审慎合作体系，增强宏观审慎政策国际协调的实施效果。

因为各国在宏观审慎政策执行上存在差异，尤其是结构维度上的宏观审慎政策（如要求系统重要性金融机构增加适当的附加资本等）可能会增加金融监管薄弱地区的风险，故而应当采取执行最低标准、签署补充协议或增加窗口指导措施等方法对可能产生的风险加以适当控制。[①] 现有制度包含了针对国内系统重要性银行的巴塞尔监管框架，以及针对全球系统重要性银行的总损失吸收能力要求（TLAC）等，对全球系统重要性银行的补充要求也已经制定出来。巴塞尔委员会应当进一步完善并拓展 Basel III 中最低监管准则的范围和涵盖范畴，充分发挥巴塞尔协议在全球政策合作中的重要功能。其他国际组织应将相关的标准化原则运用于更多宏观审慎政策工具和国际金融风险评估体系中。

（三）加强各国宏观审慎监管当局间的交流共享

各国应首先明确宏观审慎监管主体，通过宏观审慎监管主体与其他监管部门合作，收集与分析宏观审慎数据，进而制定与执行宏观审慎政策。在此基础上，各国宏观审慎政策主体应积极通过国际会议等渠道，加强政策信息的沟通交流，找出各方的观念分歧，寻求共识，减少各国目标利益冲突、降低宏观审慎政策国际协调的难度。同时，还应积极通过相互评估机制互相进行监督，提高协调效率。进一步地，各国宏观审慎监管主体应共享宏观审慎相关数据信息，寻求一致性的指标体系和分析模式、普遍适用的宏观审慎政

---

① 张朝洋：《宏观审慎政策的跨境溢出效应与国际协调》，《金融市场研究》2018 年第 12 期。

策工具以及完善的宏观审慎政策跨国影响评价体系。并可在某些领域率先展开协同研究，如可先围绕跨境资金流动情况或宏观经济的周期性变量及其管理问题开展协同研究。

（四）中国要在宏观审慎政策国际协调中发挥大国作用

随着宏观审慎政策在国内的广泛实施，以及对外开放程度越来越高，中国应在宏观审慎政策的国际协调中积极发挥大国作用。一是要参与国际金融治理体系构建。具体包括在宏观审慎政策国际协调的协调机制、协调效果评估方法等方面贡献中国方案和中国智慧，以及推动 IMF、BIS 等国际组织改革等。二是加强与新兴市场国家的合作。作为新兴市场国家的主要代表，中国应与其他新兴市场国家加强合作，如建立战略合作伙伴关系，在宏观审慎政策国际协调主要问题上团结一致，提高新兴市场国家与发达国家的协调沟通能力，从而增强新兴市场国家在国际组织中的影响力和话语权。三是完善区域组织机制。由中国牵头建立的亚投行、丝路基金、金砖银行等重要国际组织或机构，要加快创新政策国际协作机制和政策协调模式。同时，建立并健全与共建“一带一路”国家央行和金融监管机构的合作机制，如定期议事机制和签订金融监管合作备忘录。四是尝试区域协调。国家间的差异给国际协调带来了种种困难，要想一步到位实现全球的国际协调不现实。为了探索合适的宏观审慎政策工具和宏观审慎政策协调机制，可以尝试从周边国家开始，如在亚洲范围内进行试验，评估宏观审慎政策协调效果，为其他区域的政策协调提供参考。

参考文献

[1] Agénor P. R., Pereira D., “Financial Spillovers, Spillbacks, and the Scope for International Macroprudential Policy Coordination,” BIS Papers, April 2018.

[2] Agénor Pierre-Richard, Jackson Timothy and Jia Pengfei, “Macroprudential Policy Coordination in a Currency Union,” *European Economic Review*, 2021.

[3] Aiyar S., Calomiris C. W. and Wieladek T., "Does Macro-Prudential Regulation Leak? Evidence from A UK Policy Experiment," *Journal of Money, Credit and Banking*, 2014.

[4] Buch C. M. and Goldberg L., "Cross-border Regulatory Spillovers: How Much? How Important? Evidence from the International Banking Research Network," NBER Working Paper, 2016.

[5] Avdjiev S., Koch C., McGuire P. and G. Von Peter, "International Prudential Policy Spillovers: A Global Perspective," BIS Working Paper, 2016.

[6] Kang H., Vitek F., Bhattacharya R., Jeasakul P., Munoz S., Wang N. and Zandvakil R., "Macroprudential Policy Spillovers: A Quantitative Analysis," IMF Working Paper, 2017.

[7] Akinci O. and Olmstead-Rumsey J., "How Effective are Macroprudential Policies? An Empirical Investigation," *Journal of Financial Intermediation*, 2018.

[8] Temesvary J., "The Role of Regulatory Arbitrage in U. S. Banks' International Lending Flows: Bank-Level Evidence," FIW Working Paper, 2015.

[9] Reinhardt D. and Sowerbutts R., "Regulatory Arbitrage in Action: Evidence from Banking Flows and Macroprudential Policy," Bank of England Working Paper, 2015.

[10] Frame W. S., Mihov A. and Sanz L., "Foreign Investment, Regulatory Arbitrage and the Risk of U. S. Financial Institutions," Working Paper, 2016.

[11] Dalen D. M. and Olsen T., "Regulatory Competition and Multi-national Banking," CESifo Working Paper Series, 2003.

[12] Gazi Ishak Kara, "Systemic Risk, International Regulation, and the Limits of Coordination," *Journal of International Economics*, 2016.

[13] Giovanni Dell' Ariccia and Robert Marquez, "Competition among Regulators and Credit Market Integration," *Journal of Financial Economics*, 2005.

[14] Joel F. Houston, Chen Lin and Yue Ma., "Regulatory Arbitrage and International Bank Flows," *The Journal of Finance*, 2012.

[15] Viral V. Acharya, "Is the International Convergence of Capital Adequacy Regulation Desirable?" *The Journal of Finance*, 2003.

[16] 赵艳平、秦力宸、黄友星:《外部宏观审慎政策对我国企业杠杆率的溢出效应研究》,《国际金融研究》2021 年第 2 期。

[17] 武鹏:《宏观审慎管理工具: 分类梳理、功能比较和国际经验》,《财会月刊》2019 年第 6 期。

[18] 陈晓莉、刘晓宇:《中国需要参与宏观审慎政策国际协调吗?: 基于宏观审慎政策国际溢出效应的证据》,《世界经济研究》2020 年第 6 期。

[19] 李霞、廖泽芳:《非常规货币政策、溢出效应与国际协调障碍》,《上海经济研究》2015 年第 11 期。

[20] 张朝洋:《宏观审慎政策的跨境溢出效应与国际协调》,《金融市场研究》2018 年第 12 期。

[21] 张瀚文、赵胜民:《宏观审慎政策的国际协调问题研究——基于我国的 DSGE 模拟分析》,《国际金融研究》2020 年第 2 期。

[22] 张智富、郭云喜、张朝洋:《宏观审慎政策协调能否抑制国际性银行危机传染?——基于跨境金融关联视角的实证研究》,《金融研究》2020 年第 7 期。

[23] 中国人民银行南昌中心支行课题组:《跨境信贷溢出、经济周期与宏观审慎政策国际协调》,《金融与经济》2020 年第 12 期。

[24] 何碧英:《宏观审慎管理政策国际协调研究》,《区域金融研究》2020 年第 7 期。

[25] IMF, FSB, BIS, "Macroprudential Policy: An Organizing Framework," IMF Policy Paper, 2011.

[26] BIS, "Macroprudential Instruments and Frameworks: A Stocktaking of Issues and Experiences," CGFS Papers, 2010.

B.12

强化国家审计对金融监管的监督

王 刚　陈曙涛　杨文宇*

摘　要： 一系列金融腐败引发的重大风险案件表明，监管失守是引发金融风险的重要诱因，会给国家造成巨额损失，当前亟须加强对金融监管部门的监督。审计作为党和国家监督体系的重要组成部分，是国家金融治理体系内嵌的“免疫系统”，需要发挥预防、揭示和抵御功能，依法对“一行两会”① 等金融监管部门实施监督。宜借鉴金融危机后主要经济体加强对金融监管审计监督的经验，进一步明确国家审计在我国金融监管体系中的地位，将突出履职情况作为金融监管的审计重点，用好制度合理性审计、监管绩效审计和监管权力运行审计等工具，加强对金融监管全过程尤其是关键风险点的监督。

关键词： 国家审计　金融监管　金融风险

一　国家审计对金融监管的监督现状与挑战

（一）国家金融治理体系中审计监督的功能定位与特点

审计是宪法和法律确立的一项权威性、制度性基础设施，是党和国家权

* 王刚，经济学博士，金融学博士后，高级经济师，中国社会科学院金融法律与金融监管研究基地特约研究员，主要研究方向为金融监管、金融风险管理与金融法；陈曙涛，对外经济贸易大学法学院在读硕士研究生，主要研究方向为金融法；杨文宇，南开大学金融学院在读硕士研究生，主要研究方向为金融监管。

① 指中国人民银行、中国证券监督管理委员会、中国银行保险监督管理委员会。

力监督机制的重要组成部分。在国家金融治理领域，审计通过独立、公正地核查各类金融监管活动的真实性、合法性、有效性，摸清真实情况、揭示风险隐患、反映突出问题、分析体制机制性障碍，推动问题得到及时有效解决。审计通过发挥预防、揭示和抵御的“免疫系统”功能，对宏观调控、金融监管、国资管理等金融治理体系其他子系统的规范、有效运转提供支撑和保障。

从作用机理看，审计在国家金融治理层面的监督有如下特点：一是独立性。审计完全独立于金融系统，与金融风险发生无直接责任关系，能超脱既得利益的羁绊，避免“旋转门”可能带来的影响，客观、公正地行使监督职权，对金融监管行为及结果实施再监督。二是专业性。不同于“一行两会”、财政部基于自身行政管理和监管职能派生出的经济监督职责，审计依托自身会计专业背景和职业优势，开展经常性、常态化监督。三是全面性。金融审计对象广泛、普遍，既对国有控股金融机构、金融基础设施等实施微观层面的审计监督，又对金融宏观调控、国资管理和监管部门的履职情况以及金融监管机制运行的有效性进行评估，有利于从整体上审视金融监管，促进相关治理主体理好财、用好权、履好责。因此，金融审计是对金融监管全方位、全流程和全局性的监督，有助于提升金融监管质效。

（二）国家审计对金融监管实施监督的现状

一是法律授权明确。《审计法》和相关金融立法确立了审计对金融监管部门的监督权（见表1）。具体包括要求提供资料、提请协助、移送处理、处理处罚、通报或公布审计结果和建议权等。

表1　审计对金融监管实施监督的法律依据

金融管理部门	法律	颁布时间	条款规定
中国人民银行	《审计法》	1994年	审计署对中央银行的财务收支情况进行审计监督
	《中国人民银行法》	1995年	中国人民银行的财务收支和会计事务，应当执行法律、行政法规和国家统一的财务会计制度，接受国务院审计机关和财政部门依法分别进行的审计和监督

续表

金融管理部门	法律	颁布时间	条款规定
银保监会	《银行业监督管理法》	2003 年	国务院审计机关应当对国务院银行业监督机构的活动进行监督
证监会	《证券法》	1998 年	国家审计机关依法对证券交易场所、证券公司、证券登记结算机构、证券监督管理机构进行审计监督
财政部（国有金融资本管理）	《中共中央 国务院关于完善国有金融资本管理的指导意见》	2018 年	加强审计、评估等外部监督

资料来源：笔者整理。

二是审计类型多样。对金融监管的审计监督主要包括“一行两会”预算执行审计、重大政策落实情况跟踪审计、经济责任审计和专项审计调查四类（见表 2）。

表 2　金融监管审计监督类型

审计类型	实施主体	频率	备注
“一行两会”预算执行审计	金融审计司、财政审计司组织，金融审计派出局和特派办	每年一次	作为整个财政收支审计的一部分
重大政策措施落实情况跟踪审计	金融审计司组织，金融审计派出局和特派办	持续跟踪	覆盖具体部署、执行进度、实际效果等
经济责任审计	金融审计司、经济责任审计司组织，金融审计派出局和特派办	领导干部一个任期一次	侧重履职尽责
专项审计调查	金融审计司组织，金融审计派出局和特派办	不固定	针对特定事项

资料来源：笔者整理。

三是取得一定成效。首先有效履行财务监督的职责。根据审计署金融审计公告统计数据，2003～2020 年对“一行两会”的预算收支审计累计查出问题金额 125.3 亿元，有效督促其完善财务制度，提高资金使用效益。其次查处大案要案，促进金融反腐。如 2013 年揭露金融管理部门干部与市场人士勾结利用债券市场进行利益输送，掀起债市反腐风暴。再次揭示和反映制度漏洞。如针对股票发行注册制改革过渡期内证监会发审委遴选机制不完善、履职缺乏有效约束、问责机制不健全等问题，推动监管部门完善相关制度。最后形成了审计署向党中央、国务院报送审计报告和意见，在得到领导批示后，责成金融监管部门推进工作的流程。

（三）国家审计对金融监管的监督面临挑战

一是监督范围不明确，监督地位有待强化。相关立法虽明确“一行两会”等金融监管部门要接受审计监督，但监督范围并不清晰。[①] 与此同时，并未将审计监督结果作为对金融监管部门的问责依据制度化。

二是人力资源不足。审计署金融审计司、驻“一行两会”的 3 个金融审计局和 18 个特派办的金融审计专职人员不足 300 人。由于我国金融体系规模庞大、关联关系复杂，且以国有控股金融机构和基础设施为主[②]，国家金融审计资源本就紧张，实际可用于开展金融监管监督的人力更为稀缺。

三是监督方式有待完善。每年开展的预算执行和财务收支审计与防范化解金融风险、制定执行政策法规等金融监管的主责主业关联度低。监督覆盖范围最广的经济责任审计是领导干部一个任期实施一次，因频率低难以形成常态化的监督机制。重大政策措施落实情况跟踪审计需随政策重点的转移不断调整审计重点，且多从金融机构和市场基础设施审计入手，间接反映金融监管政策运行中存在的问题。监管制度评估和监管行为绩效审计等直接、有效的监督多通过不定期专项审计调查方式展开，尚未形成统一标准和范式，频率较低，覆盖面也不足。

---

① 例如，审计监督是仅限于预算、财务收支，还是拓展到包括金融管理人员履职情况、金融管理制度完善与否等。

② 截至 2020 年底，财政部金融司负责管理的 26 家中央金融企业资产总额达 219 万亿元，是同期国务院国资委管理的中央企业资产总额的 2.33 倍。

四是监督流程需要优化。当前金融审计以事后监督为主，更重视揭露功能，激励机制也基于此进行设计，不能充分发挥预防和抵御功能。

五是尚未覆盖接管等透明度低、潜在风险较高的领域。防范化解重大风险攻坚战开始以来，金融管理部门先后对包商银行、华信证券、安邦保险、四川信托等多家金融机构实施了行政接管等风险处置措施。处置过程社会敏感度高、保密要求严、监管自由裁量权大，潜在风险突出，李国荣被查等事件表明接管等风险处置过程亟须审计监督及时介入，避免国家金融资产遭受损失。

二　对金融监管实施审计监督的国际经验

监管失败是全球金融危机爆发的重要原因，危机后主要发达经济体对金融监管的审计监督明显加强。

（一）修法明确和提升审计机构在金融监管体系中的地位

2010 年颁布的《多德·弗兰克法》明确了美国审计署在金融监管体系中的法定监督地位，扩展了审计范围，突出了审计监督揭示和防范系统性风险、保护金融消费者权益的职责，提高了审计监督的权威性。2016 年《英格兰银行和金融服务法》首次授权英国审计署对英格兰银行进行审计监督，以此加强对中央银行的治理与问责。

（二）视金融监管体系为高风险领域，以持续跟踪审计推动监管体系优化

由于美国监管体系繁杂，监管法律、制度多变，美国审计署于 2009 年将“金融监管体系现代化”列入高风险清单，同年提出良好金融监管体系的九项原则，2015 年发布评估监管碎片化、重叠化的审计指南，2016 年发布审计报告《金融监管：应简化复杂和分散的监管结构以提高监管效率》。上述报告最终推动美国国会于 2017 年修法，一是解决金融消费者保护方面

的监管执法重复问题，二是解决保险监管碎片化问题。

英国审计署于2012年开展对消费信贷监管体系的审计，指出公平交易办公室监管制度的欠缺之处，推动英国政府于2014年关闭公平交易办公室并将其监管职责转移给金融行为监管局。欧盟审计院于2014年对新的泛欧银行监管体系进行审计，指出该体系在跨境银行监管、保护金融消费者等方面存在缺陷，推动欧洲银行监管局完善自身架构和功能。

（三）以监管绩效审计为主，财务收支审计为辅

早在2002年日本审计机关中绩效审计占比就已过半。绩效审计在英国政府审计中的占比达到80%。在金融审计领域，2018年美国审计署共发布24份报告，涉及金融监管机构的21份，其中16份为监管绩效审计，占76%。《美国审计署2018-2023战略规划》将评估监管机构的监管能力作为审计署的绩效目标。

（四）对监管政策制定和执行、监管机构管理效率进行全面监督

一是根据立法授权，督促监管部门推进立法。根据《多德·弗兰克法》要求，2011~2018年美国审计署每年都会审查金融监管机构是否按时制定相关法规政策，是否按照《成本收益法指南》分析监管影响。二是评估政策执行效果。美国审计署先后对金融机构国际破产协调效率、联邦机构实施早期纠正制度的有效性等开展评估。三是评估监管机构管理效率。2013年，美国审计署对证监会的内部管理效率实施评估，指出证监会的27项内控措施存在问题，并分析了证监会在人力规划、绩效管理等领域面临的挑战。2014年，美国审计署又对美国金融稳定监督委员会指定系统重要性非银行机构流程的透明度和合理性开展了评估。

从审计监督流程看，一是事前预警。2004年，美国审计署发布报告，评估了监管体系的薄弱环节，建议改变当时的监管架构以有效监管大型金融机构，防范系统性金融风险。二是事中评估。2008年9月美国推出问题资产救助计划后，国会要求审计署开展跟踪审计，每60天汇报该计划的执行

进展。三是事后回顾经验教训。2008~2011 年，美国有 414 家银行倒闭，为总结经验教训，防范社区银行风险，美国审计署对社区银行及其监管机构实施了审计，在分析社区银行倒闭原因的基础上，重点评估了联邦存款保险公司处置倒闭银行的效果。

（五）聚焦高风险领域

一是开展监管俘获审计。2011 年，美国审计署对证监会开展了“旋转门”审计，重点分析证监会离职者流动到被监管机构所引发的利益冲突，并对内部控制措施是否有效进行了评估。2017~2020 年，美国审计署分别对美联储、货币监理署和联邦存款保险公司应对大型银行监管俘获的情况进行了审查，基于对监管俘获影响因素的分析，重点关注监管机构内部控制程序和措施是否能够降低金融业对监管人员的吸引力、是否促进营造重视独立性和公共服务的文化氛围等。

二是对风险处置进行审计。2017 年，欧盟审计院针对大型银行破产处置计划对欧盟单一处置董事会进行审计，指出其在应急资金支持和解决问题的沟通机制等方面存在缺陷。2018 年，欧盟审计院又对破产中小银行的处置机制进行了平行审计，重点考察单一处置机制在中小银行处置活动中的落实情况。

三　强化审计对金融监管监督的政策建议

监管低效是诱发金融风险事件的重要因素，监管防线失守更会给国家带来巨额损失。强化审计监督是当前推动提升金融监管质效、深化金融领域反腐的迫切要求。宜借鉴国际经验，针对金融审计监督面临的各项挑战，进一步明确定位、创新方式、整合充实资源，在此基础上抓好重点工作。

（一）强化审计在金融监管体系中的地位

一是明确审计对金融管理和监管部门的监督权限。一方面，与新修订的

《审计法》配套，在《中国人民银行法》《银行业监督管理法》等金融法律中明确审计机关除对“一行两会”的财务收支和会计事务实施监督外，也对其履职情况和监管绩效实施监督。另一方面，鉴于我国已确立的中央和地方双层金融监管体制，建议起草中的《地方金融监督管理条例》授权地方审计机关在审计署统一部署下加强对地方各级金融监管局（办）预算收支和履职情况的审计监督，实现审计对央地金融监管部门的监督全覆盖。二是确立审计在国家金融治理体系中的监督地位。明确审计监督结果是对央地金融监管部门和地方政府实施金融监管问责的重要依据。

（二）完善国家审计对金融监管的监督架构

在审计方式上，一是实施关口前移性审计，在事前或事中介入，发挥审计预防功能；二是推行跟踪审计，将事前预警、事中监控和事后监督相结合，覆盖金融监管部门工作全流程。在审计类型上，一是实施制度合理性审计，防范制度缺陷，从源头控制风险；二是开展金融监管绩效审计，全面评估金融监管的经济性、效率性和效果；三是推行监管权力运行审计，防止监管权力异化和监管俘获。在审计方法上，依托金融审计工程的大数据系统，构建实时监测和动态监控的在线审计系统，推行连续的流程化审计，提升审计效率和效果（见图 1）。推动国家审计对金融监管的监督由事后的、静态的、微观的、批判性监督，逐步转变为预防的、动态的、宏观的、建设性监督，逐步实现有深度、有重点、有成效的全覆盖监督。

（三）优化资源配置，向金融监管机构监督倾斜

考虑到金融监管失效、失败可能引发的巨大风险，一是要通过系统内整合，适当扩充国家审计机关从事金融审计队伍的编制。借鉴美国审计署经验①，适当提高统计、金融科技、金融工程等方面的专业人员占比，

① 美国审计署 5000 多名审计人员中，40%左右属于经济学、法律学、管理学、统计学、工程、计算机等非会计、审计专业人才。

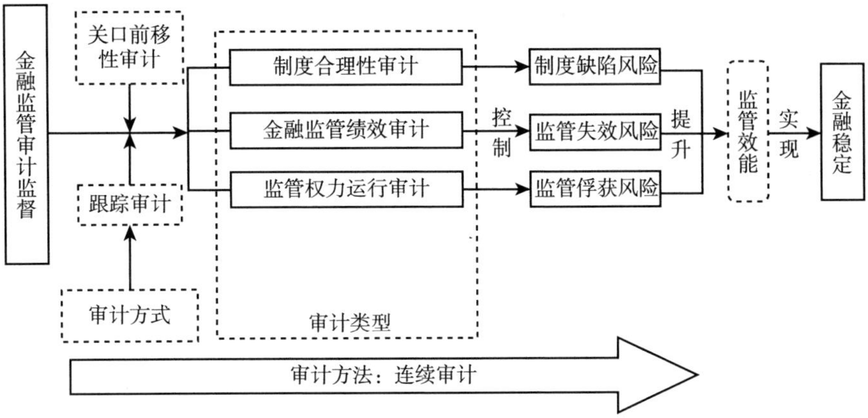

图1　金融监管审计监督：方式与类型

推动金融审计人员专业结构多元化。二是将金融审计资源向金融监管监督适当倾斜，压降“一行两会”财务收支审计占用的资源，提高制度合理性审计、监管绩效审计比重。三是落实《审计法》第三十二条相关要求，加强对“一行两会”内部审计部门的业务指导和监督，建立协作机制，借助内部审计力量开展工作。

（四）明确重点工作

落实《“十四五”国家审计工作发展规划》有关“加强对金融监管部门审计”的要求，结合中央财经委员会第十次会议有关“一体推进惩治金融腐败和防范金融风险”工作精神，建议国家审计从如下几方面进一步推进对金融监管的监督。

在制度合理性审计方面，建议开展存款保险制度运行情况专项审计，一是促进存款保险机构基于真实的财务和业务数据，以市场化原则独立实施早期纠正措施；二是促进存款保险建立规范的损失分摊机制和明确的风险处置触发机制；三是推动存款保险法律制度体系的健全和完善，逐步确立以存款保险机构为主导的金融风险处置模式。

在监管绩效审计方面，以重大风险事件为专题，持续加强审计监督，形成系列金融风险专题跟踪审计报告。一是适时开展对现有高风险金融机构接管工作组履职情况的专项审计调查，在事中环节加强对风险处置工作的审计监督。二是对 2019 年以来中小银行风险处置进程开展事后追溯审计，全面回顾处置进程，系统总结处置过程中的经验教训，对完善风险处置法律制度提供具体建议。

在监管权力运行审计方面，针对当前金融腐败案件高发态势，加大揭示金融监管重大案件线索力度，严肃查处金融监管失职渎职行为。一是对面临较高监管俘获风险的"实权"部门开展专项审计调查。二是关注监管部门"旋转门"问题，梳理金融监管机构发布的任职回避相关制度，分析近年来监管部门工作人员到被监管机构任职的情况，对任职回避制度的有效性开展专项评估，聚焦监管机构制度体系建设和内控措施能否隔绝金融机构和监管机构人员的利益联结，推动监管部门完善内部管理制度，提高外部监督和查处力度。

参考文献

[1] 中华人民共和国审计署：《中国共产党领导下的审计工作史》，中共党史出版社，2021。

[2] 班东启、隋学深：《审计视角下中小银行风险处置》，《中国金融》2021 年第 23 期。

[3] 刘家义：《论国家治理与国家审计》，《中国社会科学》2012 年第 6 期。

[4] 王永海、徐纯：《〈多德・弗兰克法案〉与美国联邦政府金融审计制度创新》，《审计研究》2014 年第 2 期。

[5] 江世银：《当代中国金融审计研究（1983-2018）》，人民出版社，2019。

B.13

深化发展中小企业股权融资

杨 楷*

摘　要： 进入新发展阶段，实现经济高质量发展，需要提升金融体系服务中小企业的能力和效率，“十四五”时期，提高直接融资比重成为资本市场的重要任务，北京证券交易所的设立为畅通中小企业股权融资提供了重要机遇。本报告首先分析了股权融资对促进中小企业发展的重要性和优势，然后从投融资双方以及中介机构的角度探讨了中小企业股权融资可能面临的挑战，进而根据中国的实际情况和国际经验，分析解决问题的办法。本报告认为，深化发展中小企业股权融资并不仅仅是融资问题，更主要的是要推动中小企业成长壮大，这需要激励市场各方共同参与。建议多层次资本市场进一步精细化契合中小企业特点的制度设计，为中小企业提供更多增值服务，鼓励风险投资和公开市场投资者参与，强化中介机构的作用，利用金融科技提高服务和监管效率，并进一步提高中小企业股权融资市场的信息透明度。

关键词： 中小企业　股权融资　资本市场

中小企业是推动国民经济长期发展的重要力量，是承载出口、就业、科技创新的重要主体，是经济高质量发展的重要基础。截至2020年底，全国市场主体总数超1.4亿户，其中，企业共4331万户。在规模以上企业中，

* 杨楷，金融学博士，助理研究员，中国社会科学院金融法律与金融监管研究基地特约研究员，主要研究方向为资本市场。

中小企业达 90.9 万户，占比 95.68%；营业收入共计 137.3 万亿元，资产总额 168.3 万亿元，分别占 60.83%和 55.01%。与此同时，中小企业也是经济活力和创造力集中体现的重要载体，2021 年，我国“四新经济”新设企业 383.8 万户，同比增长 15.8%，占新设企业总量的 42.5%，对构建双循环新发展格局，推动经济由要素驱动向创新驱动转变具有重要意义。

服务中小企业发展是金融体系的重要使命。但由于中小企业成长发展的不确定性高、信息不对称程度高、市场交易成本高以及中小企业对金融工具的认识和专业程度不够等，世界范围内的中小企业在融资方面长期面临着挑战。股权融资工具由于能够提供更为长期的资金，且可以有效分散创新创业风险，在促进专精特新等高成长性中小企业方面具有明显优势，更加符合当前我国创新创业的需要。进入新发展阶段，提高直接融资比重，支持科技创新，要求资本市场改革创新，在服务中小企业方面发挥更大的作用。2021 年 9 月 2 日，习近平总书记在 2021 年中国国际服务贸易交易会上宣布“继续支持中小企业创新发展，深化新三板改革，设立北京证券交易所，打造服务创新型中小企业主阵地”①。北京证券交易所明确定位服务创新型中小企业，以新三板精选层为基础组建，成为资本市场支持中小企业融资，培育专精特新企业，鼓励创新创业的关键渠道，将进一步推动中小企业股权融资的发展。

一　中小企业股权融资的重要性日益增强

提高直接融资比重是“十四五”时期金融体系的重要目标。一方面，面对百年未有之大变局，实现经济高质量发展，需要不断深化供给侧结构性改革，加快自主科技创新步伐，落实创新发展战略。理论和实践经验表明，风险投资等股权融资方式是推动科技创新的关键力量，资本市场在促进科技、资本和产业循环方面发挥着枢纽作用。另一方面，构建中小企业股权融

① 《习近平在 2021 年中国国际服务贸易交易会全球服务贸易峰会上的致辞（全文）》，新华社，2021 年 9 月 2 日，https：//baijiahao.baidu.com/s？id=1709792078487188307&wfr=spider&for=pc。

资体系有助于降低实体经济杠杆率，减低企业债务负担，防范化解金融风险。此外，全面实施股票发行注册制改革也为中小企业股权融资提供了重要机遇。具体来看包括以下几个方面。

一是信贷融资不能完全满足中小企业的需要。从各国的实际调查情况看，信贷融资是中小企业最主要的外部融资渠道，但信贷融资也存在一定的局限性，不但投资期限较短，而且受信贷顺周期效应以及信息不对称、缺少合适的担保品和信贷机构面临较高交易成本等多种因素的限制，信贷融资与中小企业融资需求之间整体上存在着一定的缺口。G20 的研究表明，能够被控制的信贷融资缺口的大小主要取决于以下三个因素：第一，违约损失率，借款者的风险管理水平高低取决于能否获得足够的抵押品以及在遭遇损失时能否通过抵押品获得足够的补偿，从而减少多少违约损失。第二，违约概率，借款者判断贷款人信用风险程度的难度较大，可能会造成逆向选择，只有老练的借款者才更有能力评估风险水平并向企业提供融资。第三，借款者面临的交易成本。2008 年金融危机之后，由于更严格的资本监管要求以及银行信贷风险偏好的改变，中小企业信贷融资面临的挑战也有所上升。

二是股权融资在服务创新创业企业方面具有优势。相对而言，股权融资不但能够弥补信贷融资缺口，而且更能适应中小企业的融资特点。“新技术、新产业、新业态、新模式”企业、初创企业和高科技创新企业等具有高成长潜力的中小企业，由于不确定性高，无形资产等难以抵押的资产更多，投资回报期长，且部分企业规模经济明显，在早期就需要密集的知识和资本投入。因此，通过具有较高风险承受能力的风险投资者，或者通过股票融资找到更多具有较高风险偏好的机构和个人投资者获得长期资金，更加符合中小企业的融资需要。在美国 20 世纪 90 年代新经济蓬勃发展时期，风险投资和 NASDAQ 上市融资对信息科技企业的发展壮大发挥了重要作用。天使投资和风险投资主要为创新创业企业、高科技中小企业等高成长性企业提供融资，主要发挥筛选和监督作用，在提供融资的同时，投入人力资本、信息以及商业资源等推动企业成长发展。而上市或者挂牌融资，除了能使中小企业获得长期股权投资、有效分散风险之外，还能提高中小企业信用水平，使中小企业增加获得债券融资等其他融资方式的机会，减少对信贷融资的依赖，同时提高品牌知名度。

三是居民财富管理需求上升，股权投资产品成为投资者资产组合中的重要组成部分。自美国和欧洲央行实行量化宽松投资后，市场流动性较为充裕，信贷等产品的收益率逐渐降低。而在资本市场，科技公司的估值不断上升，吸引投资者加大对股票、债券和另类投资产品的配置。在国内，据中国人民银行行长易纲（2020）估算，2018 年底，中国股票市值占 GDP 的比重达 44.6%，是 1995 年底的 7.8 倍；居民部门股票资产占资金运用总额的比例为 9.1%，而包括理财、信托、基金等在内的特定目的载体资金运用总额占比则达到 17.2%，自 2007 年底起年均增长率达 27.6%，相比之下，居民投资股票的资金规模增长较为缓慢。但近年来，随着经济结构的调整，以及“房住不炒”等政策的实施，居民财富管理需求明显增强，对股权投资的配置规模持续增加。以基金为例，2021 年末，股票型基金共 1771 只，净资产达 2.58 万亿元，分别是 2012 年底的 3.32 倍和 2.25 倍。私募股权基金和创业投资基金规模共 12.79 万亿元，是 2016 年底的 2.1 倍。

二　中小企业股权融资面临的主要挑战

由于中小企业实力较弱，成长风险和信息不对称程度也相对较高，投资者为中小企业提供股权融资的积极性并不高，可以交易中小企业金融产品的市场往往深度不够，且流动性欠佳，反过来进一步降低了这些市场对中小企业、投资者以及市场中介机构等的吸引力，进而影响到中小企业金融产品的发行，负反馈不断加强，导致一定程度的市场失灵，无法形成有效的资源配置。英国于 1980 年设立的非上市证券市场（Unlisted Securities Market）便因为成交量不足逐渐萎缩，最终于 1996 年关闭。但伦敦交易所吸取经验，于 1995 年重新建立了另类投资市场（Alternative Investment Market）继续支持中小企业。在国内，新三板市场也面临着二级市场流动性不足的困扰。总体而言，中小企业股权融资的挑战是系统性的，既有投融资双方的问题，也存在中介机构服务不足的问题。

（一）资金供给方

第一，中小企业投资风险高，需要投资者有较强的风险辨别和承受能力。相对大型企业，中小企业经营发展面临较为困难的内外环境，成长性差异较大，投资风险水平较高。就所处的外部环境而言，大量中小企业在价值链上所处的位置不高，面临激烈竞争，企业盈利能力和成长能力不强，且抗风险能力弱。就企业自身而言，其经营管理能力和专业化水平有限、内部治理结构不完善、财务不规范等问题较为普遍。刘元春等（2019）引用的数据显示，我国微型企业与小型企业的数量比是 1.95∶1，小企业与中型企业的数量比是 13.75∶1，说明小企业成长为大企业面临相当大的挑战。因此，所投资资金不能被有效利用，以及投资损失的概率较高等问题限制了一般投资者的投资意愿。

分别用中国中小企业成本指数和效益指数（见图 1）反映我国中小企业的生产成本和效益情况，指数越高表明景气度越高。从 2011 年底开始，成本指数逐渐上行并维持在 100 左右，而效益指数自 2010 年便开始下行，2014 年后稳定在 70 左右。可见中小企业成本有所上升，而效益却出现了下降，说明国内中小企业整体盈利能力有待提高。

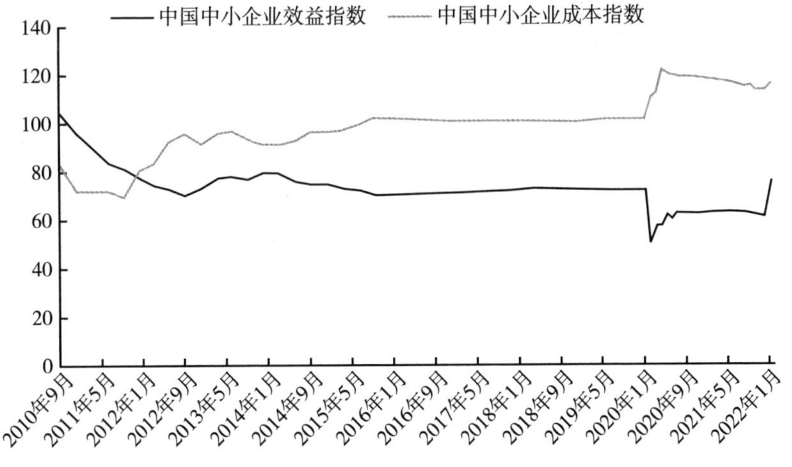

图 1　中国中小企业效益指数和成本指数

资料来源：Wind。

从中小企业市场指数（见图2）看，自2011年开始指数跌入100以下，之后维持在90左右的水平，中小企业产品或服务面临的市场需求状况相对较差，新冠肺炎疫情出现后市场需求环境明显减弱，指数进一步降至80左右。市场状况的好坏将进一步影响中小企业的成长性。

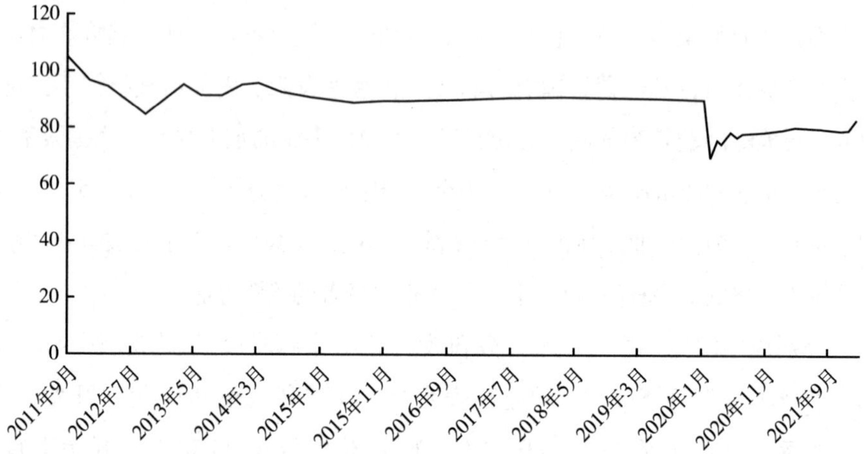

图2　中国中小企业市场指数

资料来源：Wind。

二是投资者与中小企业之间的信息不对称程度较高。由于中小企业在信用记录、经审计的财务数据等方面不如大型成熟企业健全，因此投资者较难找到准确的依据以评估风险或是潜在的收益水平。此外，具有特殊技术或专门优势的企业，出于维护自身竞争优势的需要，也会有意降低自身信息披露程度，不利于投资者做出准确决策。加之中小企业数量众多，异质性特征明显，难以采用标准化的方法对不同企业进行全面分析，或者取得更多信息将面临尽职调查等交易成本的大幅上升，无论是个人投资者还是机构投资者都面临着较大的挑战。即便在风险投资完成投资之后，也可能存在着管理层与投资者之间的委托代理问题。因此，信息不对称带来的道德风险和逆向选择问题将进一步加大投资者识别中小企业有效信息的难度。

（二）资金需求方

一是公开上市或挂牌融资除了会稀释所有权比例，还可能引发创业者对失去公司控制权的担心。中小企业以民营企业居多，其中有相当比例为家族式企业，创业者对企业的控制权较强，股权较为集中。以北京证券交易所上市公司为例，根据其披露的 2021 年中报，大股东股权集中度平均值为 76.57%，新三板创新层和基础层挂牌企业的大股东股权集中度则更高。但股权投资者作为公司的股东，更希望参与到公司的运作中，无论是风险投资还是公开发行，都会使企业股权进一步分散。国际证监会组织（IOSCO）在 2015 年的调查显示，对失去企业控制权的担心是影响创业者或企业实际控制人选择股权融资工具的最重要的因素之一，将其排在影响因素首位的比例达 20%。而加拿大商业发展银行（BDC）在 2013 年的调查报告则显示，受调查的企业主中，有 63%的人并不愿意在融资时引入更多的股东，高达 83%的人无法接受失去控制权。

二是中小企业面临相对较高的信息披露等合规成本以及公开发行上市的交易成本。除了满足各项程序要求、聘请中介机构等产生的各种直接和间接费用等显性成本外，还包括时间、机会成本、沉没成本等隐性成本。特别是发行上市期间和上市后的合规成本成为企业关注的重点。与大型企业相比，中小企业面临较强的成本约束，首先中小企业要将主要精力和资源投入企业的经营发展上，信息数量和质量水平有限，但为了吸引投资者，又必须解决信息不对称的问题，因此中小企业股权融资市场上的信息披露问题主要在于需要同时满足发行人利益和投资者利益。在准备发行上市的阶段，企业首先要进行股份制改造，对股权结构进行合理安排并建立完善的内部控制制度，聘请会计师事务所等中介机构规范公司财务数据信息等。而在上市后，为保证二级市场有足够的投资者和适当的流动性，中小企业必须披露一定的信息，但越详细、全面、准确的信息披露，产生的费用和占用的资源也越多，且部分中小企业控制人和管理者并不想向竞争者透露太多信息。

三是创业者在股权融资意识和专业知识等方面的准备不足。相对信贷融资等间接融资，股权融资工具需要企业所做的准备更加复杂，且需要企业的实际控制人、经营管理者或企业创始人对资本市场或金融体系有一定的了解，并投入专门的人力资本等。创业者要能够相对清晰地向投资者描述公司的目标战略，明确公司所处的发展阶段，并拥有清晰的商业计划，了解公司应该采用怎样的融资方式并对资金的使用和未来的融资安排做出规划。尤其在风险投资阶段，创业者要有较为清晰的计划、有效的实施方案和公司经营管理的合理安排等才能吸引投资者，并能够在轮次众多、数量众多的投资者中选择满足公司长期发展需要的投资者。

四是债务融资的税盾效应。由于债务融资的利息支出可以从税前利润中扣除，而股利支出并不能在税前扣除，因此债务融资在减少税负成本方面较股权融资更具优势，从而影响了部分中小企业开展股权融资的积极性。Boschmans 等（2017）引用的数据显示，对于美国的企业而言，如果全部使用权益融资，公司的边际税率平均将达到33%，而如果全部使用债务融资，公司的有效边际税率则为-6%。王跃堂（2010）则证明了债务税盾效应对国内企业同样适用。

（三）中介机构

保荐人和承销商在服务企业上市或挂牌融资、揭示企业信息、向合适的投资者推介公司股票等方面发挥着核心作用，特别是中介机构承担着一定的担保责任，对提高中小企业投融资双方的信任度和积极性具有重要意义。对于成长性一般的中小企业而言，其对投资人的吸引力较弱，因而二级市场流动性不高，中介机构对这类公司的研究关注较为缺乏，进而导致这类公司对投资者的吸引力进一步下降。国际证监会组织（IOSCO）在 2015 年一项面向 45 个国家和地区的调查中指出，企业自身和投资者对中小企业股权融资的兴趣不高等是影响中介机构为中小企业提供服务积极性的主要因素（见表 1）。从 2020 年证券公司从事投资银行业务与自营业务的人员构成看，新三板融资和做市人员占比分别为 6.94%和 6.64%，较上年分别减少 7.72 个百分点和 5.98 个百分点。

表 1　影响中介机构服务中小企业积极性的主要因素

序号	因素
1	中小企业对股权融资的兴趣不高
2	投资者对中小企业发行的股票兴趣不高
3	现有销售渠道与合适的中小企业投资者不一致
4	责任风险
5	声誉风险
6	中小企业承销费用难以覆盖支出

资料来源：IOSCO（2015），SME Financing through Capital Markets。

三　国内中小企业股权融资状况

（一）北京证券交易所和新三板成为中小企业股权融资的重要渠道

随着创业板注册制改革的实施，以及新三板深化改革和北京证券交易所的设立，我国资本市场服务中小企业的层次进一步清晰。围绕创新型中小企业的特点，北京证券交易所在上市、交易、退市、持续监管、投资者适当性管理等基础制度设计上进一步突出差异化安排，与新三板创新层、基础层共同服务广大创新型、创业型、成长型中小企业，构成支持中小企业上市或挂牌融资的主力。

北京证券交易所制度体系更契合中小企业发展特点。一是发行上市条件更加多元，包容性进一步增强，围绕市值、盈利能力、成长性和研发能力建立了四套标准。二是多元灵活的市场定价机制。发行定价机制涵盖了竞价发行、询价发行、定价发行三种机制，二级市场交易机制包括竞价交易、大宗交易、协议转让等，上市首日无涨跌幅限制，自次日起涨跌幅限制为30%，有利于充分发挥市场的价值发现功能，为中小企业合理定价。三是构建适应中小企业发展阶段和成长规律的信息披露规则体系，提高信息披露的针对性、有效性和可读性，在公司治理方面平衡中小企业规范成本。四是股份减持与限售、募集资金管理、股权激励等规定更加灵活。五是降低投资者门槛，个人投资者资产门槛降至50万元，机构投资者则不设限，鼓励公募基金和社保、保险等长期资金投资，投资者结构更加多元。

北京证券交易所自2021年11月15日正式开市至12月31日，共有上市公司82家，总市值达2722.75亿元。其中，公开发行进入北京证券交易所的公司11家，融资金额达75.22亿元。2021年底，北京证券交易所整体市盈率46.66倍，同期上证和深证A股整体市盈率分别为15.13倍和38.41倍，显示投资者对北京证券交易所上市企业较高的认可度。

（二）创业投资和私募股权投资基金是中小企业早期资本的关键来源

创新创业企业和高新技术中小企业，由于具有知识密集和资金密集的特征，在成长发展初期便需要大量资金投入以进行技术研发、市场扩张等，而非弥补日常运营资金的不足，但商业银行能提供的信贷资金有限。相比之下，创业投资和私募股权投资基金的商业模式以及筛选、培育企业的作用更能适应创新型中小企业的特点，在满足成长前景较好的中小企业融资需求，促进中小企业成长和规范管理，并进一步进入公开市场等方面发挥着重要作用。截至2021年第三季度末，投入股权项目的私募基金本金共7.8万亿元，其中投向中小企业、高新技术企业、种子期和起步期企业的占比分别为28%、26%和33%。自设立科创板并试点注册制，以及创业板实施注册制改革以来，80%以上的科创板上市公司和60%以上的创业板上市公司都有私募股权基金和创投基金的参与。此外，政府引导基金在直接支持并撬动社会资本投资中小企业，促进中小企业转型升级，服务创新和“双碳”战略等方面发挥着关键作用。据清科研究统计，2021年末，我国政府引导基金共1988只，目标规模、认缴规模或首期规模分别约12.45万亿元、6.16万亿元。以国家中小企业发展基金为例，截至2021年底，中央财政资金通过母基金和子基金两级放大带动了8倍以上的社会资本共同开展对优质中小企业的股权投资。

（三）区域性股权市场扩大了资本市场对中小企业的覆盖范围

2018年1月，国务院办公厅发布的《关于规范发展区域性股权市场的通知》指出，区域性股权市场是主要服务于所在省级行政区域内中小微企业的私募股权市场，在推进供给侧结构性改革、促进大众创业万众创新、服务创新驱动发展战略、降低企业杠杆率等方面具有重要意义。区域性股权市场，是我国多层次资本市场的“塔基”，为中小微企业提供了非公开股权融资和转让的主渠道，在挂牌标准和监管要求等方面较为宽松，具有更加贴近中小企业的优势。截至 2021 年 12 月底，全国 35 家区域性股权市场共有挂牌公司 3.81 万家（其中股份公司 2.34 万家），展示企业 13.84 万家，托管公司 5.77 万家。累计实现融资近 1.67 万亿元，年增长率为 17.39%。其中，股权融资 3674.39 亿元，占比约 22%，股权质押融资 5951.80 亿元，占比约 36%。

四　国际经验借鉴

由于各国金融体系的成熟度不同，且处在不同生命周期的中小企业面临不同的融资问题，G20 为各国政策制定者提供了一套通用的工作原则——G20/OECD 中小企业融资高级原则（见表 2），以推动各国解决中小企业在信贷融资中面临的问题，并拓宽商业银行信贷之外的融资方式，从而适应不同类型、不同生命周期中小企业的需要，促进中小企业融资，发挥中小企业在推动经济发展、促进科技创新、增加居民收入等方面的积极作用。这一原则提供的方法涵盖了中小企业各类融资所面临的主要问题，具有较强的实际指导意义。

表 2　G20/OECD 中小企业融资高级原则

序号	原则
1	确定并切实证明中小企业存在融资缺口
2	增强中小企业商业银行融资的可得性
3	促进中小企业获得多样化的非传统融资工具和融资渠道
4	提高金融体系对中小企业的包容性，让包括非标准化企业在内的中小企业更容易得到标准化的金融服务

续表

序号	原则
5	构建能为一系列中小企业融资工具提供支持,同时又能确保金融稳定和投资者保护的监管机制
6	提高中小企业在金融市场上的透明度
7	增强中小企业金融技能和制定中小企业利用金融资源的战略规划
8	为面向公众的中小企业融资工具建立风险分担机制
9	鼓励商业交易和公共采购及时付款
10	为中小企业设计额外、低成本、方便操作的公开融资项目
11	监督并评估强化中小企业融资的公共项目

资料来源：OECD。

当前，天使投资、创业投资、私募股权融资和上市融资是中小企业进行股权融资的主要渠道。此外，股权众筹在部分国家也得到了发展。从资本市场服务成长性企业，特别是高科技企业、初创企业，取得良好效果的国家和地区实践看，美国、英国和以色列的经验值得借鉴。

（一）美国发达的风险投资和多层次资本市场

美国高科技初创企业相对集中，具有发达的风险投资市场，股票市场自然分层，对中小企业的包容性较强。2021 年，美国 730 只基金共募集了 1283 亿美元，风险投资交易额达 3300 亿美元，均创下历史新高。美国较为完善的发行上市和信息披露制度，在一般证券发行制度的基础上，充分考虑了小型发行人和新兴成长企业的特殊性。在上市阶段，纳斯达克分为全球精选市场、全球市场和资本市场，其中资本市场主要服务于高成长性中小企业，根据市值、收入和权益设置了三套上市标准。在上市前和上市后的信息披露方面：一是对于小型报告发行人，将其在提交注册发行申请时的信息披露要求以及财务报表要求适度降低或者豁免。二是对新兴成长型公司发行证券做出特殊安排，如使用近两年经审计的财务报表而不受内控的限制，提前与投资者进行沟通或允许证券公司在发行前发布研究报告等。三是明确私募发行豁免，私募发行豁免适用所有的信息披露以及注册要求。四是美国证券交易委员会（SEC）有权对融资额低于500万美元的发行进行豁免。五是对小型公司的众筹融资给予相对宽松的规定。

（二）英国突出另类投资市场服务中小企业的特色

在上市融资方面，1995年，伦敦证券交易所建立英国另类投资市场（AIM），为全球成长型中小公司提供融资服务，目前，已有3988家企业在AIM共融资1300亿英镑，占欧洲成长性市场融资的52%。其成功经验主要有三个方面：一是定位清晰。服务于希望利用长期、公开市场股权融资促进公司发展壮大的成长型中小企业。二是定制化制度安排。为中小企业量身定制监管方针，例如对中小企业财务指标等上市标准较为宽松，但中小企业必须从伦敦证券交易所批准的经纪人中指定一家公司作为上市保荐人（Nominated Advisors），保荐人同时承担保荐和持续监管的责任。在交易制度方面则是针对不同流动性规模设置包括做市商在内的不同交易制度。在信息披露方面相对较为灵活，但坚持要求披露对股价敏感的信息，更加强调市场导向，由投资者对企业做出选择。三是社区化服务。通过各种举措吸引熟知中小企业需求特点的投资者、流动性提供商、咨询顾问为中小企业服务，将AIM打造成具有针对性投资者和支持性咨询服务的中小企业和创业企业的社区，为中小企业在AIM实现上市提供全流程的服务方案。对企业应该怎样获得外部融资，能否在AIM上市融资，以及AIM中的已上市公司的成功案例等都有详细指导。

在风险投资方面，2011年，英国5家商业银行出资设立了中小企业成长基金，向中小企业提供长期稳定的股权投资。其特别之处在于：一是仅作为少数股东，坚持持有股权比例在10%~40%的范围内，基金仅作为管理层和股东掌控公司的合作伙伴；二是坚持长期投资，在初始投资后会持续满足公司新的资金需求，不设固定的退出期限和回购条款，由公司股东决定基金退出时间；三是为公司提供灵活的融资选择，包括股权和债权融资，并可以在企业的全生命周期提供融资、战略咨询等增值服务。

（三）以色列政府引导基金带动社会资本投资创新创业的活力

1992年，为吸引民营资本投入科技研发和科技型创业企业，以色列政府出资 1 亿美元，由工业与贸易部首席科学家办公室设立了 YOZMA 风险投资基金，同时成立了国有独资风险子公司 YOZMA 对基金进行管理。由于主要以引导民营资本为目的，因此以色列政府对 YOZMA 公司和 YOZMA 风险投资基金的管理制度主要围绕着如何撬动社会资本和国外资本进行设计。YOZMA 风险投资基金的 20% 由 YOZMA 公司负责进行直接投资，其余用于参股子基金，按照以色列政府的高新技术产业发展规划确定投资重点领域。对于直接投资的部分，主要体现政府产业导向，引导风险投资的投资方向。

政府不干预基金的具体运作，与投资方共担风险，遵循“风险共担，收益非共享”的原则。投资损失由政府承担；而投资获益时，政府将所持股份按原始价格出让给投资方。与此同时，政府允许私人投资者在成立 5 年内以约定的较低价格购买政府在子基金中的份额，以实现政府出资的退出。在启动 YOZMA 计划前，政府为该计划设定了 7 年的存续期，如果投资失败，所有投资人共担风险，若有投资收益，政府只需要得到出资额及这一时期的利息即可。早期，工业与贸易部首席科学家办公室派员加入 YOZMA 风险投资基金的董事会，通过政府官员、科技和金融部门人员以及国外投资者之间的紧密互动确保政策得以执行。子基金的组织形式是有限合伙，政府和私人分别持股 40% 和 60%。对于参股资金的部分，政府不干预具体事务，投资决策由 YOZMA 和管理人共同决定。

五　结论与建议

股权融资在服务专精特新中小企业方面具有优势。对于投资者、中介机构、市场组织者和监管机构等中小企业融资市场的主体而言，股权融资并非简单的融资问题，更主要的是要推动中小企业成长壮大。发展中小企业股权融资需要激励投融资双方和中介机构共同参与。

（一）制度设计更加贴合中小企业特点

一是进一步对中小微企业公开融资市场制度进行精细化、定制化、差异化安排。在满足一般的信息披露要求的基础上，更加注重减轻中小企业合规成本和保护投资者权益的平衡。对可能影响投资者决策的信息应严格信息披露要求，并制定符合双方需求的信息披露标准。借鉴美国等国家的经验做法，根据企业规模、行业和技术特征等设置分类标准，对非必需的信息，可放松对中小企业的信息披露要求标准或降低披露次数。退市制度是发挥资本市场优胜劣汰功能，优化资源配置的关键环节。在尽可能满足企业融资需要以帮助其抓住发展机遇的同时，也要强化市场约束，避免“鱼龙混杂”，形成“柠檬市场”。退市制度不但要考虑中小企业抵抗风险的能力较弱的问题，也要设计配套的投资者保护制度，增强投资者对投资中小企业的信心。

二是健全多层次资本市场体系。发挥北京证券交易所在服务专精特新中小企业方面的特色，深化改革提高市场活力。立足区域经济发展，发挥区域股权市场的孵化培育作用，推动区域股权市场与沪深证券交易所、北京证券交易所和新三板有效衔接，促进多层次资本市场为中小企业提供全生命周期服务。对于专精特新之外的广大中小企业，积极给予融资扶持，发挥挂牌展示的作用，与商业银行普惠金融合作，探索创新金融产品和服务。

三是发展中小企业股权融资，需要进一步整合资本市场资源。中介机构、交易所不仅要通过上市挂牌融资等被动服务促进资金带动资源向中小企业聚集，同时还要主动投入资源，发挥咨询等中介作用，引导中小企业高质量发展，提升资金利用效率，取得长期价值增值，两者相辅相成。2021 年，工信部在《关于印发提升中小企业竞争力若干措施的通知》中提出，推动三家证券交易所和新三板为中小企业提供全流程、全周期咨询服务，促进中小企业上市挂牌融资。

（二）鼓励投资者参与中小企业股权融资

在早期风险投资阶段，一是考虑将服务中小企业纳入绩效考核，提升政府投资基金使用效能，促进创业投资基金和私募股权投资基金管理人高质量发展，发挥引导带动社会资本投资中小企业的作用；二是优化股权基金税收政策，通过税收优惠等政策激励天使投资和创业投资，发挥风险投资在满足创新创业企业融资需求方面的重要作用。在公开市场，一是探索完善做市商制度，引导机构开展做市业务，提高中小企业股票二级市场的流动性和活力。二是北京证券交易所进一步丰富了创业投资和私募股权投资的退出渠道，应继续推动社保基金、养老金、企业年金和职业年金、保险资金以及银行理财等资金投资高成长性中小企业，完善对公募基金和保险资管等机构投资者的长期考核，引导投资者进行长期投资、价值投资，投早、投小。三是提高北京证券交易所对外开放水平，吸引不同风险偏好、具有中小企业投资经验的国际投资者，同时促进专精特新企业全球化发展。

（三）强化中介机构在服务中小企业股权融资中的作用

注册制改革进一步释放了资本市场服务中小企业的潜力，要求中介机构归位尽责，回归业务本源，不断提高保荐、承销和定价等核心能力。保荐人通过尽职调查等能够相对全面地了解企业信息，对发行人承担一定的责任，在促进发行人和投资者交易中发挥着核心作用。中介机构可以凭借其独特的作用和专业优势在中小企业股权融资中发挥更大作用，英国 AIM 和波兰华沙证券交易所的指定保荐人制度对此提供了重要的经验借鉴。例如让中介机构承担信息披露和持续监管的责任，帮助发行人降低成本，为中小企业提供各类资源帮助，同时寻找更多适应发行人风险收益特征的投资者，并为投资者提供相应信息，兼顾投资者利益。当前，科创板和北京证券交易所已开始探索做市商机制，未来证券公司在做市方面也需进一步提升专业水平，特别是对中小企业要充分发挥流动性提供者的作用。

（四）利用金融科技提高融资和监管效率

推动证券基金经营机构数字化转型，支持运用金融科技开展合理的金融产品和服务创新。例如与商业银行等机构合作，发挥其数据积累和金融科技的优势，探索股债结合的创新产品；利用金融科技手段便利投资者的投资，为投资者提供咨询等服务。适应数字经济发展需要，深化金融科技在信息披露等监管方面的运用，发挥大数据、云计算、区块链和人工智能等在信息生产、分析等方面的效率优势，降低中小企业合规成本。加快数据共享平台等金融科技基础设施建设，加强金融监管部门与其他部门在数据方面的协调共享，建立数据信息服务平台，健全信用信息共享机制。

（五）提高中小企业融资市场透明度

中小企业数量多，异质性高，企业设立和退出频繁，可通过定期开展抽样调查加强对中小微企业的调查统计。目前，国内中小企业融资服务并无专门的机构进行统一协调。资本市场一方面可以与其他中小企业服务机构加强对中小企业经营、财税和信贷等信息的沟通共享；另一方面，可以通过创业投资和私募股权投资基金、区域股权市场、新三板和北京证券交易所，以及证券公司加强对中小企业数据的收集，以增强服务水平，进行针对性的产品创新和制度设计。对创新创业企业、中小企业开展股权融资等方面的培训，向投资者宣传推介中小企业，向中小企业和投资者普及中小企业股权融资的特点，增进投资者与中小企业之间的互动了解，提高市场各方信心。

参考文献

[1] A Guide for Entrepreneurs, https：//www. londonstockexchange. com.

[2] G20/OECD High-Level Principles on SME Financing, www. oecd. org/finance.

[3] GEMC, "SME, Financing through Capital Markets," IOSCO, 2020.

[4] GEMC, "Development of Emerging Capital Markets: Opportunities, Challenges and Solutions," IOSCO, 2020.

[5] John Thompson, Kris Boschmans and Lora Pissareva, "Alternative Financing Instruments for SMEs and Entrepreneurs: The Case of Capital Market Finance," OECD, 2018.

[6] Kris Boschmans, Lora Pissareva, "Fostering Markets for SME Finance: Matching Business and Investor Needs," OECD, 2017.

[7] 刘元春、孙文凯：《我国中小微企业发展现状、问题与对策》，中国人民大学国家发展与战略研究院，2019。

[8] 王跃堂：《产权性质、债务税盾与资本结构》，《经济研究》2010 年第 9 期。

[9] 易纲：《再论中国金融资产结构及政策含义》，《经济研究》2020 年第 3 期。

B.14

雄安新区金融科技创新监管试点研究

张超 李放*

摘 要： 金融科技的迅猛发展为金融体系注入了新的活力，如降低交易成本、提高金融服务效率和推动金融普惠。人民银行逐渐扩展金融科技创新监管试点，雄安新区作为第二批试点区域之一，积极开展金融科技创新监管试点，探索符合国际监管规则的金融监管框架。雄安新区金融科技创新监管试点涵盖了区块链支付、5G、风险防控等领域，为智能城市建设提供了丰富的金融场景，体现出雄安特色，也为未来雄安新区金融科技创新打下了坚实的基础。

关键词： 金融科技 监管沙盒 金融监管 雄安

一 监管沙盒试点情况

我国的金融科技创新监管试点稳步推进。2019 年 12 月，人民银行在北京率先开展金融科技创新监管试点，并选取涵盖区块链金融在内的 6 个创新应用作为创新型项目。因金融科技创新监管也称“监管沙盒”，这一试点成为中国版的“监管沙盒”，目的是打造符合中国特色并与国际接轨的金融科技创新监管工具，以保护消费者权益为前置条件，让相关金融机构和持牌科技公司能依法合规地运用新技术赋能金融服务，营造一个安全普惠的金融科技发展的开放环境。北京市作为开展金融科技创新监管试点的首个地区，已

* 张超，经济学博士，中国邮政储蓄银行托管业务部处长；李放，经济学博士、管理学博士后，中国农业银行投资银行部专家。

推动两批共 17 个项目进入试点。2020 年 4 月 27 日，《中国人民银行办公厅关于同意在上海等 6 市（区）开展金融科技创新监管试点的批复》（银办函〔2020〕48 号）提出在雄安新区以及上海、重庆、深圳、杭州、苏州等 6 市（区）扩大金融科技创新监管试点，将雄安新区列入金融科技创新监管第二批试点区域。

为贯彻落实《中共中央 国务院关于支持河北雄安新区全面深化改革和扩大开放的指导意见》《关于金融支持河北雄安新区改革开放 促进京津冀协同发展的实施方案》文件精神以及《中国（河北）自由贸易试验区总体方案》中的“支持建设雄安金融科技中心”“建设金融创新先行区，探索监管‘沙盒机制’”等相关要求，雄安新区积极配合人民银行石家庄中心支行将金融科技创新监管试点在雄安新区落地，有序推动相关机制创新，探索建立具有新区特色并符合国际规则的金融监管框架。公开资料显示，雄安新区已先后开展两批项目的试点工作。

（一）雄安新区第一批项目试点开展情况

1. 制定并印发试点方案

雄安新区管委会与人民银行石家庄中心支行密切配合，完成《河北雄安新区金融科技创新监管试点方案》（以下简称《方案》）并于 2020 年 6 月 11 日印发。《方案》明确了试点工作组织架构，由人民银行石家庄中心支行、雄安新区管委会联合成立工作组，明确了各阶段试点工作流程、目标，并拟定了试点工作保障机制，为开展试点工作奠定了制度基础。

2. 开展试点储备项目征集

雄安新区联合雄安智能城市联合会，及早谋划，于 2020 年 2 月启动了金融科技创新监管试点储备项目征集工作。向工行、农行、中行、建行、邮储银行、中信银行等国有及股份制商业银行，中国银联、联通支付等非银行支付机构，以及腾讯、小米等科技企业总计 36 家机构发送了《关于申报金融科技创新监管试点储备项目的通知》，共收到 17 家机构报送的 41 个储备项目。储备项目整合了大数据、云计算、人工智能、可信数据交互、人脸识别、区块链平台搭建等金融科技前沿技术，并涵盖新区工程及征拆迁资金管理与支付、信用体系建设、普惠金融、住房租赁等应用场景。

3. 完成试点项目筛选公示

一是组织新区各试点项目申报机构开展项目自查工作。2020 年 3 月末根据人民银行最新项目筛选标准，组织申报机构开展项目自查，并对项目政策突破性、创新性等内容进行补充完善，最终有 22 个项目通过自查并完成材料补充工作。二是开展新区层面项目筛查。对机构自查通过的 22 个项目进行筛查，比照制度标准对其中较为优质的 13 个项目做进一步的材料梳理，并报送人民银行石家庄中心支行。三是配合人民银行总行、省行完成项目初审。配合中国互联网金融协会（人民银行总行指定的试点项目初审机构）对新区报送项目进行审查并跟进各项目审查进展，对相关申报机构开展线上培训和一对一辅导，指导申报机构完善申报材料。四是完成入选项目公示。新区报送的 14 个项目中有 5 个项目经人民银行总行审核后，于 2020 年 8 月完成公示。

为满足政府监测防范系统性金融风险需求、有效防范银企间因信息不对称引发的风险，邮储银行河北雄安分行结合新区建设要求和业务发展需求，打造了基于链式风险传导的企业风险评估管理平台——信用风险沙盒。在取得用户授权前提下，企业风险评估管理平台整合国网电力数据、国网电商平台数据、工商、司法、舆情等多维度数据，采用云计算和复杂网络技术，分析企业之间的业务和运营情况。通过对比企业产业链上下游信息，绘制企业与产业链生态关系图，对信用关系、风险传导路径、传播结果进行深入分析，构建基于链式风险传递的企业风险评估与管理平台，帮助金融机构实现全产业链企业风险精准监控，提升金融业务风险防控能力，降低金融机构不良信用风险；提高企业融资审批效率，帮助金融机构寻找优质信贷客户，帮助雄安新区企业在疫情后复工复产和中小微企业精准融资，实现对产业链企业信用风险进行主动分析排查，帮助金融机构实现对高风险企业的精准识别和预警。按照风险可控原则合理确定用户范围和服务数量，预计年通过该平台辅助授信的客户有 200 余户。

（二）雄安新区第二批项目试点开展情况

1. 开展项目征集

人民银行石家庄中心支行于2020年10月22日印发《关于进一步做好金融科技创新监管有关工作的通知》。雄安新区配合人民银行石家庄中心支行向全省金融机构和科技公司征集金融科技应用项目，截至2020年12月1日，在全省范围内共征集到50个项目，建立和完善了河北省金融科技应用项目库。

2. 进行项目初筛

按照《方案》要求，从业务普惠性、技术创新性、风险可控性、所需监管支持等方面，对申报的项目进行了材料初步审核和现场技术评估。经初步筛选，5个应用项目基本符合参与金融科技创新监管试点的要求。包括：①中银富登村镇银行股份有限公司、中国雄安集团数字城市科技有限公司联合申报的“‘区块链+’农村资产数字化项目”；②中国农业银行股份有限公司河北雄安分行、中国电信集团有限公司河北雄安新区分公司、中兴通讯股份有限公司联合申报的“5G切片银行”；③中国邮政储蓄银行股份有限公司河北省分行申报的“雄安新区财政非税收入区块链综合管理平台”；④国网雄安金融科技集团有限公司、国网征信有限公司、交通银行股份有限公司河北雄安分行联合申报的“基于大数据风控的企业融资服务平台”；⑤中国民生银行股份有限公司、中互金数据科技有限公司联合申报的“基于本机号码验证的交易反欺诈监控服务”。

3. 完成试点项目筛选公示

最终中国农业银行股份有限公司河北雄安分行、中国电信集团有限公司河北雄安新区分公司、中兴通讯股份有限公司联合申报的“5G切片银行”和中国民生银行股份有限公司、中互金数据科技有限公司联合申报的“基于本机号码验证的交易反欺诈监控服务”公示通过。

中国农业银行股份有限公司河北雄安分行结合新区建设要求和业务发展

需求，打造基于5G切片技术的敏捷银行服务。该服务旨在解决传统离行业务办理模式难以得到有效监管、离行服务部署效率低、传统移动网络无法充分保障金融数据安全的问题。项目综合运用5G切片和电子围栏等技术，重构银行服务流程。在数据安全方面，将银行业务办理数据、监控音视频数据通过银行专属的5G切片网络进行传输（不同切片之间严格隔离，隔绝互访），充分保障金融数据的安全性。在业务合规方面，利用5G网络和电子围栏技术，实时监控业务办理过程，圈定业务办理的空间范围，解决传统行外业务办理模式难以得到有效监管的问题。在服务效率方面，利用5G技术快速组网的优势，突破原有专线（如光纤）限制，灵活部署银行服务点，在降低服务点建设成本的同时，有效提升金融服务效率和客户体验。在数字化转型方面，将5G切片等先进技术融合应用于银行服务场景，加速金融业务移动化、线上化迁移，提升金融业务管理水平，促进普惠金融发展，助力银行数字化转型。通过创新引领、科技赋能，为雄安新区征迁群众、学校学生、老年人、残障人士等群体提供更安全、便利的银行现场服务，缩小金融服务数字鸿沟。截至2021年11月，该项目累计服务参与新区建设的十余家总分包企业，为多个容城县征迁村提供现场金融服务，累计惠及2000余名新区建设者和征迁百姓，有效扩大了银行普惠服务半径、提升了银行服务可获得性。

二　雄安新区金融科技创新主要特征

（一）贯彻新发展理念、创新发展示范

雄安新区金融科技创新监管试点工作充分体现了雄安创新特色。雄安新区创立伊始就承担着建设贯彻落实新发展理念的创新发展示范区的历史使命，最近又在加快建设国家数字经济创新发展试验区和金融创新先行区。因此雄安新区的金融科技创新监管试点工作充分体现了雄安创新特色，推动科技创新与金融服务协同发展。

如征迁安置资金管理区块链信息系统和雄安新区建设资金管理区块链信息系统最能体现新区现阶段特点，通过区块链技术保障征拆迁及建设资金透明化可追溯，着力打造数字雄安、廉洁雄安。在传统征迁模式中，征迁资金监管难度较大，拨付审批周期较长，土储中心、改发局、财政局等部门联合管理难度较大，多部门征迁信息共享存在较大障碍，主管部门较难直观统筹整体工作。在雄安新区的征迁安置资金管理区块链系统中，征地拆迁测绘信息、征地拆迁合同、资金审批、结果查询实现全流程链上管理，资金支付指令通过智能合约发送至银行，保证征迁资金高效、安全、准确发放，充分体现了雄安新区创新、高效的特色。雄安新区建设资金管理区块链信息系统是以区块链技术为支撑实现工程进度透明管理、资金拨付穿透式管理、供应链融资全链支持、多银行系统直联等功能的区块链平台，可大大提高资金使用效率，在一定程度上规避了工程项目中的重大违规风险，为打造数字城市提供了重要的科技手段。

（二）沙盒和数字人民币并行试点

随着人民银行在北京启动金融科技创新监管试点工作以来，经过近三年的稳步发展，试点范围逐步扩大至上海市、重庆市、深圳市、河北雄安新区、杭州市、苏州市、广州市和成都市，至此央行金融科技创新监管试点地区已增至9个。

2019年底以来，人民银行按照稳步、安全、可控、创新、实用的原则，在深圳、苏州、雄安、成都和2022年北京冬奥会场景开展数字人民币试点测试，检验理论可靠性、系统稳定性、功能可用性、流程便利性、场景适用性和风险可控性。2020年11月起，新增上海、海南、长沙、西安、青岛、大连六个数字人民币试点地区。数字人民币研发试点银行也逐步扩大到工行、农行、中行、建行、交行和邮储银行。目前，数字人民币已形成覆盖线上线下，在批发零售、餐饮、文化旅游、政务缴费等领域可复制推广的多项应用模式，试点地区的用户、商户和交易规模稳步增长，市场反应良好。

从以上实践可以看出，雄安新区是少数既获得金融科技创新监管试点，又获得数字人民币试点的城市，这为其数字经济的发展提供了丰厚的土壤。雄安新区不断推进区块链、大数据、云计算、人工智能等金融科技成果在新区率先落地。新区不断拓展数字人民币应用场景，开展数字人民币和移动支付创新应用。率先研发发行全国首款数字人民币“硬件钱包”。“硬件钱包”具有双离线即时交易、可控匿名、安全性高等特点，是数字人民币应用的硬件载体。使用“硬件钱包”可以应对特殊环境，支持无网络双离线支付。老年人等特殊群体无需手机即可使用数字人民币，在金融适老化方面具有独特优势，有助于缩小金融服务数字鸿沟。特别是随着物联网的发展，“硬件钱包”将被应用到小额高频支付、客户隐私保护、中小学校园管理等更多领域，并发挥自身的独特作用。

（三）试点与智能城市建设充分结合

目前雄安新区已经进入大规模开工建设和疏解北京非首都功能并举的阶段，未来将努力发展新一代人工智能，建设成为世界领先的数字智能城市。雄安新区建设采用“地下一座城、地上一座城、云上一座城”的方式，全面采用大数据、云计算、北斗卫星、遥感、红外、太赫兹、人脸识别等技术。施工过程中 BIM、CIM、传感设施和光纤光缆均埋设地下。探索 5G 切片、电子围栏、大数据、端到端加密等先进技术在银行业务、金融交易反欺诈等场景的应用，旨在创新银行对客户的服务渠道，加固金融服务“安全锁”，帮助雄安新区提高金融服务惠及群众的质量和效率，缩小金融“数字鸿沟”，加强金融信息和消费者权益保护，提高人民群众金融服务获得感和安全感。

作为不可篡改的高科技“账本”，区块链技术在经济金融领域的主要应用之一就是缓解供应链应收账款沉淀问题。长期以来，企业在实际经营中大量采用赊销方式推迟结算，由此造成的应收账款时滞，导致企业融资问题突出，制约了企业资金的周转和企业发展。数据显示，2020 年末，规模以上工业企业应收账款 16.41 万亿元，比上年末增长 15.1%；应收账款平均回收期为 51.2 天，比 2019 年末增加 5.8 天。纾解中小企业融资难问题，盘活应收账款是关键。商业银行可依托产业链核心企业信用，根据真实交易背景对闭环的物流、信息流、资金流进行分析，为上下游企业提供无抵押担保的订单融资、应收账款和应付账款融资。本次落地的区块链订单融资以支持雄安新区建设为出发点，以解决雄安新区政府投资项目分包商融资问题为目标，积极运用数字化区块链技术，践行“数字雄安”和“普惠金融”战略。

三　雄安新区沙盒监管问题与建议

（一）创新主体相对集中，需鼓励更广泛的参与者

雄安新区金融科技创新监管试点工作的开展主体是所有持牌金融机构和科技公司，第一批试点也向腾讯、小米等科技企业进行了广泛的项目征集，但现在从前两批试点项目申报和公示结果看，仍然以金融机构项目为主，其他持牌科技公司参与积极性有待提升。金融机构中又以科技实力和投入较多的商业银行为主，基金、证券、保险、信托等非银金融机构参与度有限。

从国外的沙盒实践看，英国广泛涉及智能投顾、数字身份认证、支付清算、基金公司、保险、个人银行、个人贷款、机构业务、监管科技、生物识别数字 ID、KYC 验证、消费信贷、自动咨询、加密资产等多个领域的多类机构[①]；澳大利亚为建成亚太地区金融科技中心和全球金融科技创新与投资的顶级市场，监管沙盒广泛面向各种金融科技企业，截至 2018 年 10 月，澳大利亚 314 家金融科技企业通过监管沙盒获得 67 个新的金融牌照[②]；泰国有多个由政府及监管部门推动的监管沙盒方案，但最具影响力的是由泰国银行建立的全国性监管沙盒机制，根据泰国银行 2019 年 2 月公布的数据，自泰国监管沙盒项目正式启动以来，共有 38 家商业银行和非银行机构参与了

① 胡滨、杨涵：《英国金融科技“监管沙盒”制度借鉴与我国现实选择》，《经济纵横》2019 年第 11 期。

② 范云朋、赵璇：《澳大利亚金融科技“监管沙盒”的经验与启示》，《财会月刊》2020 年第 1 期。

测试，其中有15个项目成功完成测试。①

国内金融科技创新监管试点的目标是提升金融服务实体经济水平，赋能"金融为民"，通过"扩面、增量、价降"，着力纾解融资难融资贵问题、打通普惠金融"最后一公里"等。持牌金融机构和科技公司的服务客户、产品使用场景、产品特点都不尽相同，特别是银行、保险、证券、基金和信托等金融机构分业经营、各具特色，应广泛参与试点，只有这样我国才能切实提升金融服务实体经济水平，同时在金融科技创新的国际竞争中占据有利地位。

（二）创新方向重叠度高，应政府引导与市场选择并行

回顾整个新区已经公示的7个金融科技创新监管试点项目，区块链领域有4项，风险防范领域有3项，与其他试点城市比，雄安新区创新方向重叠度高。

政府应引导和推动监管试点工作常态化、有序开展。稳步有序推进雄安新区第一批、第二批试点工作，持续征集、宣传和试点后续项目。对通过测试的项目，根据测试阶段实践及时发布相应的出盒原则。政府要以常态化试点工作为重点，推动一批创新性强、应用性广、示范性好的项目成为示范项目，为金融科技创新应用提供安全便捷的测试环境。通过市场投票和验证，形成具有市场效应的技术和业务创新的"雄安标准"，不断将雄安的创新经验推向全国。

在金融科技时代，传统的人工经验监管方式已经与时代发展不相匹配，雄安新区管委会将与人民银行雄安营管部一起在监管试点过程中借助区块链、大数据等新技术，不断强化金融监管的科技武装，处理好金融科技和监管科技的关系。防范金融风险需要监管部门不断强化监管科技建设，在技术层面实现穿透式监管，完善监管科技风险监控功能，优化覆盖市场多层次主体的风险识别机制，为防范化解风险提供有力保障。

---

① 尹振涛、卜一凡：《泰国的监管沙盒：框架、机制、评估与启示》，《南亚东南亚研究》2020年第3期。

（三）试点项目与雄安定位结合不足，需鼓励金融科技创新与城市发展融为一体

综合来看各试点地区监管沙盒项目主要体现了各地不同的城市定位和产业基础，如北京偏重基础科技类应用，上海偏重区块链，深圳外向型应用特征明显，成都、重庆等地服务小微、“三农”的特点突出，苏州侧重服务于长三角区域经济。雄安的定位是京津冀协同发展和非首都功能疏解集中承载地，而现在看试点项目多是从试点机构自身业务角度出发做的金融科技创新，与雄安自身的定位结合不足，后续应随着雄安的发展和城市雏形的显现，不断引导参与机构将自身金融科技创新与雄安的定位与发展融为一体。

监管沙盒未深入雄安市场实际，形成完整生态。解决这一问题的关键是在政府层面协调好业务监管与技术监管、中央监管与地方发展的关系，切实解决激励与约束不相容的问题。展望未来，雄安新区应秉承金融改革创新先行区的优势，做强金融科技创新中心，围绕绿色智能创新的未来之城定位，在绿色、普惠、“区块链+”等领域形成常态化机制，实现试点项目落地扎根。

（四）考虑雄安特殊情况，建议适当延长试点时间

当前，雄安新区处于大规模开发建设与承接北京非首都功能并举的阶段，雄安启动区、起步区正在加快建设，城市雏形在加快显现。中国星网、中国中化、中国华能完成在雄安的总部选址，中央企业在雄安设立分公司等机构百余家，在新区注册的北京投资来源企业有三千多家。雄安这座建设中的新城，实体经济仍在快速发展，各种市场主体，无论是个人还是企业都处于快速变革发展中。皮之不存，毛将焉附，经济与金融共生共荣，实体经济永远是金融科技创新应用的基础和服务对象，因此针对雄安这种实体经济快速变动发展的特殊情况，建议适当延长试点时间，以保证监管沙盒验证的充分性、有效性，以待技术充分验证成熟后服务和反哺实体经济。

Abstract

Annual Report on China's Financial Supervision and Regulation (2022) is one of the annual reports released by the Research Center for Financial Law and Regulation, Chinese Academy of Social Sciences. Adhering to the ideas of recording the facts, making objective comments, and doing cross-discipline studies on finance and law, it systematically and comprehensively explores the current situation, development and reform progress of the Chinese financial regulation system, providing references for financial institutions, materials for financial theorists, and evidence for financial regulators.

Annual Report on China's Financial Supervision and Regulation (2022) consists of three parts: the main report, the industrial reports and special researches. First, after reviewing the fundamental connotation of the financial stability legal system and the overseas counterparts, the report points out the current situation and existing problems of the Chinese financial stability legal system, based on which policy proposals are made to improve the Chinese financial stability legal system, laying foundation of the establishment of the Law of Financial Stability and other polices by the People's Bank of China. Second, systematic analysis and comments are made on significant events of the Chinese financial regulation in 2021 and expectations for 2022 are made. Third, the report specifically analyses the annual development of financial regulation in industries of banking, securities, insurance, trust and foreign exchange, presenting readers with a comprehensive roadmap of Chinese financial regulation. Last but not least, the report makes an in-depth analysis on major issues of Chinese financial regulation, involving experience and implications of the critical battles against financial risks, regulation over government debts, international coordination of macro-prudential policies, supervision of financial regulation by the national auditing, financing of small-and-medium sized enterprises, sandbox regulation in Xiong'an, and regulation of asset management companies.

Keywords: Financial Regulation; The Law of Financial Stability; Reform of the Regulation System

Contents

Ⅰ General Reports

Abstract: The financial stability legal system is an important institutional basis for improving financial governance, ensuring financial security, and promoting the sustainable development of the financial industry. There are two main models for the construction of financial stability legal systems among the world: one is to make a special law for financial stability and thus guide other relevant laws and regulations; the other is sheerly composed of the financial stability relevant content in various separate laws and regulations. In China's situation, we recommend the first model to alleviate the problem of legal coordination under the separate supervision system, build consensus from all walks of life, and create a good expectation for maintaining financial stability. Along the thought, China should use the Financial Stability Law to guide the top-level mechanism design of financial stability governance, while improving existing financial laws and accelebrating the formulation of laws on financial infrastructure and financial consumer protection.

Keywords: The Law of Financial Stability; Financial Supervision; Systemic Risk; Financial Consumer Protection

Abstract: China's financial regulators have been establishing novel financial regulation reform and innovation as well as preventing major financial risks, when facing multiple challenges from domestic and abroad, including the outbreak of Covid-19 pandemic, the daunting task of domestic financial reform, and the complicated international economic condition. In 2021, financial regulators have made outstanding achievements in facilitating the development of green finance, advancing high-level financial opening-up, preventing and resolving financial risks, regularizing local governments' financing operations, propelling net value transformation of financial products, enhancing Fintech regulation, promoting high-quality development of the capital market, accelerating the development of infrastructure public offering REITs, and keeping the insurance industry back to its original tasks. This report reviews significant events and opinions in China's financial regulation in 2021, based on which, expectations for 2022 are made.

Keywords: Financial Regulation; Green Finance; Financial Opening-up; Systemic Risks

Ⅱ Sub-Reports

Abstract: In 2021, China's banking supervision closely focused on reform, risk mitigationand development, calmly responded to various difficulties and challenges. The regulatory authorities took effective measures to continuously improve the quality and efficiency of the banking industry serving the real economy, persistently prevent and resolves financial risks, solidly promote the banking regulatory system to make up for shortcomings, and continuously deepen the reform and opening up of the banking industry. The overall operation of the banking industry remains stable. Looking forward to 2022, it is expected that the banking supervision will continue to adhere to the general tone of "seeking progress while maintaining stability" in the overall efficiency of the financial service entity economy, and fully support the stability of the macroeconomic. On the other hand, it will also effectively improve the forward-looking effectiveness of supervision, and resolutely adhere to the bottom line of no systemic financial risks. At the same time, the regulatory authorities will further promote the reform and opening up of the banking industry, accelerate the digital transformation of the financial industry, and strive to promote high-quality economic and social development.

Keywords: Banking; Supervision System; Financial Risks

B.4 Report of Securities Relation in 2021

Xing Yan, Yang Guang and Li Siming / 072

Abstract: 2021 is the first year of the 14th Five-Year Plan, The capital market has made new achievements in serving the domestic and international double circulation and building a new development pattern. Supply-side reform of the securities industry was comprehensively deepened, the service function of multi-level capital market becomes more and more powerful, Direct financing reached a record high, the concentration of factor resources in the field of scientific and technological innovation is accelerating. Stock issuance to implement registration system conditions further consolidation. The Beijing Stock Exchange was set up, the capacity of the capital market to serve innovative small and medium-sized enterprises has been strengthened. The number of high-risk public companies continues to decline, the normal delisting mechanism has gradually taken shape, the number of professional institutional investors increased, and investor structure continues to improve. Bond defaults are down from 2020, steady progress was made in two-way opening of capital markets and international regulatory cooperation, Some cases with bad market impact were investigated and dealt with, the market ecosystem continues to improve.

Keywords: Securities Industry; Regulation; Registration System; Direct Financing

Abstract: In 2021, the scale of original insurance premium income shrunk slightly. In the past year, China has continued to deepen the supply-side structural reform of the insurance industry, emphasized the return of insurance to the fundamental function of protection, and attached importance to the compliance of the insurance industry. The insurance industry supervision payed close attention to the improvement of the corporate governance mechanism of insurance institutions, optimized the solvency supervision rules, urged insurance institutions to strengthen risk management and control, improved the supervision and management system of insurance group companies, promoted the market-oriented use of insurance funds, and guided insurance funds to serve social and economic development, and standardized the management of insurance market access, implemented the policy of opening to the outside world at the institutional level, for the aim of promoting the high-quality development of the insurance industry.

Keywords: Insurance Regulation; Supply-side Structural Reform; Corporate Governance; Solvency

Abstract: 2021 will be the last year of the transition period for the new rules on asset management industries and the 20th anniversary of the enactment of the

Trust Law. This special historical node determines the keynote of trust industry supervision this year. On the one hand, in order to successfully end the transition period, the tone of strict supervision of trust industry remains unchanged and local business reduction is continuously promoted. At the same time, problems on the subsidiaries and remote departments of trust companies set in the past begin to be rectified. On the other hand, in order to seek development and institutional dividend, the trust industry has strengthened its preparation for the assessment and revision of the Trust Law after legislation. In the past two years, trust industry has entered the critical battle stage of preventing and resolving major risks in the industry. Initial results have been achieved in the risk deposition of some high-risk companies. However, the industry risk level is still at a high level. Real estate market risk and local government debt risk are still important sources of trust industry risk.

Keywords: Trust Industry Regulation; Trust Law; Industry Risk

B.7 Report of Foreign Exchange Management in 2021

Lin Nan / 145

Abstract: In 2021, foreign exchange management created a good financial and foreign exchange environment for high-quality development. With the facilitation pilot expansion and quality improvement of foreign exchange revenue and expenditure under current account, new forms and models of international trade continued to develop. Overall development and security, we have effectively prevented the risk of abnormal fluctuation of cross-border capital flows. With the process optimization of capital account, we have improved the facilitation level of cross-border investment and financing, promoted cross-border investment of private equity funds, and RMB internationalization. Under the impact of the global epidemic, we fought the epidemic, ensured the use of foreign exchange, helped enterprises reduce procedures and costs, and achieved remarkable results in maintaining the order of the foreign exchange market. Under the new development pattern, China's Balance of payments operated smoothly. The basic balance of BOP related to the RMB exchange rate, and Foreign exchange reserves was still an important guarantee for the monetary stability of the central bank. The international use of RMB was steadily improved by the financial account system optimization. With the continuous improvement of "macro-prudence + micro-supervision" management framework, preventing cross-border capital flow risks and RMB internationalization coordinated and promoted high-quality development.

Keywords: Foreign Exchange Management; High-quality Development; Balance of Payments; International Use of RMB

Ⅲ Special Reports

Abstract: The critical battles against financial risks have been a major support for financial stability and financial security, and have been one of the basic guarantees of building a moderately prosperous society. Substantial breakthroughs have been made in the three-year battle against financial risks. The threat of systemic financial risks has been greatly reduced, the ability of the financial sector to serve the real economy has been improved, significant progress has been made in addressing risks in key areas and links, and a long-term mechanism has been put in place to prevent and control major financial risks. The substantive breakthrough in the battle against financial risks benefited from the comprehensive support of the party's leadership over financial work, effective resolution of systemic financial risks, innovative implementation of the two-pillar policy framework, special rectification of major risks and financial supply-side structural reform. Under the new development pattern, we should thoroughly review the experience and inspiration of the battle against financial risks, prevent and control the "backlash" of existing risks on a regular basis, focus on the risk of spillover effects, innovate in the handling of fintech risks, and properly address risks associated with policies, so as to ensure financial stability and security.

Keywords: Financial Risk Battle; Systemic Risk; New Development Pattern; Financial Stability

Abstract: In 2021, facing the severe and complex international situation and the increasing downward pressure of the economy, the importance of preventing and resolving major debt risks has further increased, and government debt supervision has continued to deepen accordingly, and many laws, regulations and regulatory measures have been introduced. On the one hand, the government has strengthened the supervision of local people's congresses over government budgets, improved the supervision and review of local government debts, deepened the risk prevention and the control of government hidden debts, standardized the use of funds and economic functions of local state-owned enterprises and institutions and local financing platforms, and strictly controlled hidden debts increases. On the other hand, the government has improved the management of government bonds, especially the special bonds of local governments, and further clarified the relevant provisions on the borrowing mechanism, information disclosure, performance management and debt adjustment, gradually reduced the risk of government debt, and ensured the rational and stable operation of public finance.

Keywords: Government Debt Supervision; Government Bonds; Government Budget

B.10 Report of Asset Management Industry Regulation

Liu Yushi / 207

Abstract: The asset management industry has developed in China for more than 20 years, and has now developed into an important financial sub-industry with a huge market volume. Looking back on 2021, with the goal of preventing and defusing financial risks, regulators are concerned about whether asset management companies operate in compliance with regulations and operate prudently, and have introduced a series of policies to encourage institutions to focus on main business operations and innovate disposal methods. These policies focus on important issues such as real estate business, local debt, affiliated transactions, and regional supervision, specify the normative requirements for disposal, investment, and operation, pay more attention to the essence, and combine institutional supervision with functional supervision. Through prudential supervision and behavioral supervision, consolidated supervision and penetrating supervision, the risks in the asset management industry have been comprehensively and continuously controlled.

Looking forward to 2022, the task of preventing financial risks is still arduous: risks faced by the real estate market, local financing platforms, and small financial institutions need to be dealt with in a timely manner. Under the requirements of "stable development" put forward by the Central Economic Working Conference, it is expected that regulatory policy will pursue a balance of "compliance and innovation". To achieve this goal, it may be possible to build a regulatory system and ensure regulatory resources, Consolidate the supervision technology and optimize the supervision path. As the regulation of the asset management industry becomes clearer and more specific, asset management institutions will play a greater role in supporting the real economy and resolving financial risks.

Keywords: Asset Management Company; Non-Performing Assets; Supervision System

B.11 International Coordination of Macroprudential Policies

Liu Liang, Li Shiqi / 239

Abstract: After the 2008 financial crisis, countries around the world have become more and more aware of the importance of preventing systemic financial risks. Therefore, while focusing on micro-prudence, financial regulatory authorities in various countries have also begun to emphasize the construction of macro-prudential management frameworks. With the development of world economic and financial integration, countries are more closely linked, and the implementation of policies in one country may have an impact on other countries, that is, policy spillover effects. At this time, the international coordination of policies is particularly important. At present, the international coordination of macroprudential policies has not received enough attention. This paper mainly analyzes the international spillover effects of macroprudential policies, introduces the existing ways and problems of international coordination of macroprudential policies, and provides policy suggestions for improving the international coordination of macroprudential policies and maintaining the stability of the world financial market.

Keywords: Macro-prudential Policy; Spillover Effect; International Coordination

B.12 Strengthen the Supervision of National Auditing over Financial Regulation

Wang Gang, Chen Shutao and Yang Wenyu / 251

Abstract: Following the Collapsing Corruption of Inner Mongolia Banking and Insurance Regulatory Bureau failing to prevent the bankruptcy of Baoshang Bank, Zhou Xuedong and Li Guorong, the leader and deputy leader of the bank's takeover working group, were currently investigated for using their takeover power to accumulate personal wealth. A series of major risk cases caused by financial corruption show that negligence of regulation is an important inducement of financial risks, which has caused huge losses to our country. At present, it is urgent to strengthen the supervision of financial regulatory departments. Audit, as an important component of the supervision system of the Party and the State, is the endogenous "immune system" in the national financial governance, playing the functions of prevention, disclosure and resistance, and supervise the People's Bank of China, China Securities Regulatory Commission, China Banking and Insurance Regulatory Commission and other financial regulatory departments in accordance with the laws. It is advisable to learn from the experience of major economies in strengthening the audit supervision over financial regulation after the financial crisis, further clarify the status of national auditing in China's financial regulatory system, highlight that the duty performance shall be taken as the key point of financial regulation audit, and make good use of such tools as the audit of institutional rationality, the audit of regulatory performance and the audit of the operation of regulatory powers, to strengthen supervision over the whole process of financial regulation, especially over key risk points.

Keywords: National Auditing; Financial Regulation; Financial Risk

Abstract: China entry into a new stage of development, it is necessary to improve the capacity and efficiency of financial system to drive a high-quality development of economic, which has been a great task in China's 14th Five-Year Plan. Moreover, the establishment of Beijing Stock Exchange has a positive impact on the availability of equity fund. We study the significance and advantage of equity fund for SMEs at first. Then, we discuss the challenges before investors、SMEs and brokers. After the comparison of the fact in China and those successful practices around the world, we give us conclusion and recommendation. The study shows that the equity fund of SMEs is beyond finance instruments, the promotion of the growth of SMEs means more. Multi-tiered Markets should tailored its regulatory framework for SMEs and provide more value-added service. Develope and diversify investors, encourage brokers, apply Fintech, so as to establish a community to fulfill the growth of SMEs. Decreasing the opacity of SMEs' fund market is important as well.

Keywords: SMEs; Equity Financing; Multi-tiered Markets

Abstract: the rapid development of fintech injects new vitality into the financial system, such as reducing transaction costs, improving the efficiency of financial services and promoting inclusive finance. The People's Bank of China has gradually expanded pilot cities for fintech innovation supervision. As the second batch of pilot areas, xiong'an new area has actively carried out financial science and technology pilot projects and explored a financial regulatory framework in line with international regulatory rules. The pilot of fintech innovation supervision in Xiong'an New Area covers the fields of blockchain payment, 5G, risk management, provides rich financial application scenes for the construction of smart city, reflects the characteristics of xiong'an, and lays a solid foundation for fintech innovation in the new area in the future.

Keywords: Fintech; Regulatory Sandbox; Financial Supervision; Xiong'an New Area

S 基本子库
UB DATABASE

中国社会发展数据库（下设 12 个专题子库）

紧扣人口、政治、外交、法律、教育、医疗卫生、资源环境等 12 个社会发展领域的前沿和热点，全面整合专业著作、智库报告、学术资讯、调研数据等类型资源，帮助用户追踪中国社会发展动态、研究社会发展战略与政策、了解社会热点问题、分析社会发展趋势。

中国经济发展数据库（下设 12 专题子库）

内容涵盖宏观经济、产业经济、工业经济、农业经济、财政金融、房地产经济、城市经济、商业贸易等12个重点经济领域，为把握经济运行态势、洞察经济发展规律、研判经济发展趋势、进行经济调控决策提供参考和依据。

中国行业发展数据库（下设 17 个专题子库）

以中国国民经济行业分类为依据，覆盖金融业、旅游业、交通运输业、能源矿产业、制造业等 100 多个行业，跟踪分析国民经济相关行业市场运行状况和政策导向，汇集行业发展前沿资讯，为投资、从业及各种经济决策提供理论支撑和实践指导。

中国区域发展数据库（下设 4 个专题子库）

对中国特定区域内的经济、社会、文化等领域现状与发展情况进行深度分析和预测，涉及省级行政区、城市群、城市、农村等不同维度，研究层级至县及县以下行政区，为学者研究地方经济社会宏观态势、经验模式、发展案例提供支撑，为地方政府决策提供参考。

中国文化传媒数据库（下设 18 个专题子库）

内容覆盖文化产业、新闻传播、电影娱乐、文学艺术、群众文化、图书情报等 18 个重点研究领域，聚焦文化传媒领域发展前沿、热点话题、行业实践，服务用户的教学科研、文化投资、企业规划等需要。

世界经济与国际关系数据库（下设 6 个专题子库）

整合世界经济、国际政治、世界文化与科技、全球性问题、国际组织与国际法、区域研究 6 大领域研究成果，对世界经济形势、国际形势进行连续性深度分析，对年度热点问题进行专题解读，为研判全球发展趋势提供事实和数据支持。

法律声明